Benno Grabinger

Mathematik nach Feierabend – Verstehen Sie den Zufall?

Rheinwerk
Computing

Liebe Leserin, lieber Leser,

mit diesem Buch halten Sie schon den zweiten Titel der Reihe »Mathematik nach Feierabend« in Händen. Auch in diesem Band erwarten Sie unterhaltsame Anekdoten aus dem Alltag, die auf den ersten oder zweiten Blick eine mathematische Bewandtnis haben. Dabei drehen sich die Beispiele, die Autor Benno Grabinger hier gesammelt hat, rund um das Thema »Zufall« – und die Frage, ob man ihn berechnen kann. Hätten Sie beispielsweise gewusst, dass der Zufall eine große Bedeutung für den Ausgang eines Fußballspiels hat?

Lassen Sie sich, ob bewaffnet mit Zettel und Stift oder ob mit der geöffneten Tabellenkalkulation neben dem Buch, gerne mitnehmen durch Zahlen und Geschichten und lernen Sie die Mathematik neu kennen – obwohl oder gerade wenn »Mathe« in der Schule nie Ihr Lieblingsfach war. Dabei bietet es sich an, das Buch von vorne bis hinten durchzuarbeiten, denn einige Erkenntnisse werden Sie für spätere Kapitel noch einmal brauchen. Wenn Sie jedoch eindeutig der Typ »Kapitelspringer« sind, können Sie auch den Abschnittsverweisen folgen, die der Autor für Sie vorbereitet hat.

Zum Schluss noch ein Wort in eigener Sache: Wir möchten nicht nur gute Bücher machen, sondern immer bessere. Wir hoffen dazu beizutragen, dass Sie so lernen können, wie Sie es sich wünschen – effizient, mit Spaß, in einem angenehmen Tempo ... Was immer Ihnen wichtig ist. Und wer könnte uns besser sagen, ob uns das gelungen ist, als Sie? Deshalb freuen wir uns, wenn Sie Feedback für uns haben! Wie hat es Ihnen gefallen? Können wir etwas verbessern?

Und nun viel Spaß und Erfolg mit »Mathematik nach Feierabend«!

Ihre Lisa Helmus
Lektorat Computing

lisa.helmus@rheinwerk-verlag.de
www.rheinwerk-verlag.de
Rheinwerk Verlag • Rheinwerkallee 4 • 53227 Bonn

Auf einen Blick

Wir hoffen, dass Sie Freude an diesem Buch haben und sich Ihre Erwartungen erfüllen. Falls Sie Anregungen, Wünsche und Kommentare haben, lassen Sie es uns wissen: **service@rheinwerk-verlag.de**.

Informationen zu unserem Verlag und Kontaktmöglichkeiten finden Sie auf unserer Verlagswebsite **www.rheinwerk-verlag.de**. Dort können Sie sich auch umfassend über unser aktuelles Programm informieren und unsere Bücher und E-Books bestellen.

Autor Benno Grabinger
Lektorat Almut Poll, Lisa Helmus
Copy-Editing Marlis Appel, Troisdorf
Typografie & Layout Vera Brauner
Satz SatzPro, Krefeld
Herstellung Stefanie Häb
Covergestaltung Mai Loan Nguyen Duy
Druck Beltz Grafische Betriebe, Bad Langensalza

FSC
www.fsc.org
MIX
Karton | Papier | Fördert gute Waldnutzung
FSC® C089473

Dieses Buch wurde auf FSC®-zertifiziertem Papier gedruckt.
Hergestellt in Deutschland.

Bibliografische Information der Deutschen Nationalbibliothek:
Die Deutsche Nationalbibliothek verzeichnet diese Publikation in der Deutschen Nationalbibliografie; detaillierte bibliografische Daten sind im Internet über *http://dnb.dnb.de* abrufbar.

ISBN 978-3-367-11647-8

1. Auflage 2026

Rheinwerk Verlag GmbH • Rheinwerkallee 4 • 53227 Bonn
service@rheinwerk-verlag.de

Inhalt

Für Hildegard

Materialien zum Buch

Auf der Webseite zu diesem Buch stehen folgende Materialien für Sie zum Download bereit:

- **Vorlagen zum Mitmachen in Excel, Calc und Numbers**
- **Videos zu den Grundbegriffen der Tabellenkalkulation**

Gehen Sie auf *https://www.rheinwerk-verlag.de/6329*. Klicken Sie auf den Reiter Materialien. Sie sehen die herunterladbaren Dateien samt einer Kurzbeschreibung des Dateiinhalts. Klicken Sie auf die Schaltfläche Herunterladen, um den Download zu starten. Je nach Größe der Datei (und Ihrer Internetverbindung) kann es einige Zeit dauern, bis der Download abgeschlossen ist.

Über dieses Buch

Eine Devise vieler Menschen ist, dass sie »nichts dem Zufall überlassen wollen«. Offenbar hat der Zufall einen schlechten Ruf. Aber gibt es überhaupt »Zufall«? Können es nicht versagende Berechnungen sein, die uns dazu zwingen, einen »Zufall« zu erfinden? Betrachten wir einmal einen Würfelwurf. Sein Ergebnis hängt von einer Vielzahl von Faktoren ab. Dazu zählen die Unregelmäßigkeiten des Würfels, die Geschwindigkeit, mit der der Würfel geworfen wird, die Beschaffenheit der Unterlage, auf die der Würfel trifft, ein Luftzug, der den Würfel vielleicht beeinflusst, und so weiter. Wegen dieser Komplexität ist es nicht möglich, durch eine Berechnung das Ergebnis eines Würfelwurfs vorherzusagen. Aber könnte da nicht mehr Rechenpower helfen?

1814 hatte Pierre Simon Laplace (1749 – 1827) eine Vision, die man heute als den Laplace-Dämon bezeichnet. Laplace ging von der Vorstellung aus, dass sich in einer nach unabänderlichen Gesetzen verändernden Welt jeder künftige Augenblick zwangsläufig aus dem gegenwärtigen Zustand ergibt. Laplace schrieb:

> *»Wir müssen also den gegenwärtigen Zustand des Universums als Folge seines früheren Zustandes ansehen und als Ursache des Zustandes, der danach kommt. Eine Intelligenz, die in einem gegebenen Zustand alle Kräfte kennt, mit denen die Welt begabt ist, und die gegenwärtige Lage der Gebilde, die sie zusammensetzen, und die überdies umfassend genug wäre, diese Kenntnisse der Analyse zu unterwerfen, würde in der gleichen Formel die Bewegung der größten Himmelskörper und die des leichtesten Atoms einbegreifen. Nichts wäre für sie ungewiss; Zukunft und Vergangenheit lägen klar vor ihren Augen.« [HOE, S.387]*

Über 200 Jahre nach Laplace denkt man nicht an einen Dämon, sondern an eine weiterentwickelte künstliche Intelligenz, die imstande wäre, all diese erforderlichen umfangreichen Rechnungen durchzuführen. In diesem Sinn ist »Zufall« eine Illusion, die wir verwenden, wenn wir für ein Ereignis kein deterministisches Zustandekommen ausmachen können. »Das, wo unsere Berechnungen versagen, nennen wir Zufall«. Dieses Zitat stammt von Albert Einstein, der auch den berühmten Satz »Der Alte würfelt nicht« geäußert hat. Mit »Der Alte« meinte Einstein Gott, und mit seiner Äußerung wandte er sich gegen die im 20. Jahrhundert aufkommende Einsicht, dass es in der Welt der Quanten keine strikte Kausalität gibt.

Ein Beispiel für die Verletzung der Kausalität ist der Zerfall des Radiumatoms. Ein Radiumatom zerfällt innerhalb der nächsten Sekunde mit der Wahrscheinlichkeit $1{,}39 \cdot 10^{-11}$. Diese Wahrscheinlichkeit gilt für alle Radiumatome, egal ob sie gerade durch Uranzerfall »geboren« wurden, oder ob sie noch vom Weltanfang stammen. Radiumatome »sterben« also nicht wie Menschen an Altersschwäche oder an Unfällen, beziehungsweise äußeren Einwirkungen. Es ist keine Ursache bekannt, die bestimmt, wann ein Radiumatom zerfällt. Dies würde den Laplaceschen-Dämon überraschen.

Es bleibt also nichts anderes übrig, als festzustellen, dass das Schicksal eines Radiumatoms vom Zufall gesteuert ist. In der Quantenmechanik ist der Zufall die bestimmende Größe. Allerdings sollte man sich vor Augen führen, dass die Quantenmechanik eine Theorie ist, wenn auch gut bestätigte. Vielleicht wird sie eines Tages durch eine tiefergehende Theorie so ersetzt, dass Einstein doch recht hat.

Auf den Zufall in der Physik wollen wir hier aber nicht weiter eingehen, da wir uns in diesem Buch nur mit der mathematischen Seite des Zufalls beschäftigen wollen. Die hier betrachtete Position zum Zufall ist einfach: Wir können nicht erklären, was »Zufall« ist. Dafür kennen wir aber einfache Regeln, wie sich der »Zufall« verhält. Das ist ähnlich wie beim Schachspiel. Niemand sagt, was das Schachspiel ist, was der König oder die Dame bedeuten, vielmehr werden Regeln angegeben, wie diese Figuren agieren. So betrachten wir in diesem Buch auch den Zufall. In den ersten Kapiteln geschieht dies mehr oder weniger auf einer intuitiven Ebene. Später wird dann eine genauere Präzision durch die Axiome des Zufalls hergestellt.

Ich wünsche Ihnen viel Freude beim Eintauchen in die faszinierende Welt des Zufalls.

Danksagung

Bei den Mitarbeitenden des Rheinwerk Verlags, allen voran bei meinen Lektorinnen Lisa Helmus und Almut Poll, bedanke ich mich für die vielfältige und stets freundliche und kompetente Unterstützung.

Kapitel 1
Die Regenwahrscheinlichkeit

Was bedeuten 70 % Regenwahrscheinlichkeit? Hier werden eine Reihe von Fehlinterpretationen aufgezeigt, die weit verbreitet sind.

Es gibt Aussagen in unserem Alltag, die wir verstehen, ohne sie begriffen zu haben. Dazu gehört die Regenwahrscheinlichkeit. Jeder Handynutzer hat auf seinem Gerät eine Wetter-App, die Informationen liefert, wie sie in Abbildung 1.1 dargestellt sind.

Abbildung 1.1: Heute beträgt die Regenwahrscheinlichkeit 70 %.

Heute gibt es eine Regenwahrscheinlichkeit von 70 %. Das veranlasst uns dazu, einen Regenschirm mitzunehmen, wenn wir das Haus verlassen. Wir haben die Aussage so weit verstanden, dass wir darauf angemessen reagieren können. Werden wir allerdings gefragt, was 70 % Regenwahrscheinlichkeit eigentlich bedeuten, zeigt sich, dass die meisten Menschen in Deutschland das nicht erklären können. Dazu gab es Umfragen und auch Fernsehberichte, aus denen auf die Frage »Was heißt 70 % Regenwahrscheinlichkeit?« die folgenden Antworten hervorgingen.

Einige Antworten der Befragten

- Es regnet 70 % der Zeit.
- Es handelt sich um eine Abstimmung unter Meteorologen, bei der 7 von 10 sagen, dass es regnen wird.
- Es regnet auf 70 % der Fläche.
- 70 von 100 Wolken sind schwarz.
- 70 % Regen fällt auf einen Quadratmeter.

Natürlich sind diese Antworten alle falsch. Die korrekte Antwort lautet: An 70 % der Tage, die durch die gleiche Wetterlage wie am aktuellen Tag gekennzeichnet sind, hat es geregnet.

Bei einer entsprechenden Umfrage in den USA lieferten die Befragten fast immer das richtige Ergebnis. Sind die Deutschen also dümmer als die Amerikaner? Keineswegs, die oben angegebenen Antworten zeigen durchaus eine gewisse Kreativität im Angesicht der mangelnden Kenntnis. In Deutschland werden Regenwahrscheinlichkeiten erst seit etwa 1990 in Wetterberichten angegeben, in den USA dagegen schon seit ca. 40 Jahren. Die Amerikaner kennen den Begriff der Regenwahrscheinlichkeit also schon lange.

Fehlinterpretationen, wie die im Beispiel der Regenwahrscheinlichkeit gerade aufgeführten, findet man im Umgang mit Wahrscheinlichkeiten häufig. Davon wird in den folgenden Kapiteln immer wieder die Rede sein. Es wäre schön, wenn dieses Buch zu einem sichereren Umgang mit Wahrscheinlichkeiten beitragen könnte.

Kapitel 2
Unwahrscheinliches?

Es ist wahrscheinlich, dass das Unwahrscheinliche geschieht. (Aristoteles)

Für den Einstieg möchte ich Ihnen einige Beispiele präsentieren, die auf den ersten Blick viel zu unwahrscheinlich wirken, um zufällig stattgefunden zu haben. Lassen Sie sich beim Lesen auf diese Berichte ein und lassen Sie sich bei der Bewertung von Ihrer Intuition leiten.

Im FOCUS 17/2004 wurde über die 70-jährigen eineiigen Zwillingsbrüder Lauri und Elmer Impola aus Finnland berichtet. Beide lebten in dem Städtchen Raahe, 600 km nördlich von Helsinki. Am Morgen des 5. März 2002 bog Lauri auf seinem Fahrrad in die Schnellstraße 8 ein, sah im dichten Schneetreiben den Lastzug nicht, der mit großer Geschwindigkeit auf ihn zufuhr, und wurde erfasst. Lauri war sofort tot.

Kurze Zeit später fuhr sein Zwillingsbruder mit dem Rad auf derselben Schnellstraße, nur in entgegengesetzter Richtung. Er wusste noch nichts vom Tod seines Bruders, er war zu seinem Friseur unterwegs. Dabei wurde auch er von einem Lkw erfasst und starb.

Die Schwester der beiden glaubte an eine terroristische Verschwörung. Sie meinte, die Wahrscheinlichkeit, dass so etwas zufällig passiere, »existiert gar nicht«.

Aber es gibt auch noch weitere Begebenheiten dieser Art. Im Time Magazine vom 17.10.1938 konnte man die Meldung vom Straßenkehrer Mr. Figlock lesen:

Im Jahr 1937 ging der Straßenkehrer Joseph Figlock in Detroit seiner Arbeit nach, als ein Baby aus dem vierten Stock eines Hauses fiel, ihn an Kopf und Schultern traf, sich dabei leicht verletzte, aber ansonsten unversehrt blieb. Zwei Wochen vor Erscheinen des Berichts, als Joseph Figlock eine andere Straße kehrte, fiel der zweijährige David Thomas aus einem hochgelegenen Fenster und landete ebenfalls auf dem allgegenwärtigen Mr. Figlock – mit demselben Ergebnis wie beim früheren Fall.

Ebenfalls skurril: Im Jahr 1918 wurde ein britischer Soldat im Ersten Weltkrieg von einer Kugel getroffen. Doch die Kugel prallte an einer Münze in seiner Brusttasche ab – er überlebte.

Jahre später gab er diese Münze seinem Sohn, der anschließend im Zweiten Weltkrieg ebenfalls von einer Kugel getroffen wurde. Und wieder rettete die Münze das Leben des Trägers. [ROB]

Im Liechtensteiner Volksblatt vom 8. Januar 1991 konnte man unter der Überschrift »Ein Volltreffer in der Feldpost« folgende Meldung lesen:

> *Abertausende amerikanischer Kinder schreiben in diesen Monaten unbekannterweise Briefe an die im Persischen Golf eingesetzten US-Soldaten, um ihnen zu zeigen, dass man sie in der Heimat nicht vergessen hat.*
>
> *Die Anschrift lautete üblicherweise: »An irgendeinen Soldaten«.*
>
> *Einen solchen Brief erhielt in Saudi-Arabien der 27-jährige Sergeant Rory Lomas aus Savannah im Staat Georgia. Wie es der Zufall wollte: Der Brief an irgendeinen Soldaten stammte von Lomas' zehnjähriger Tochter Cetericka.*

Muss man sich über Meldungen wie die zitierten wundern? Können solche Dinge mit dem Zufall erklärt werden, oder haben da höhere Mächte ihre Hand im Spiel? Verschwörungstheoretiker nutzen gerne solche Meldungen, um ihre kruden Vorstellungen zu untermauern. Dafür gibt es allerdings wissenschaftlich gesehen überhaupt keinen Grund.

Gerd Gigerenzer, emeritierter Direktor des Max-Planck-Instituts für Bildungsforschung und seit 2024 Vizepräsident des Europäischen Forschungsrates, klärt mit einem Beispiel auf, warum wir uns über solche Meldungen nicht wundern müssen:

> *Denken Sie an ein Ereignis, das so unwahrscheinlich ist, dass es einem Menschen mit einer Chance von gerade eins zu einer Million widerfährt, das heißt, dass es von über 80 Millionen Menschen in Deutschland erwartungsgemäß mehr als 80 trifft. Trotzdem wundern wir uns jedes Mal über solch einen unwahrscheinlichen Zufall.*

Folgerung: Etwas, das für mich sehr unwahrscheinlich ist, muss generell nicht unwahrscheinlich sein. Man muss stets auseinanderhalten: *Wie wahrscheinlich ist, dass etwas mir geschieht?* und *Wie wahrscheinlich ist, dass dies überhaupt passiert?*

Kapitel 3
Zufallszahlen

In den folgenden Abschnitten werden wir häufig Zufallszahlen verwenden. Mit Zufallszahlen lassen sich Vorgänge, bei denen der Zufall eine Rolle spielt, nachbilden. Dabei entsteht natürlich die Frage, wie ein Computer überhaupt Zufall erzeugen kann. Die Antwort finden Sie in diesem Kapitel.

3.1 Losentscheide

Um 1230 verfasste der isländische Dichter und Historiker Snorri Sturluson die Heimskringla, eine Geschichte der norwegischen Könige. Darin schildert er eine Begebenheit, die sich bei einem Treffen zwischen König Olaf Haraldson und dem schwedischen König ereignete [STU]. Beide wollten um eine Ansiedlung würfeln, die zeitweilig zu Norwegen und in anderen Zeiten zu Schweden gehörte. Also verabredeten sie, dass derjenige, der mit zwei Würfeln die größere Summe wirft, die Ansiedlung bekommen sollte.

Der Schwedenkönig warf zwei Sechsen und meinte, dass Olaf gar nicht mehr werfen müsse. Olaf entgegnete, dass es für Gott den Allmächtigen ein Leichtes sei, auch für ihn die beiden Sechsen zu erzielen, und tatsächlich würfelte auch er zwei Sechsen. Erneut warf der Schwedenkönig zwei Sechsen. Daraufhin warf Olaf eine Sechs auf dem einen Würfel, während der zweite Würfel allerdings in zwei Stücke zerbrach, so dass sieben Augen nach oben zeigten. Damit gewann Olaf die Ansiedlung.

Nun erscheint es vielleicht etwas befremdlich, dass die beiden Herrscher per Würfelwurf über die Staatenzugehörigkeit von Gebieten entschieden haben. Haben sie damit das Schicksal ihrer Untertanen nicht dem Zufall überlassen? Vielleicht. Doch solche Entscheide in der Politik sind keine bloße Gedankenspielerei: Losentscheide gab es schon in der Demokratie der antiken Stadtstaaten. Mit ihnen wurde über die Besetzung von Gremien und Ämtern entschieden. Auch für heutige Ämterbesetzungen sind Losentscheide vorgesehen. Liegt im dritten Wahlgang zur Wahl des Bundestagspräsidenten Stimmengleichheit vor, dann entscheidet das Los [BUN].

Auch Losentscheide in Mannschaftswettbewerben, wie z. B. im Fußball, in denen einzelne Begegnungen ausgelost werden, sind allgemein bekannt.

Losentscheide werden allgemein akzeptiert, auch wenn man manchmal von einem *schweren Los* spricht. Dabei muss allerdings gewährleistet sein, dass das Losen korrekt durchgeführt wird. In der zuvor dargelegten Geschichte des Norwegerkönigs kann man eventuell an der Korrektheit des Verfahrens zweifeln, auch wenn Olaf später heiliggesprochen wurde. Losverfahren müssen garantieren, dass sie nicht von den Ausführenden zu ihren Gunsten beeinflusst werden können.

Ivar Ekeland berichtet in seinem Buch »Zufall, Glück und Chaos«, dass ihm die Kopie einer mittelalterlichen Handschrift vorliegt, in der ein Bruder Edvin aus dem norwegischen Kloster Tautra über Methoden schreibt, die das Ergebnis eines Losverfahrens unanfechtbar machen. Angeblich stammt die Handschrift aus den Archiven des Vatikans und gehört zu den Akten, die für die Heiligsprechung des Königs Olaf Haraldson aus unserem Beispiel verwendet wurden [EKE]. Dieser Bruder Edvin schildert schon um ca. 1240 ein Verfahren, das heute als *Mittenquadrat-Verfahren* bekannt ist und dem Mathematiker John von Neumann (1903–1957) zugeschrieben wird.

Um unparteilich einen Würfelwurf zu erzeugen, schlägt Bruder Edvin vor, dass sich der Spieler eine vierstellige Zahl denken soll. Diese wird quadriert, von dem Ergebnis werden die vier mittleren Ziffern genommen. (Beim Quadrieren kann eine sieben- oder eine achtstellige Zahl entstehen. Bei einer siebenstelligen Zahl ergänzt man eine führende Null, um gleiche Bedingungen zu schaffen.) Diese Operation wird viermal wiederholt. Teilt man die letzte dieser Zahlen durch 6 und addiert 1 zum Rest der Division, dann ergibt sich die Augenzahl des simulierten Würfels.

Beispiel

Zahl	1234	5227	3215	3362	3030
Quadrat	01**5227**56	27**3215**29	10**3362**25	11**3030**44	

Tabelle 3.1: Beispiel für das Mittenquadrat-Verfahren

Teilt man 3030 durch 6, dann bleibt der Rest 0, das heißt, als simuliertes Würfelergebnis erhält man 1.

Bruder Edvin, falls es ihn gegeben hat, hatte damit den ersten Zufallszahlengenerator erfunden. Allerdings besitzt dieser Generator denkbar schlechte Eigenschaften, wenn man ihn zum Erzeugen einer längeren Folge von Zufallszahlen verwendet.

Die erzeugte Zahlenfolge gerät nämlich oft sehr schnell in einen Zyklus (bildet also eine Periode) und ist deshalb alles andere als zufällig. Wie schnell die Periode auftritt, hängt von der Startzahl ab. Mit 2008 als Startzahl beginnt ab dem 59. Folgenglied eine Periode, mit 5283 als Startzahl schon ab dem 3. Folgenglied.

Jahrhunderte nach Bruder Edvin begann in den Jahren nach dem Zweiten Weltkrieg eine intensive Beschäftigung mit der Erzeugung von Zufallszahlen. In Los Alamos wurde die Wasserstoffbombe entwickelt. Entscheidend dafür waren Kenntnisse über das Verhalten von Neutronen in spaltbarem Material. Diese Probleme waren zu komplex, um mit den üblichen mathematischen Methoden behandelt zu werden. Der amerikanische Mathematiker John von Neumann nahm deshalb im März 1947 Anregungen von Stanislaw Ulam auf und gab den Anstoß dazu, das Verhalten von Neutronen zu simulieren. Die erforderlichen Berechnungen wurden auf dem ersten elektronischen Rechner, dem ENIAC, durchgeführt. Von einem der an den Berechnungen Beteiligten, dem Physiker Nick Metropolis, stammte der Vorschlag, diese Verfahren als *Monte-Carlo-Methoden* zu bezeichnen, nach dem Namen des Casinos in Monaco, in dem ein Onkel von Ulam regelmäßig Geld verspielte. Dieser Name hat sich heute für die Methoden eingebürgert, in denen ein Problem statt durch numerische Verfahren durch Simulationen gelöst wird. In den 50er-Jahren wurde das Mittenquadrat-Verfahren noch zur Erzeugung von Zufallszahlen benutzt. Heute hat es wegen der zuvor aufgezeigten Mängel keine Bedeutung mehr und wurde durch andere Verfahren ersetzt.

	B	C
1	Startzahl:	2008
2		320
3		1024
4		485
5		2352
6		5319
7		2917
8		5088
9		8877
10		8011
11		1761
12		1011
13		221
14		488
15		2381
16		6691

	B	C
1	Startzahl:	5283
2		9100
3	Periode	8100
4		6100
5		2100
6		4100
7	Periode	8100
8		6100
9		2100
10		4100
11	Periode	8100
12		6100
13		2100
14		4100
15	Periode	8100
16		6100

Abbildung 3.1: Mittenquadrat-Generator

3.2 Lineare Kongruenzgeneratoren

Als Ersatz für das Mittenquadrat-Verfahren sind lineare Kongruenzgeneratoren weit verbreitet. Sie wurden 1951 von dem amerikanischen Mathematiker Derrick Henry Lehmer eingeführt. Auch diese Generatoren liefern periodische Zahlenfolgen, besitzen aber Eigenschaften, die sich genau analysieren lassen.

Damit Sie nicht erschrecken, wenn gleich eine Formel auftaucht, in der das Kürzel »mod« steht, gibt es hier zuvor eine Erklärung. Falls Ihnen das alles zu kompliziert erscheint oder es Sie einfach nicht interessiert, können Sie direkt zu Abschnitt 3.4, »Wie erkennt man eine »echte« Zufallsfolge?«, springen.

Was bedeutet das Kürzel nun? Modulo (mod) ist eine Rechenvorschrift. Mit a mod b wird der Rest bei der ganzzahligen Division von a durch b bezeichnet.

So ist 18 mod 4 = 2, denn 18 : 4 = 4 Rest 2.

Es gilt: 21 mod 7 = 0, denn 21 : 7 = 3 Rest 0.

Sie verwenden die mod-Rechnung jeden Tag, ohne sich dessen bewusst zu sein. So sagen Sie zur Uhrzeit 17 Uhr doch auch 5 Uhr nachmittags. Wie kommen Sie auf die 5? Sie haben modulo 12 gerechnet: 17 mod 12 = 5, denn 17 : 12 = 1 Rest 5.

Jetzt sind Sie innerlich gefestigt, um die Formel

$s_i = (a \cdot s_{i-1} + c) \bmod m$, mit $0 \leq s_0, a, c < m$

zu ertragen. Das ist der Kongruenzgenerator.

Alle hier vorkommenden Symbole stehen für ganze Zahlen. Dabei sollen s_0, a und c größer oder gleich null und kleiner als m sein.

Beispiel 1

$a = 3, c = 7, m = 10$ und $s_0 = 5$

Die Formel sagt aus, wie man aus s_{i-1} die Zahl s_i bekommt.

Fangen wir mit $i = 1$ an, indem wir die Zahlen dieses Beispiels in die Formel einsetzen:

$s_1 = (3 \cdot 5 + 7) \bmod 10 = 22 \bmod 10 = 2$

Also ist $s_1 = 2$.

Jetzt wird s_2 berechnet:

$s_2 = (3 \cdot 2 + 7) \bmod 10 = 13 \bmod 10 = 3$

Der Reihe nach ergibt sich damit die Folge 5, 2, 3, 6, 5, 2, 3, 6, 5, ... von »Zufallszahlen«. Diese Folge erscheint sicher nicht als zufällig, denn schon ab der 5. Zahl gerät sie in einen Zyklus.

Veranschaulichen kann man die Kette dieser Berechnungen durch das in Abbildung 3.2 gezeigte Bild:

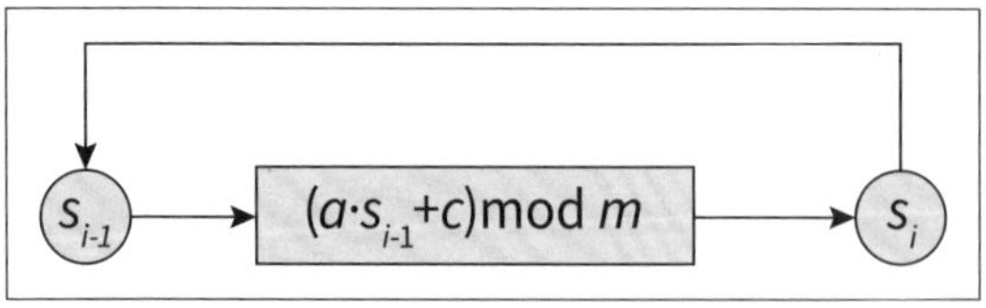

Abbildung 3.2: Iterationsvorschrift für einen Kongruenzgenerator

Aus der Zufallszahl s_{i-1} wird mit der Iterationsvorschrift die nächste Zufallszahl s_i gebildet, die ihrerseits zur Berechnung von s_{i+1} dient, usw.

Beispiel 2

Betrachten Sie den Generator $s_i = (s_{i-1} + 3) \bmod \cdot 10$, $s_0 = 0$ und berechnen Sie die Zahlen $s_0, s_1, s_2, \ldots, s_{10}, s_{11}$.

Wenn Sie alles richtig gemacht haben, erhalten Sie die Folge

0, 3, 6, 9, 2, 5, 8, 1, 4, 7, 0, 3.

Das letzte Beispiel zeigt einen Generator mit maximaler Periodenlänge. Nach den ersten 10 Zahlen beginnt hier die Periode. Es ist klar, dass der Generator spätestens nach m Zahlen in eine Periode geraten muss, denn ab der Stelle, ab der ein schon einmal da gewesener Rest auftritt, wiederholen sich die erzeugten Zahlen. Ordnet man die ersten 10 Zahlen des Generators, so ergibt sich:

0, 1, 2, 3, 4, 5, 6, 7, 8, 9. Das sind alle möglichen Reste, die bei der Division durch $m = 10$ entstehen können.

Die maximale Periodenlänge allein garantiert allerdings noch keinen guten Generator. So liefert der Generator $s_i = (s_{i-1} + 1) \bmod m$ mit dem Startwert 0 die Zahlenfolge 0, 1, 2, ..., $(m - 1)$, ... , also ganz offensichtlich keine guten Zufallszahlen, obwohl die Periodenlänge maximal ist.

3.3 Wir experimentieren mit linearen Kongruenzgeneratoren

Mithilfe der Tabellenkalkulation basteln wir einen linearen Kongruenzgenerator, der Zufallszahlen zwischen 0 und 1 erzeugt. Das lässt sich mit unserem Kongruenzgenerator leicht erreichen. Dazu muss man nur jede der erzeugten Zahlen s_i durch m teilen. Dann entsteht eine Zahl $z_i = s_i / m$, die zwischen 0 und 1 liegt.

In Abbildung 3.3 sehen Sie ein Tabellenblatt, mit dem man einen linearen Kongruenzgenerator erzeugen kann. Was Sie noch wissen müssen: Die Bildung von mod geschieht in der Tabellenkalkulation durch die Funktion `REST(Dividend;Divisor)`.

In die Spalte B schreiben wir die Werte für a, c, m und s_0.

In die Zelle D2 kommt `=B5`, das heißt die Startzahl s_0.

In der Spalte D sind die erzeugten Zufallszahlen zu sehen. In der Spalte E findet man die auf das Intervall [0;1] normierten Zufallszahlen z_i.

Zur besseren optischen Darstellung werden je zwei aufeinander folgende Zahlen z_i und z_{i+1} zu einem Punkt $(z_i|z_{i+1})$ zusammengefasst und im Einheitsquadrat dargestellt. In Abbildung 3.4 sind die 50 Punkte $(z_0|z_1)$, $(z_1|z_2)$, $(z_2|z_3)$, ..., $(z_{49}|z_{50})$ dargestellt. Auf den ersten Blick erscheint die Verteilung dieser Punkte im Einheitsquadrat »zufällig«:

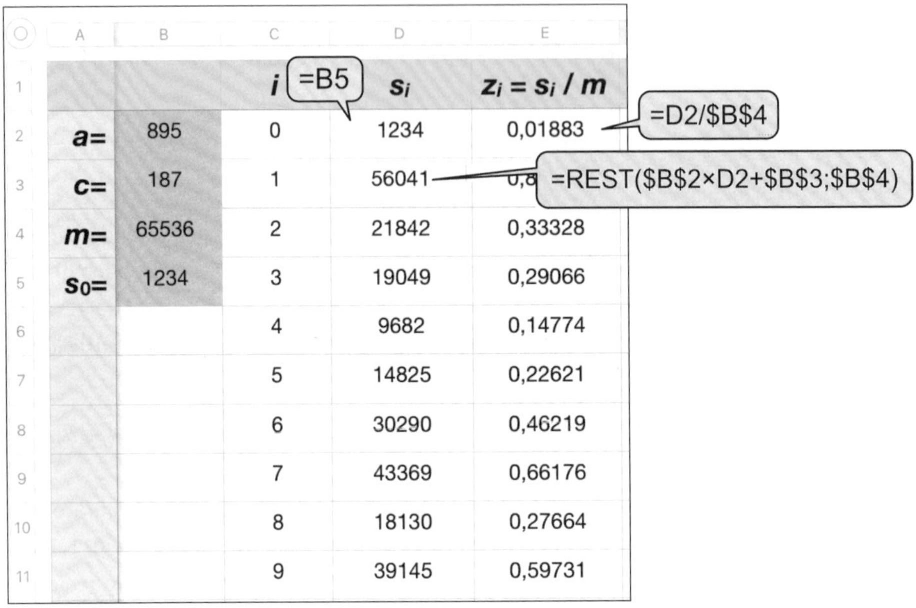

	A	B	C	D	E
1			i	s_i	$z_i = s_i / m$
2	a=	895	0	1234	0,01883
3	c=	187	1	56041	0,8
4	m=	65536	2	21842	0,33328
5	s_0=	1234	3	19049	0,29066
6			4	9682	0,14774
7			5	14825	0,22621
8			6	30290	0,46219
9			7	43369	0,66176
10			8	18130	0,27664
11			9	39145	0,59731

Abbildung 3.3: Tabellenblatt für einen linearen Kongruenzgenerator

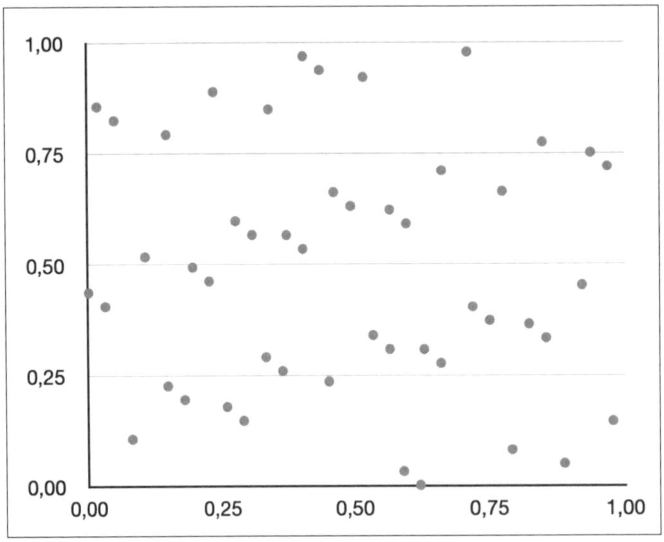

Abbildung 3.4: 50 Zahlenpaare $(z_i|z_{i+1})$

Stellt man aber die ersten 1000 Zufallspunkte dar, dann zeigt sich, dass die Punkte alle auf 16 zueinander parallelen Geraden liegen. Dieses Bild ändert sich auch dann nicht mehr, wenn man weitere Zufallspunkte hinzufügt.

Lässt man mit diesem Generator Zufallspunkte im Einheitsquadrat bilden, die man für eine Simulation verwenden möchte, dann gibt es Stellen im Einheitsquadrat, auf die nie ein Punkt treffen wird. Besser erscheint da der Generator mit $a = 513$, $c = 187$, $m = 65536$ und $s_0 = 1234$. Aber auch hier liegen die Punkte auf parallelen Geraden, diese verlaufen allerdings mit geringem Abstand, so dass das Einheitsquadrat besser ausgefüllt wird.

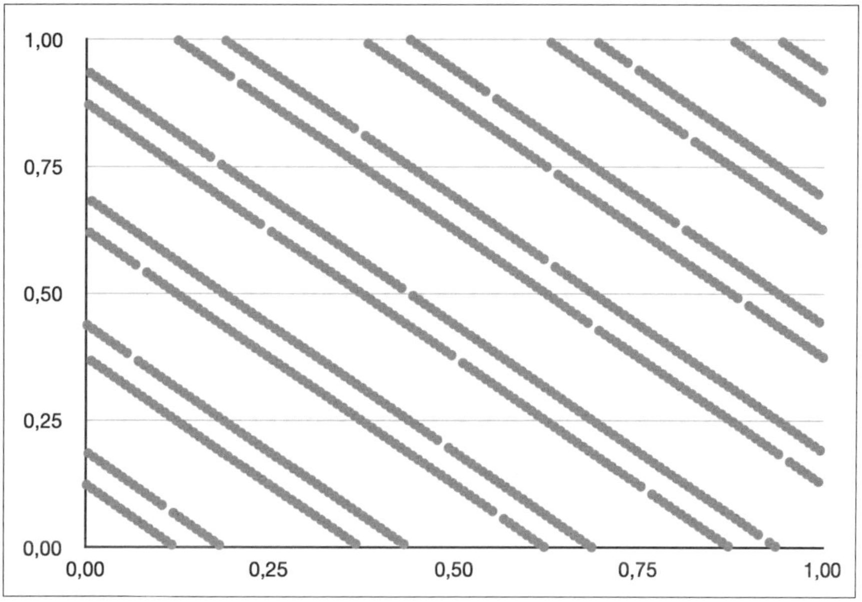

Abbildung 3.5: 1000 Zahlenpaare $(z_i|z_{i+1})$

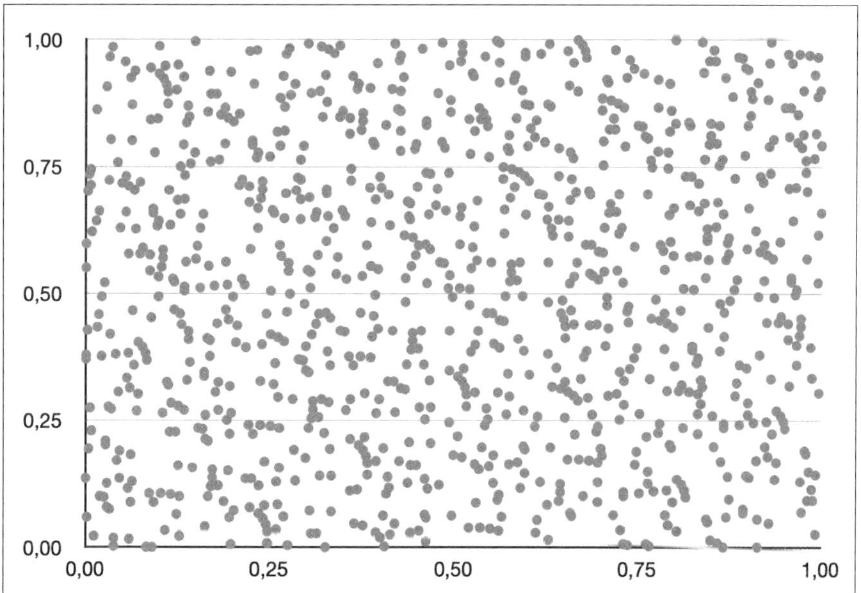

Abbildung 3.6: 1000 Zahlenpaare mit dem Generator $a = 513$, $c = 187$, $m = 65536$, $s_0 = 1234$

Die Beispiele zeigen, dass es prinzipielle Grenzen für lineare Kongruenzgeneratoren gibt. Es wurden deshalb mittlerweile bessere Zufallszahlengeneratoren entwickelt. Trotzdem kommen lineare Kongruenzgeneratoren in vielen Computersystemen zum Einsatz, unter anderem auch deshalb, weil man z. B. durch Kopplung von zwei oder mehreren Generatoren die Qualität der Zufallszahlen erheblich verbessern kann.

Auch moderne Zufallszahlengeneratoren erzeugen keine perfekten Zufallszahlen. Dies kann sich als problematisch erweisen, wenn solche Zufallszahlen in kryptografischen Anwendungen verwendet werden. Es kann aber sein, dass mit einem neuen Verfahren erstmals »echte« Zufallszahlen erzeugt werden können. Das behaupten zumindest Forschende der ETH Zürich im Mai 2026. Ihre Ergebnisse haben sie in der renommierten Fachzeitschrift »Nature« veröffentlicht [ETH]. Dort berichten sie, wie sie mit verschränkten supraleitenden Qubits Zufall quantenphysikalisch erzeugen konnten.

3.4 Wie erkennt man eine »echte« Zufallsfolge?

In den letzten Abschnitten haben wir gesehen, dass die von Zufallsgeneratoren erzeugten Folgen alles andere als zufällig sind. Wenn man den Generator kennt, dann kann man die nächste erzeugte Zahl vorhersagen. Welche Eigenschaft muss eine Folge von Zahlen haben, damit man weiß, dass es sich um eine Zufallsfolge handelt?

Die Folge {9, 9, 9, 9, ...} kann kurz beschrieben werden durch »immer 9«. Die Folge {0, 3, 6, 9, 2, 5, 8, 1, 4, ...} haben wir in Abschnitt 3.2, »Lineare Kongruenzgeneratoren«, kennengelernt. Sie wurde von einem solchen linearen Kongruenzgenerator erzeugt und ist deshalb keine echte Zufallsfolge. Um sie zu beschreiben, reicht es aus, den Generator anzugeben. Die Folge {2, 7, 1, 8, 2, 8, 1, 8, ...} sieht vielleicht zufällig aus, es handelt sich dabei aber um die Ziffern der eulerschen Zahl. Diese können mit einem Rechenverfahren, einem Algorithmus, bestimmt werden. Bei einer echten Zufallsfolge gibt es dagegen keinen Zusammenhang zwischen den Folgengliedern. Deshalb besteht der kürzeste Algorithmus, der die Folge erzeugt, einfach in der Auflistung der Folgenglieder. Der Algorithmus ist also ebenso lang wie die Folge. In den anderen vorausgegangenen Beispielen war der Algorithmus immer weniger komplex als die Folge selbst. Also lässt sich feststellen, dass eine Folge zufällig ist, wenn deren Komplexität nicht durch einen Algorithmus verringert werden kann.

Dieses Konzept der algorithmischen Komplexität stammt von Andrei Kolmogorow (1903–1987), einem der größten Mathematiker des 20. Jahrhunderts. Sie werden Kolmogorow noch später in Kapitel 18, »Was ist denn jetzt Zufall und was ist Wahrscheinlichkeit?«, begegnen. Er war wesentlich an der Entwicklung des dort angegebenen Axiomensystems der Wahrscheinlichkeiten beteiligt.

3.5 Zufallszahlen in der Tabellenkalkulation

In der Tabellenkalkulation werden zum Erzeugen von Zufallszahlen Verfahren verwendet, die denen aus Abschnitt 3.3, »Wir experimentieren mit linearen Kongruenzgeneratoren«, ähnlich sind. Damit es für den Nutzer nicht zu kompliziert wird, lassen sich diese Verfahren unter Funktionsnamen wie z. B. `ZUFALLSZAHL()` direkt anwenden.

Mit `=ZUFALLSZAHL()` erzeugen Sie eine Zufallszahl zwischen 0 und 1.

Mit `=ZUFALLSBEREICH(a;b)` erhalten Sie eine ganzzahlige Zufallszahl zwischen *a* und *b* einschließlich.

Probieren Sie das aus. Vergessen Sie die Klammer hinter `ZUFALLSZAHL` nicht.

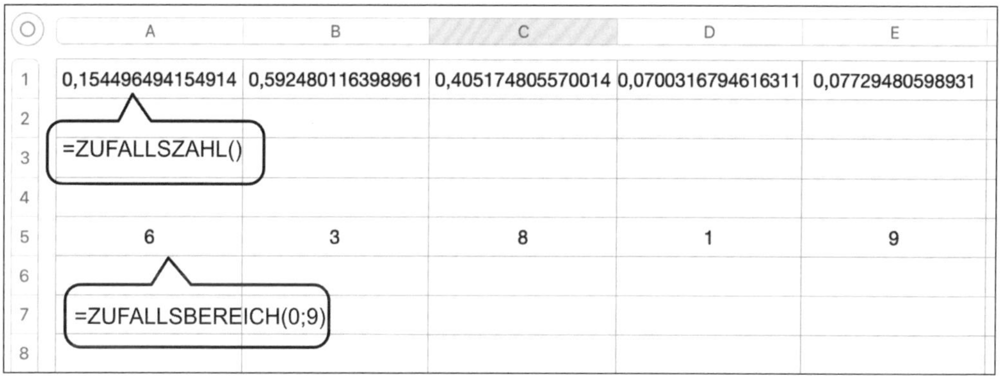

Abbildung 3.7: ZUFALLSZAHL() und ZUFALLSBEREICH(0;9)

3.6 Bauen Sie einen Würfel

Sie können die Funktion `ZUFALLSBEREICH(1;6)` verwenden. In den Zellen A1 bis E1 steht jeweils `=ZUFALLSBEREICH(1;6)`.

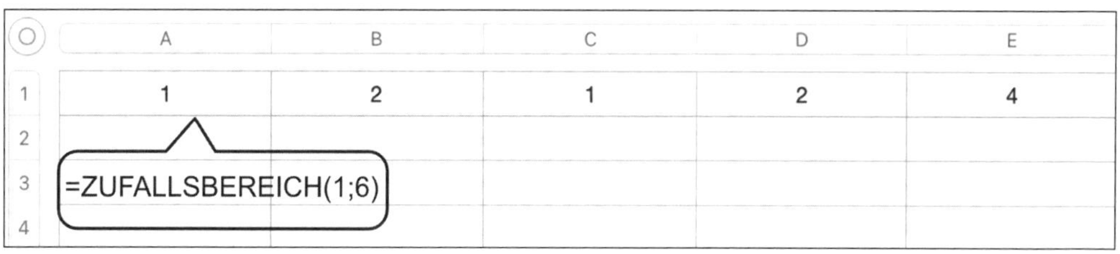

Abbildung 3.8: Fünffacher Würfelwurf

Kapitel 4

Monte-Carlo-Methoden

Bei der Monte-Carlo-Methode wird für ein Problem ein Zufallsmodell aufgestellt, das dann mit der Hilfe von Zufallszahlen eine künstliche Stichprobe liefert. In diesem Kapitel wird mit einem Zufallsmodell die Zahl π näherungsweise bestimmt.

4.1 Was ist π?

Aus dem Mathematikunterricht ist bekannt, dass das Verhältnis des Umfangs *U* eines Kreises zu seinem Durchmesser *d* gleich π ist. Ein Näherungswert für π ist $\pi \approx 3{,}14159$. Den Ägyptern war um 1650 v. Chr. π auf eine Nachkommastelle bekannt. Im 3. Jahrhundert v. Chr. kannte Archimedes schon die Näherung 3,14. Einhundert Jahre später wusste Ptolemaios bereits vier korrekte Nachkommastellen. Durch den Einsatz moderner Rechenverfahren und schneller Computer kennt man heute 300 Billionen Dezimalstellen von π. Dieser Rekord wurde am 2. April 2025 aufgestellt. Die Rechenzeit für dieses Ergebnis betrug 226 Tage, und es wurden 2,2 Petabyte an Speicherplatz benötigt [REK].

Die Kenntnis der Stellen ist dabei weniger interessant, vielmehr dient die Berechnung möglichst vieler Stellen heute dazu, die Leistungsfähigkeit der Computer zu bestimmen. Bekanntlich ist π eine irrationale Zahl und besitzt damit unendlich viele Stellen, die keine Periode bilden.

Wir benötigen im Folgenden lediglich die bekannte Flächenformel für den Kreis. Der Flächeninhalt eines Kreises mit dem Radius *r* ist gleich $r^2 \cdot \pi$.

4.2 Eine Monte-Carlo-Methode für π

Die Monte-Carlo-Methode grenzt sich von numerischen (klassischen) Verfahren zur Lösung mathematischer Probleme ab, indem sie eine Stichprobenanalyse möglich macht, statt das große Gesamtproblem zu betrachten. Eine Monte-Carlo-Methode hat dadurch den Vorteil, schnell eine ungefähre Lösung für ein Problem zu liefern. Es ist aber ein Irrtum, zu glauben, dass solche Methoden den klassischen Verfahren vorzuziehen sind. Monte-Carlo-Methoden werden verwendet, um schnell ein approximatives Ergebnis zu erhalten, oder auch dann, wenn das Problem (noch) zu groß oder zu schwierig ist, um es vollumfänglich lösen zu können. Das Verfahren, das wir hier zur näherungsweisen Bestimmung von π verwenden, soll zeigen, wie eine Monte-Carlo-Methode funktioniert.

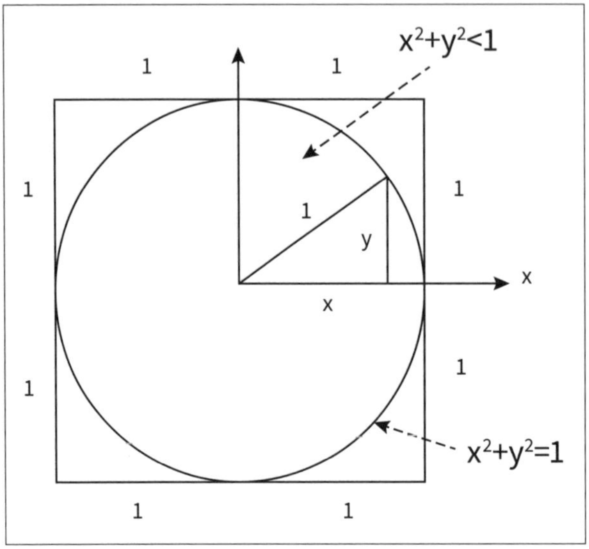

Abbildung 4.1: Ein Dartboard

In Abbildung 4.1 sehen Sie einen Kreis mit dem Radius $r = 1$ sowie das umschriebene Quadrat mit der Seitenlänge $2 \cdot r = 2$. Auf das Quadrat werden nun Pfeile geworfen, die zufällig verteilt sind. Als Treffer wird ein Pfeil gewertet, wenn dieser innerhalb des Kreises landet. Um die Situation zu vereinfachen, betrachten wir nur das Kreisviertel in der rechten oberen Ecke. Für Punkte auf der Kreislinie gilt: $x^2 + y^2 = 1$. Das ist an dem eingezeichneten rechtwinkligen Dreieck ersichtlich, wenn man den Satz des Pythagoras anwendet. Für Punkte irgendwo innerhalb des Kreises gilt $x^2 + y^2 < 1$.

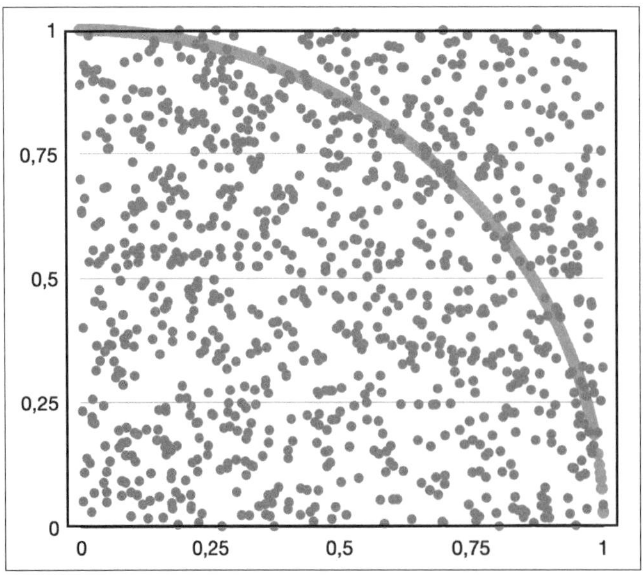

Abbildung 4.2: Dartboard mit »Einschlägen« von n = 1000 Pfeilen

Die Anzahl der Treffer, das heißt die Anzahl der Einschläge mit der Position $x^2 + y^2 < 1$, bezeichnen wir mit t, die Anzahl der Pfeile, die abgeschossen wurden, mit n. Es ist einleuchtend, dass das Verhältnis t/n ungefähr gleich dem Verhältnis der Flächen von Kreissektor und Quadrat ist. Es gilt also:

$$\frac{t}{n} \approx \frac{A_{Kreissektor}}{A_{Quadrat}}$$

Nun ist $\frac{A_{Kreissektor}}{A_{Quadrat}} = \frac{r^2 \cdot \pi/4}{r^2} = \frac{\pi}{4}$

Damit ergibt sich: $\frac{t}{n} \approx \frac{\pi}{4}$ bzw. $\pi \approx 4 \cdot \frac{t}{n}$.

In Abschnitt 4.3, »Ein Tabellenblatt für das Dartboard-Verfahren«, wird eine solche Simulation mithilfe der Tabellenkalkulation durchgeführt. In Abbildung 4.3 sehen Sie, dass von $n = 1000$ Pfeilen $t = 787$ den Kreissektor trafen. In diesem Fall ergibt sich die folgende Rechnung: $\pi \approx 4 \cdot \frac{t}{n} = 4 \cdot \frac{787}{1000} = 3{,}148$.

4.3 Ein Tabellenblatt für das Dartboard-Verfahren

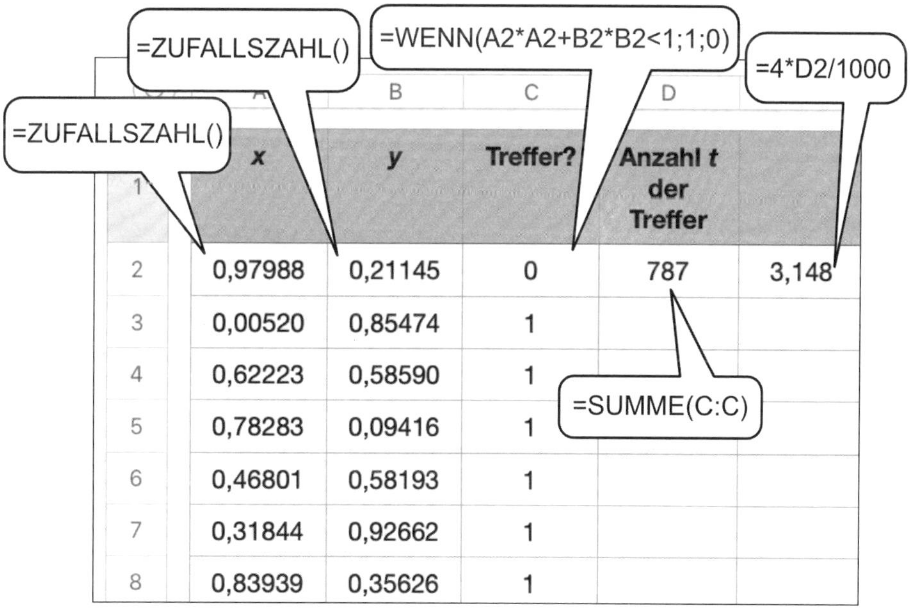

Abbildung 4.3: Ein Tabellenblatt zur näherungsweisen Bestimmung von π

Die Umsetzung der im letzten Abschnitt geschilderten Methode zur näherungsweisen Bestimmung von π wird mit dem in Abbildung 4.3 gezeigten Tabellenblatt ermöglicht. In die Zellen A2 und B2 wird jeweils `ZUFALLSZAHL()` eingetragen. Der dadurch dargestellte Punkt liegt im Einheitskreis, wenn $A2^2 + B2^2 < 1$ gilt. Ist dies der Fall, liegt also ein Treffer vor, wird in die Zelle C2 eine 1 geschrieben, sonst eine 0.

Jetzt muss man nur noch $4 \cdot \frac{t}{n}$ bestimmen, um der Lösung unseres mathematischen Problems näherzukommen. Für das gezeigte Tabellenblatt gilt n =1000 (wir betrachten also 1000 Tabellenzeilen). Der Wert von t ergibt sich durch Summation der Spalte C. Das erklärt den Eintrag in der Zelle D2.

In der abgebildeten Simulation wird π auf zwei Dezimalstellen genau ermittelt. Mehr ist für 1000 Simulationen auch nicht zu erwarten.

4.4 Die Entenjagd

Zehn Jäger, lauter perfekte Schützen (das heißt, jeder Jäger trifft das Ziel, auf das er schießt), schießen auf zehn vorbeifliegende Enten. In der Kürze der Zeit können sich die Jäger nicht absprechen, wer auf welche Ente schießt. Sie schießen gleichzeitig und wählen ihr Opfer zufällig aus. Wie viele Enten überleben dieses Massaker?

Abbildung 4.4: Jäger schießen auf Enten.

Eine für dieses Einzelexperiment richtige Antwort kann nicht gegeben werden, denn die Jäger agieren ja zufällig. Um die Überlebenschancen der Enten einzuschätzen, kann man das Experiment oft wiederholen und den Mittelwert der überlebenden Enten bilden. Dieser ist dann ein Maß für die Überlebenschancen.

Zuerst nummerieren wir die Enten von 1 bis 10. Dann entscheidet sich jeder Jäger zufällig für eine dieser Nummern. Das nimmt uns die Funktion `ZUFALLSBEREICH(1;10)` ab, die Sie ja schon kennen.

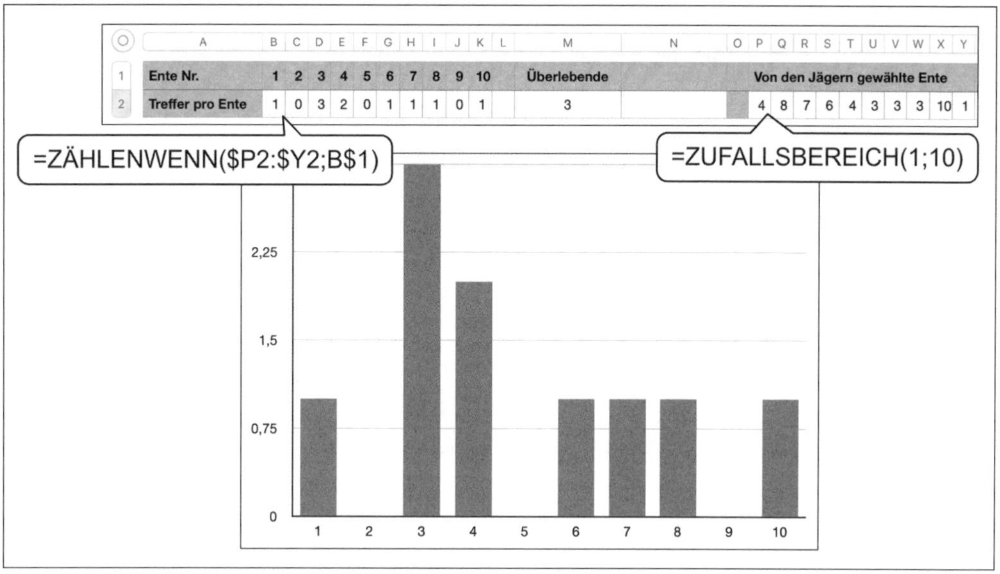

Abbildung 4.5: Eine Simulation für 10 perfekte Schützen und 10 Enten

In den Zellen B1 bis K1 stehen die Nummern der Enten. In den Zellen von P2 bis Y2 wird `=ZUFALLSBEREICH(1;10)` eingetragen. Damit ergeben sich die Nummern der Enten, welche die einzelnen Jäger abschießen. Die Anzahl der Treffer pro Ente ergeben sich in den Zellen B2 bis K2.

Die Trefferzahlen pro Ente sind im abgebildeten Diagramm registriert. In dem angeführten Beispiel haben die Enten mit den Nummern 2, 5 und 9 Glück, sie überleben. Wenn Sie das Tabellenblatt mehrmals aktualisieren, erhalten Sie eine Vorstellung von der Anzahl der überlebenden Enten.

Im Tabellenblatt der Abbildung 4.5 sehen Sie eine einzige Simulation. Da Sie am Mittelwert der überlebenden Enten bei vielen Simulationen interessiert sind, müssen Sie dieses Tabellenblatt erweitern. Dazu lassen Sie einfach die Zeile 2 nach unten ausfüllen, z. B. bis zur Zeile 101. Dann haben Sie 100 Simulationen erzeugt. Aus diesen Simulationen können Sie nun den Mittelwert der überlebenden Enten bilden. In Abbildung 4.6 geschieht dies durch `=MITTELWERT(L:L)` in der Zelle M2.

Nach den 100 Simulationen, von denen die ersten 10 in Abbildung 4.6 zu sehen sind, ergibt sich als Mittelwert der Anzahl der überlebenden Enten 3,44. Diesen Wert haben wir erhalten, ohne weitergehende Konzepte aus der Wahrscheinlichkeitsrechnung bemühen zu müssen. Zum Vergleich richten wir unser Augenmerk auf den Theoriewert für diese Situation:

Wir betrachten irgendeine Ente, z. B. die Ente mit der Nummer 6. Sie überlebt, wenn jeder der 10 Jäger eine andere Ente wählt, um darauf zu schießen. Dies geschieht mit der Wahrscheinlichkeit $0{,}9^{10} \approx 0{,}349$. (Für diese Berechnung wurde die Pfadregel benutzt. Ist Ihnen diese nicht bekannt, finden Sie die Erklärung dazu in Kapitel 23, »Die Einstandregelung«.)

	A	B	C	D	E	F	G	H	I	J	K	L	M	N	O	P	Q	R	S	T	U	V	W	X
1	**1**	**2**	**3**	**4**	**5**	**6**	**7**	**8**	**9**	**10**		**Überlebende**	**Mittelwert**											
2	1	0	1	3	0	2	0	1	1	1		3	3,44		4	4	1	10	8	6	6	4	9	3
3	1	3	1	1	1	0	0	0	0	3		4			2	2	3	10	10	2	1	5	4	10
4	2	0	1	2	1	1	1	1	0	1		2			7	3	6	1	10	1	4	8	4	5
5	1	1	2	0	3	1	1	0	1	0		3			5	3	5	7	2	9	1	3	5	6
6	1	0	0	1	2	1	1	0	2	2		3			5	10	7	1	9	10	5	6	4	9
7	0	0	1	2	2	1	1	2	0	1		3			8	5	10	4	4	8	6	3	5	7
8	2	0	0	0	1	1	3	2	1	0		4			7	1	1	9	7	7	6	5	8	8
9	1	1	1	0	1	0	2	2	1	1		2			7	1	7	2	8	3	8	10	9	5
10	3	0	0	1	3	0	2	0	0	1		5			10	4	5	1	1	1	7	5	7	5
11	2	0	0	0	1	2	2	0	0	3		5			6	5	1	1	7	7	6	10	10	10

Abbildung 4.6: Die ersten 10 von 100 Simulationen zur Bestimmung des Mittelwertes der überlebenden Enten

Im Durchschnitt werden deshalb $10 \cdot 0{,}9^{10} \approx 3{,}49$ Enten überleben.

Wie Sie sehen, haben wir mit der Monte-Carlo-Methode aus unserem Tabellenblatt einen akzeptablen Schätzwert erhalten.

Kapitel 5

Wie viele Leben besitzt eine Pfandflasche?

Mit Pfandflaschen kann man eine Menge Abfall einsparen, vorausgesetzt, die Flaschen werden oft genug verwendet. In diesem Kapitel wird ein einfaches mathematisches Modell entworfen, das den realen Rückgabezahlen sehr nahekommt.

5.1 Lohnt sich die Rückgabe von Pfandflaschen?

Das Stadtbild großer Städte wird zunehmend durch herumliegende leere Bier- und Limonadenflaschen geprägt. Das berichten die städtischen Entsorger. Selbst Mehrwegflaschen bleiben vermehrt als Müll im öffentlichen Raum zurück. Für viele Verbraucher scheint sich die Rückgabe von Mehrweg-Glasflaschen nicht mehr zu lohnen. Das liegt unter anderem daran, dass das Mehrwegpfand seit Jahrzehnten nicht angepasst wurde. Für Glas-Bierflaschen liegt das Pfand bei 8 Cent. Österreich hat das Pfand auf Mehrweg-Glasflaschen seit dem 2. Februar 2025 von 9 auf 20 Cent erhöht. Ein Kasten Bier kostet seitdem 7 Euro Pfand, 4 Euro für die 20 Flaschen und 3 Euro für die Kiste. Das soll die Motivation, die leeren Flaschen wieder in den Handel zurückzubringen, deutlich erhöhen, denn auch in Österreich ließ die Rückgabebereitschaft in den letzten Jahren deutlich nach. Flaschen wurden im Altglas entsorgt und fehlten damit im Mehrwegkreislauf. Das lässt die »Gesellschaft der österreichischen Brauwirtschaft« verlautbaren [PFA].

Der Vorteil des Mehrwegsystems liegt darin, dass die Flaschen nach dem Gebrauch gewaschen und wieder befüllt werden. Das spart jede Menge Abfall. Wie oft können Pfandflaschen wieder verwendet werden, wie viele Leben hat also eine Pfandflasche?

5.2 Ein Modell für den Lebenslauf einer Pfandflasche

Nach Angaben verschiedener Brauereien beträgt die durchschnittliche Rücklaufquote von Pfandflaschen ca. 98 %. Der Lebenslauf einer Flasche lässt sich als eine Irrfahrt auf dem Graphen in Abbildung 5.1 deuten.

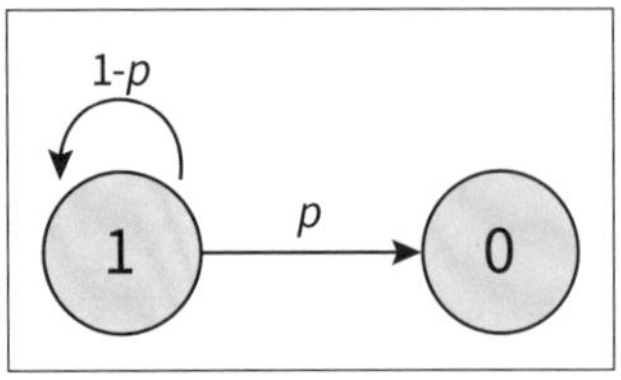

Abbildung 5.1: Ein Graph für das Pfandflaschenproblem

Zu Beginn, also nach dem ersten Kauf, befindet sich die Flasche im Startzustand *1*. Mit Wahrscheinlichkeit p gerät die Flasche dann in den Endzustand *0*, das heißt, sie wird nicht zurückgegeben. Mit der Wahrscheinlichkeit $q = 1 - p$ wird sie ein weiteres Mal verkauft, das heißt, sie bleibt im Zustand *1*.

Wir bezeichnen mit m die Anzahl der Schritte auf diesem Graphen, bis die Flasche im Zustand *0* landet. Dann gibt es die beiden folgenden Möglichkeiten:

1. Die Flasche wird überhaupt nicht zurückgegeben, sondern landet gleich im Müll. Dann ist $m = 1$.
2. Die Flasche wird beim 1. Mal zurückgegeben. Dann ist man wieder im Zustand *1*. Es dauert dann noch im Mittel m Schritte, bis die Flasche in den Zustand *0* gerät, das heißt, insgesamt werden $1 + m$ Schritte auf dem Graphen zurückgelegt. Denn: Der Zufall besitzt kein Gedächtnis an die bereits vergangenen Rückgaben. Immer, wenn die Flasche im Zustand *1* ist, dauert es noch durchschnittlich m Schritte bis zum Zustand *0*.

Aus den beiden Möglichkeiten 1 und $1 + m$ muss nun der Mittelwert gebildet werden, um herauszufinden, wie lange die Flasche im Mittel von Zustand *1* (Startzustand) bis Zustand *0* (nicht zurückgegeben) braucht. Dabei ist zu beachten, dass diese beiden Möglichkeiten mit unterschiedlichen Wahrscheinlichkeiten auftreten.

Die Möglichkeit, dass nach einem Schritt alles zu Ende ist, tritt mit der Wahrscheinlichkeit p auf. Die Wahrscheinlichkeit, dass $1 + m$ gleich der Dauer der Irrfahrt ist, ist gleich $1 - p$.

Mit diesen Wahrscheinlichkeiten müssen die beiden Möglichkeiten gewichtet werden.

Damit erhält man für m:

$$m = p \cdot 1 + (1 - p) \cdot (1 + m)$$

Jetzt werden die Klammern ausmultipliziert:

$$m = p + 1 + m - p - p \cdot m$$

$$p \cdot m = 1$$

$$m = \frac{1}{p}$$

Die Zahl der Rückgaben r der Flasche ist um einen Schritt geringer, so dass $r = \frac{1}{p} - 1$ gilt.

Angenommen, dass $p = 2\,\%$ gilt. Dies passt zu der oben angegebenen Pfandflaschen-Rücklaufquote von 98 %. Für die mittlere Zahl der Rückgaben ergibt sich in diesem Fall $r = \frac{1}{0{,}02} - 1 = 50 - 1 = 49$. Auf der Basis der von den Brauereien angegebenen Rücklaufquote erhalten wir damit 49 als mittlere Zahl der Rückgaben einer Pfandflasche.

In der Praxis geht man davon aus, dass Mehrwegflaschen bis zu 40-mal befüllt werden können [PFA]. Diese etwas geringere Zahl als die eben berechnete, ist darin begründet, dass sich die Flaschen abnutzen. Durch Reibung der Flaschen aneinander während des Befüllens entstehen unschöne graue Streifen oberhalb des Etiketts. Dadurch wird die Flasche unansehnlich und wird schließlich aussortiert.

Abbildung 5.2: Flasche mit grauem Streifen

5.3 Überprüfen Sie das Ergebnis des letzten Abschnitts mit einer Simulation

Sie sollten zunächst ein Tabellenblatt bis zur Spalte GE bereitstellen, denn die Zahl der Rückgaben der Flasche kann im Einzelfall sehr groß werden.

Zunächst schreiben Sie in die Zelle B2 den Wert von *p* und in die Zelle B3 den Wert von $1 - p$. In der Spalte G werden Einsen eingetragen. Das bezeichnet den Start der Irrfahrt im Zustand *1*. Berücksichtigt werden 1000 Simulationen, das heißt, das Tabellenblatt geht bis zur Zeile 1003.

Damit die Simulation beendet wird, wenn die *0* auftaucht oder wenn die linke Nachbarzelle leer ist, brauchen Sie den zur Zelle H4 gehörenden Eintrag aus Abbildung 5.3: `=WENN(ODER(G4=0;G4='''');'''';WENN(ZUFALLSZAHL()<$B$3;1;0))`.

In der Zelle C4 wird die Summe der Einsen der 4. Zeile gebildet. Das ist die Anzahl der Rückgaben in der Simulation dieser Zeile.

Füllen Sie nun die Zeile 4 weiter nach unten bis zur Zeile 1003 aus.

Anschließend bilden Sie den Mittelwert der Rückgaben in der Zelle E4.

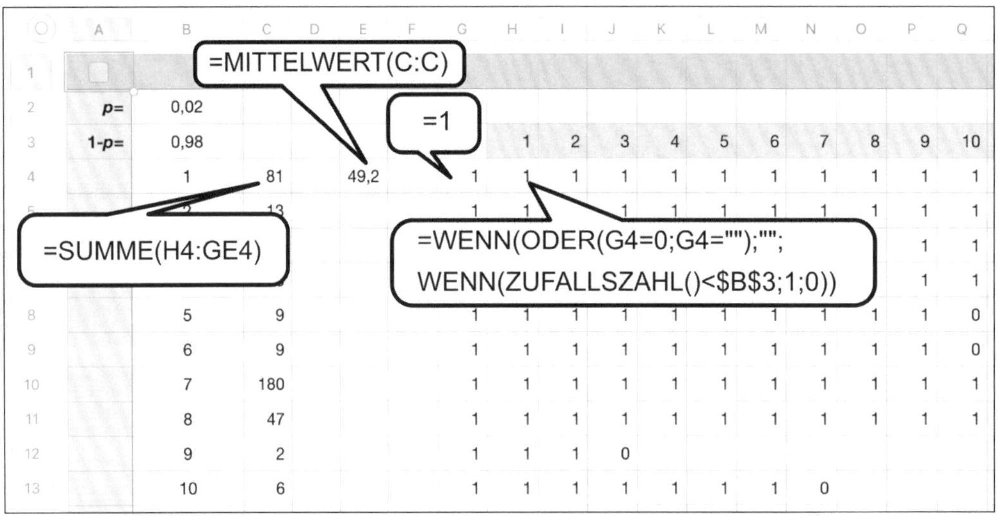

Abbildung 5.3: Simulation der Anzahl der Rückgaben in Abhängigkeit von p

In Numbers können Sie dem Tabellenblatt ein Markierungsfeld hinzufügen, um dieses Blatt neu berechnen zu lassen. In Excel erreichen Sie das mit der Funktionstaste F9.

Kapitel 6
Verschwörungstheorien

Wie kann man die Behauptungen von Verschwörungstheoretikern widerlegen? Dies wird hier am Beispiel der Mondlandung im Jahr 1969 diskutiert.

6.1 War die Mondlandung ein Fake?

Besonders in Krisenzeiten erfahren Verschwörungstheorien Beachtung, aber auch ohne Krise halten sie sich hartnäckig. Ein prominentes Beispiel dafür ist die Mondlandung. Diese erfolgte am 20. Juli 1969.

Abbildung 6.1: Frankfurter Allgemeine 19.05.2020

Ab den frühen 1970er-Jahren tauchten schließlich immer mehr angebliche Indizien dafür auf, dass die Amerikaner den ersten Flug zu einem anderen Himmelskörper zu Propagandazwecken nur inszeniert hätten. Allein in Großbritannien glauben laut einer Umfrage aus dem Jahr 2016 etwa 52 % der Bevölkerung nicht an eine Mondlandung. Selbst in den USA bestreiten etwa 5–7 % die Geschehnisse vom Sommer 1969.

Tatsächliche Verschwörungen werden aufgedeckt durch

1. Whistleblowing
2. Fehler in der Informationsverarbeitung, z. B. eine an eine falsche Adresse geschickte Mail

Die Wahrscheinlichkeit, dass eine Verschwörung innerhalb eines Jahres aufgedeckt wird, hängt ab von:

1. der Anzahl n der an der Verschwörung beteiligten Personen
2. der Wahrscheinlichkeit w, dass eine beliebige Person innerhalb eines Jahres das Geheimnis verrät

Die Wahrscheinlichkeit, dass eine Person in einem Jahr keinen Verrat begeht, ist $1 - w$. Die Wahrscheinlichkeit, dass alle n beteiligten Personen in einem Jahr nichts verraten, ist dann $q = (1 - w)^n$. (Hier wurde die erste Pfadregel verwendet. Näheres dazu finden Sie in Kapitel 23, »Die Einstandregelung«.)

Die Wahrscheinlichkeit für mindestens einen Verrat in einem Jahr ergibt sich über das Gegenereignis zu $p = 1 - (1 - w)^n$. (Sollten Sie Probleme bei der Verwendung des Gegenereignisses haben, können Sie sich in Kapitel 18, »Was ist denn jetzt Zufall und was ist Wahrscheinlichkeit?«, Hilfe holen.)

Jetzt bestimmen wir nacheinander die Wahrscheinlichkeiten, dass der erste Verrat im Jahr 1, 2, 3, ..., k stattfindet:

Erster Verrat im 1. Jahr: p

Erster Verrat im 2. Jahr: $q \cdot p$

Erster Verrat im 3. Jahr: $q^2 \cdot p$

...

Erster Verrat im Jahr k: $q^{k-1} \cdot p$

Die Wahrscheinlichkeit, dass innerhalb der Jahre 1, ..., k der 1. Verrat stattfindet, erhält man durch Addition der eben berechneten Wahrscheinlichkeiten:

$P(\text{1.Verrat in den ersten } k \text{ Jahren}) = p + q \cdot p + q^2 \cdot p + \ldots + q^{k-1} \cdot p$

$= p \cdot (1 + q + q^2 + \ldots + q^{k-1})$

Wissen Sie, wie man die Summe in der Klammer berechnen kann? Wenn ja, dann überspringen Sie den Text in dem folgenden Kasten.

Die endliche geometrische Reihe

$s = 1 + q + q^2 + \ldots + q^{k-1}$ ist eine endliche geometrische Reihe. Das erkennt man daran, dass der Quotient zweier aufeinander folgender Reihenglieder konstant ist. Im vorliegenden Fall ist der Quotient gleich q. Die einfache Formel für die endliche geometrische Reihe finden Sie am Ende des Kastens.

Multiplizieren Sie diese Gleichung mit q. Dann ergibt sich:

$q \cdot s = q + q^2 + q^3 + \ldots + q^k$

Jetzt subtrahieren Sie die beiden Gleichungen voneinander. Dabei fallen auf der rechten Seite alle Reihenglieder mit Ausnahme von 1 und q^k weg.

$s - q \cdot s = 1 - q^k$

Schließlich hat man $s = \frac{1-q^k}{1-q}$. Das ist die gesuchte Summenformel für die endliche geometrische Reihe.

6.2 Weiterführung der Rechnung aus Abschnitt 6.1

In Abschnitt 6.1 stand zuletzt folgende Gleichung:

$P(\text{1.Verrat in den ersten } k \text{ Jahren}) = p \cdot (1 + q + q^2 + ... + q^{k-1})$

Mithilfe der Summenformel erhält man jetzt:

$P(\text{1.Verrat in den ersten } k \text{ Jahren}) = p \cdot \frac{1-q^k}{1-q}$

Nun ist $p = 1 - q$, so dass Folgendes übrig bleibt:

$P(\text{1.Verrat in den ersten } k \text{ Jahren}) = 1 - q^k = 1 - ((1 - w)^n)^k = 1 - (1 - w)^{n \cdot k}$

95 % ist eine sehr große Wahrscheinlichkeit.

Wenn P(1.Verrat in den ersten k Jahren) ≥ 95 % gilt, dann ist es sicher, dass die Verschwörung innerhalb der ersten k Jahre verraten wird.

Wenn P(1.Verrat in den ersten k Jahren) ≥ 95 % gilt und die Verschwörung wurde innerhalb dieser ersten k Jahre nicht verraten, dann gilt im Umkehrschluss: Es gibt mit an Sicherheit grenzender Wahrscheinlichkeit keine Verschwörung.

Um P(1.Verrat in den ersten k Jahren) berechnen zu können, benötigt man aber, wie in der oben eingeführten Formel gezeigt, den Parameter w. Diesen kann man aufgrund von bereits aufgedeckten Verschwörungen schätzen. Im folgenden Abschnitt gebe ich Ihnen einige Beispiele dafür, wie wir unsere Berechnung mit konkreten Werten durchführen können.

6.3 Aufgedeckte Verschwörungen

Das folgende Datenmaterial stammt von David Robert Grimes [GRI].

- NSA-Prism-Affäre

  Bei dieser Affäre ging es um eine streng geheime, enge Zusammenarbeit zwischen amerikanischen und deutschen Geheimdiensten zur Ausspähung unbescholtener Bürger. Nach $k = 6$ Jahren Geheimhaltung wurde die Verschwörung durch Edward Snowden aufgedeckt. Beteiligt waren ca. $n = 30\,000$ Personen.

- Tuskegee syphilis experiment

  In den 1940er-Jahren hatten Forscher Afroamerikaner beobachtet, die an Syphilis erkrankt waren, ohne ihnen Antibiotika zur Behandlung der Krankheit zur Verfügung zu stellen. Es dauerte $k = 25$ Jahre, bis die unethische Forschung aufflog. Beteiligt waren etwa $n = 6\,700$ Personen.

- FBI forensics scandal

  Das FBI hatte beim Nachweis von Verbrechen unseriöse Methoden benutzt und damit Unschuldige in die Todeszelle gebracht. Aufgedeckt wurde der Skandal nach $k = 6$ Jahren durch den Whistleblower Dr. Whitehurst. Es gab ca. $n = 500$ Beteiligte.

6.4 Bestimmung der Wahrscheinlichkeit *w*, dass eine beliebige Person innerhalb eines Jahres das Geheimnis verrät

Wir verwenden die Daten $n = 30\,000$ und $k = 6$ der NSA-Prism-Affäre.

Die Wahrscheinlichkeit, dass im Jahr $k = 6$ der 1. Verrat stattfindet, ist gleich $q^{6-1} \cdot p = ((1 - w)^{30000})^{6-1} \cdot (1 - (1 - w)^{30000})$. Das wissen wir schon aus der Formel in Abschnitt 6.2, »Weiterführung der Rechnung aus Abschnitt 6.1«.

Die Hochzahlen des ersten Faktors werden multipliziert und da der Ausdruck nur von *w* abhängt, wird dieser mit $L(w)$ bezeichnet:

$L(w) = (1 - w)^{150000} \cdot (1 - (1 - w)^{30000})$.

$L(w)$ gibt die Wahrscheinlichkeit an, dass im Jahr $k = 6$ der 1. Verrat stattfindet.

Der 1. Verrat fand tatsächlich im 6. Jahr statt. Die Frage bleibt, wie man daraus den Wert von *w* bestimmen kann. Dazu gibt es in der Mathematik ein einfaches Prinzip, die *Maximum-Likelihood-Methode*:

Stehen in einer bestimmten Situation verschiedene Modelle zur Auswahl (hier sind das die verschiedenen Werte von *w*), dann wähle dasjenige aus, für das die beobachteten Daten die größte Wahrscheinlichkeit besitzen.

Folgt man diesem Prinzip, muss man zunächst nachsehen, für welchen Wert von *w* die Funktion $L(w)$ ein Maximum annimmt. Wir machen uns dies einfach, ohne die Differentialrechnung zu bemühen. Dazu stellen wir eine Tabelle für $L(w)$ auf, diese sehen Sie in Abbildung 6.2. Der Abbildung kann man entnehmen, dass für $w = 0{,}0000060$ die Funktion $L(w)$ maximal wird. Der Maximalwert ist 0,0669.

	A	B
1	*w*	*L(w)*
2	0	0
3	0,0000010	0,0254378
4	0,0000020	0,0431419
5	0,0000030	0,0548799
6	0,0000040	0,0620594
7	0,0000050	0,0657969
8	0,0000060	0,0669741
9	0,0000070	0,0662837
10	0,0000080	0,0642664
11	0,0000090	0,0613414
12	0,0000100	0,0578311

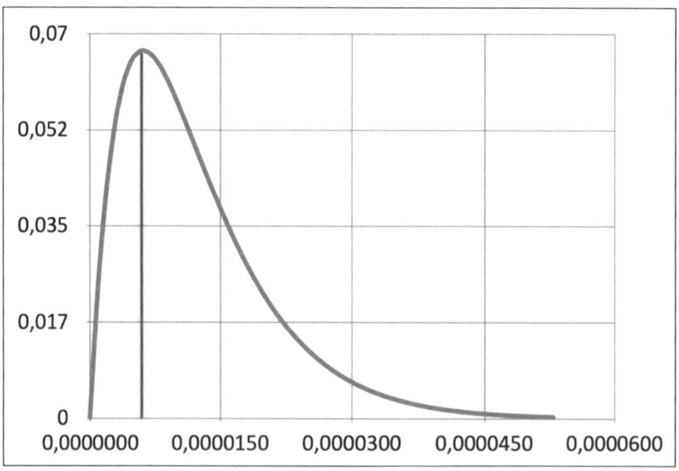

Abbildung 6.2: Graph der Funktion L(w)

6.5 Anwendung der Ergebnisse auf die Mondlandung

Mitte der 60er-Jahre des letzten Jahrhunderts arbeiteten über 400 000 Personen für das Apollo-Projekt.

Mit $w = 0{,}000006$ und $n = 400000$ können wir jetzt die Wahrscheinlichkeit berechnen, dass innerhalb der Jahre 1, ..., k der 1. Verrat stattfand.

Aus Abschnitt 6.2, »Weiterführung der Rechnung aus Abschnitt 6.1«, ist bekannt:

P(1.Verrat in den ersten k Jahren) $= 1 - q^k = 1 - (1 - w)^{n \cdot k}$

Mit unseren Zahlen für w und n ergibt sich:

P(1.Verrat in den ersten k Jahren) $= 1 - (1 - 0{,}000006)^{400000 \cdot k}$

Wieder hilft uns eine Tabelle, um die Werte dieser Funktion beurteilen zu können.

	A	B
1	w=	0,000006
2	n=	400000
3		
4	*k*	*P*(1.Verrat innerhalb d. Jahre 1,...,*k*)
5	0	0
6	1	0,90928
7	2	0,99177
8	3	0,99925
9	4	0,99993
10	5	0,99999
11	6	1,00000
12	7	1,00000
13	8	1,00000
14	9	1,00000
15	10	1,00000
16	11	1,00000
17	12	1,00000
18	13	1,00000
19	14	1,00000

Abbildung 6.3: Die Wahrscheinlichkeit P(1.Verrat in den ersten k Jahren)

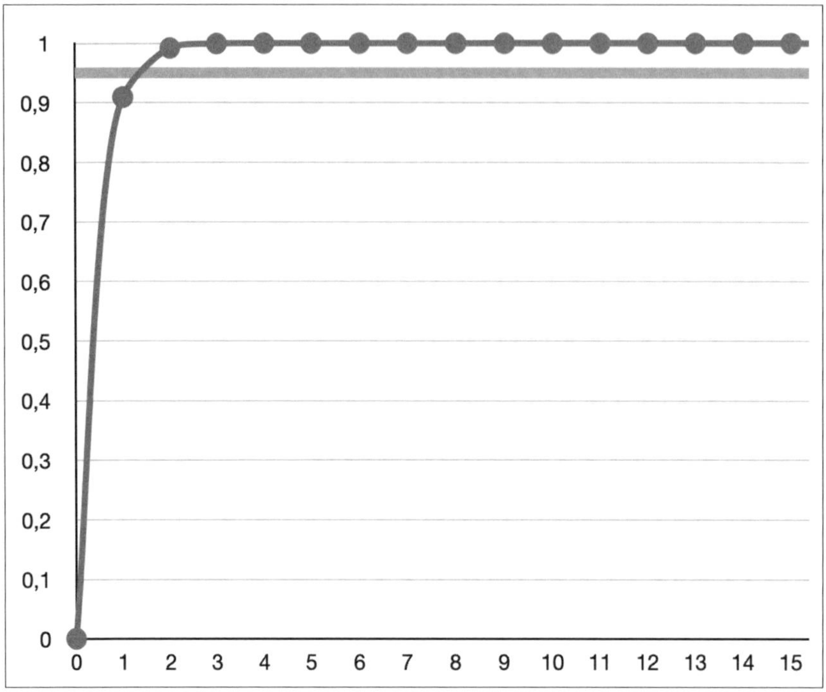

Abbildung 6.4: Graphische Darstellung der Funktion P(1.Verrat in den ersten k Jahren)

Wie man sieht, ist schon nach 2 Jahren die Wahrscheinlichkeit für den 1. Verrat größer als 95 %. Nach den Ergebnissen aus Abschnitt 6.2, »Weiterführung der Rechnung aus Abschnitt 6.1«, gibt es deshalb keine Verschwörung. Die Mondlandung fand statt.

Kapitel 7
Truthähne und schwarze Schwäne

»Wenn mich jemand fragt, wie ich meine Erfahrungen in fast vierzig Jahren auf See am besten beschreiben kann, sage ich einfach: ereignislos. Natürlich gab es Winterstürme, Stürme, Nebel und dergleichen. Aber bei all meinen Erfahrungen war ich nie in einen Unfall verwickelt, über den es sich zu reden lohnt. In all meinen Jahren auf See habe ich nur ein Schiff in Not gesehen. Ich habe noch nie ein Wrack gesehen und habe auch noch nie Schiffbruch erlitten, und ich war auch noch nie in einer Situation, die in einer wie auch immer gearteten Katastrophe zu enden drohte.«
E. J. Smith, 1907, Kapitän der Titanic [QUO]

Am 14.04.1912 sinkt die Titanic und mit ihr E. J. Smith. Die Risikoeinschätzung des Kapitäns der Titanic beruht auf der sogenannten *Truthahn-Illusion*. Dieser Begriff lässt sich auf folgende Begebenheit zurückführen:

Ein Bauer hat einen Truthahn gekauft und nimmt diesen mit auf seinen Hof. Anfangs ist der Truthahn recht scheu, doch dies legt sich bald, nachdem der Bauer ihm jeden Tag sein Futter bringt. Wäre der Truthahn mit der Wahrscheinlichkeitstheorie vertraut gewesen, so hätte er sein wachsendes Zutrauen sogar zahlenmäßig beschreiben können: Trat nämlich in einer bestimmten Situation ein Ereignis bereits n-mal ein, dann ist die Wahrscheinlichkeit dafür, dass es beim nächsten Mal wieder eintritt, gleich $\frac{n+1}{n+2}$, das heißt, nach einem Tag beträgt die Wahrscheinlichkeit für das Wiedereintreten des Ereignisses $\frac{2}{3}$, nach zwei Tagen $\frac{3}{4}$ usw.

(Diese Formel wird in der englischsprachigen Literatur als *Law of succession of Laplace* bezeichnet [FEL, S. 124)]. In der deutschsprachigen Literatur hat sich keine Bezeichnung eingebürgert. Die Herleitung der Formel übersteigt das Niveau dieses Buchs.)

Stellt man diese Wahrscheinlichkeit in Abhängigkeit von n graphisch dar, so ergibt sich der Graph aus Abbildung 7.1:

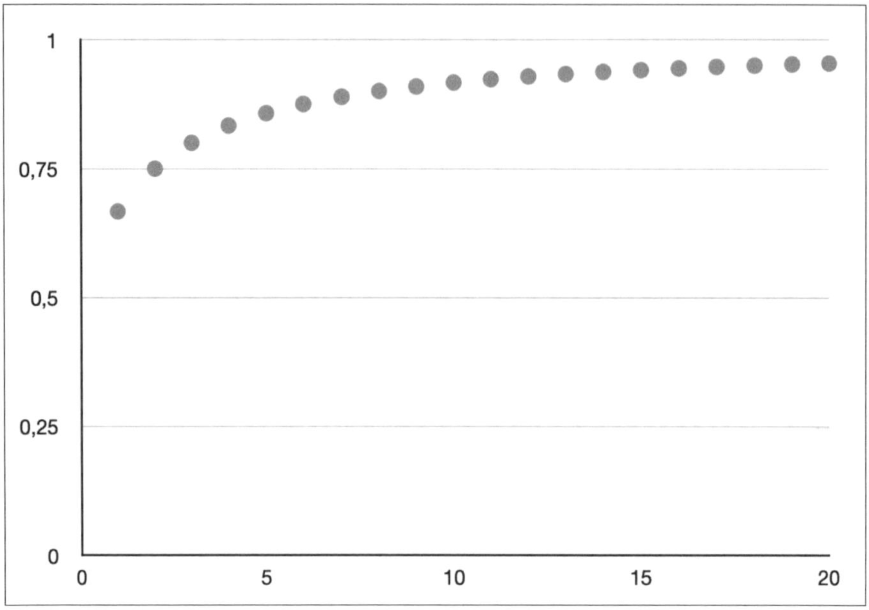

Abbildung 7.1: Darstellung von (n + 1) / (n + 2) in Abhängigkeit von n

Die Abbildung zeigt, dass die Wahrscheinlichkeit, mit der sich das Ereignis wiederholt, wenn es zuvor *n*-mal eingetreten ist, schnell gegen 1 strebt. Das heißt, nach ein paar Tagen ist es für den Truthahn fast sicher, dass er am nächsten Tag wieder sein Futter bekommt.

Ihnen ist klar, wie die Geschichte für den Truthahn ausgeht. Zwar begnadigt der amerikanische Präsident jedes Jahr medienwirksam einen Truthahn, dies gilt jedoch nicht für unseren Truthahn. Am Tag vor dem Thanksgiving Day kommt der Bauer mit dem Beil statt dem Futter. Die Sicherheit, in der sich der Truthahn wähnte, beruht auf historischen Daten. Dies gilt auch für die angegebene Berechnung im Rahmen der Wahrscheinlichkeitstheorie. Dem Truthahn war offenbar die Tradition des Thanksgiving Days unbekannt, und auch bei der Anwendung der Wahrscheinlichkeitsrechnung auf das Problem der Wiederholung eines Ereignisses war das mögliche Auftreten eines Ereignisses wie des Thanksgiving Days nicht berücksichtigt worden.

Wie dem Truthahn fällt es auch dem Menschen schwer, sich eine Zukunft vorzustellen, in der Ereignisse vorkommen, die in unserer Vergangenheit noch nicht aufgetreten sind. Beispiele für solche Ereignisse sind:

- die Ölkrise der 1970er-Jahre
- der Schwarze Freitag 1929
- die Südamerika-Krise 1982
- die Bankenkrise 2008
- der 11. September 2001

- der Fall der deutschen Mauer 1989
- die Coronakrise usw.

Experten waren nicht in der Lage, diese Ereignisse im Voraus zu erkennen. Sie verwendeten genau wie der Truthahn Modelle, die kurzfristig korrekte Aussagen liefern, die aber nicht unerwartete Ereignisse beinhalten, die dann Katastrophen auslösen können. Dasselbe gilt für den normalen Bürger, dem im Rahmen einer Kaufentscheidung in der Bank die Kursentwicklung eines bestimmten Fonds gezeigt wird und der darauf spekuliert, dass diese Entwicklung so weitergeht.

Ein unerwartetes Ereignis, das die bisherigen Erfahrungen durcheinanderwirbelt, nennt man auch einen »schwarzen Schwan«. Diese Bezeichnung beruht darauf, dass bis ins 17. Jahrhundert in Europa geglaubt wurde, dass jeder Schwan weiß ist. Im Jahr 1609 landete der Niederländer Willem Jansz an der Nordspitze des heutigen Queensland. In den folgenden Jahrzehnten erreichten weitere niederländische Expeditionen Australien. So sah dann der niederländische Seefahrer Willem de Vlamingh 1697 schwarze Schwäne in Australien. Mit dieser Entdeckung wurde die in Europa jahrtausendelang gültige Aussage, dass alle Schwäne weiß sind, auf einen Schlag widerlegt.

Die Auftretenshäufigkeit unerwarteter Ereignisse wird oft unterschätzt. Bei der Beurteilung der Entwicklung von Kursen eines Portfolios oder einer einzelnen Aktie liegt dies daran, dass in »normalen« Zeiten der Kursverlauf einer Normalverteilung entspricht. Diese wird durch einen Mittelwert μ und eine Standardabweichung σ beschrieben. Der Mittelwert μ ist die erwartete Rendite der Aktie, die Standardabweichung σ ist ein Maß für auftretende Abweichungen vom Erwartungswert μ. Je größer σ ist, desto breiter ist die Kurve. Im Börsenjargon wird σ auch als die Volatilität der Aktie bezeichnet. Abbildung 7.2 zeigt zwei Graphen der Normalverteilung, den ersten mit $\mu = 2$ und $\sigma = 0{,}5$, den zweiten mit $\mu = 3$ und $\sigma = 0{,}8$. Der Flächeninhalt unter jeder der Kurven ist gleich 1.

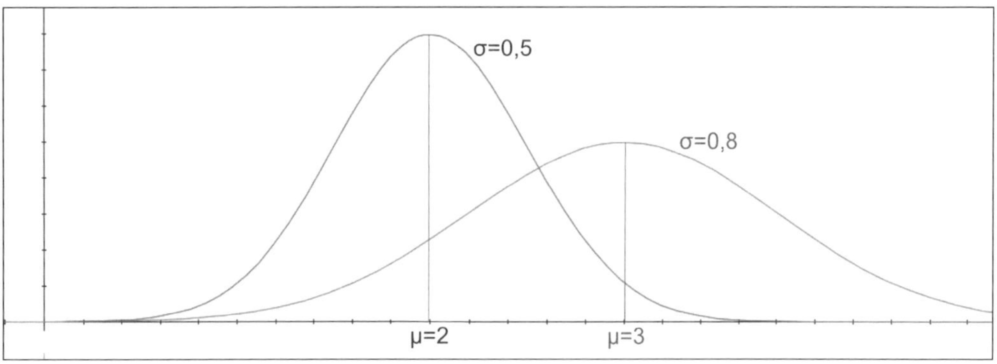

Abbildung 7.2: Graphen der Normalverteilung

Liegt eine Normalverteilung vor, dann ist die Wahrscheinlichkeit, dass ein beobachteter Wert zwischen $\mu - \sigma$ und $\mu + \sigma$ liegt, gleich 68 %. Das Auftreten eines Wertes zwischen $\mu - 2\sigma$ und $\mu + 2\sigma$ ist sogar gleich 95,5 %. Die Wahrscheinlichkeit, dass Werte mit einer Abweichung um mehr als 2σ vom Erwartungswert auftreten, ist deshalb nur 1 – 0,955 = 0,045 = 4,5 %. Im Bereich zwischen $\mu - 3\sigma$ und $\mu + 3\sigma$ liegen sogar 99,7 % aller Werte, das heißt, eine Abweichung um mehr als 3σ vom Erwartungswert hat die Wahrscheinlichkeit 0,3 % = 0,003.

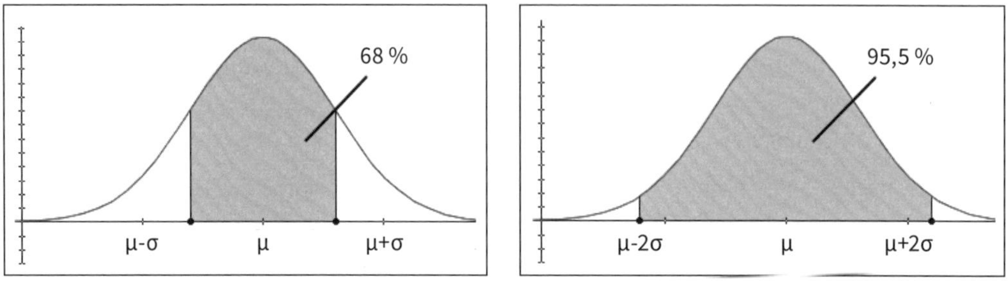

Abbildung 7.3: Wahrscheinlichkeiten für Abweichungen vom Mittelwert

Liegt eine Normalverteilung vor, dann treten Werte mit einer Abweichung von mehr als 3σ vom Erwartungswert praktisch nicht auf. In der Praxis finden sich solche Abweichungen aber immer wieder. Dies zeigt, dass die von Banken verwendeten Vorhersageinstrumente, denen meistens eine Normalverteilung zugrunde liegt, versagen. Das Modell der Normalverteilung passt also nicht zur Realität, auch wenn die Verfechter der gängigen Portfolio-Theorie dies bestreiten. Dies sollte jeder, dem eine Aktienanlage ohne große Risiken empfohlen wird, wissen. Das bedeutet natürlich nicht, dass man keine Aktien kaufen sollte. Aber man sollte nicht alles auf eine Karte setzen. Will man auf Nummer sicher gehen, dann legt man zum Beispiel ein Drittel in Aktien, ein Drittel in Gold und ein Drittel in Immobilien an, das heißt, man diversifiziert so breit wie möglich.

Kapitel 8

Was man beim Fälschen der Steuererklärung beachten sollte

Man könnte denken, dass die Häufigkeit der Anfangsziffern in Datensätzen jeweils 1/9 ist. Überraschenderweise ist dies nicht der Fall. Für viele Datensätze gilt ein ganz anderes Gesetz, das sogenannte Benford-Gesetz, das in diesem Kapitel vorgestellt wird.

8.1 Das Benford-Gesetz

Im Auftrag einer Hotelkette kam Mark J. Nigrini einem millionenschweren Versicherungsbetrug auf die Spur. Eine Angestellte hatte Schecks der firmeneigenen Krankenversicherung gefälscht und Vorgänge abgerechnet, die nicht stattgefunden hatten. Bemerkenswert war die Methode, derer sich Nigrini 1996 zur Aufdeckung der Veruntreuung bediente. Er analysierte die vorliegenden Daten mit einer Software, die das Benford-Gesetz verwendete.

Das Benford-Gesetz macht eine überraschende Aussage über die Häufigkeit der Anfangsziffern in Zahlen des Zehnersystems. Es ist naheliegend zu glauben, dass jede der neun Ziffern 1, 2, 3, ..., 8, 9 dieselbe Chance hat, als erste Ziffer einer Zahl aufzutreten. Das ist aber nicht immer der Fall. Der Erste, dem dies auffiel, war Simon Newcomb (1835–1909), ein Mathematiker und Astronom. Für seine Berechnungen benutzte Newcomb, wie damals üblich, Logarithmentafeln. Dabei fiel ihm auf, dass in diesen Tafeln die vorderen Seiten stärker abgegriffen waren als die weiter hinten liegenden. Er folgerte, dass mehr Berechnungen mit Zahlen durchgeführt wurden, die mit kleinen Ziffern wie 1 und 2 beginnen. Er behauptete, dass der Prozentsatz der Zahlen, die mit der Ziffer n beginnen, gegeben ist durch $\log_{10}(1 + 1 / n)$. Dies gilt für viele Datensätze wie zum Beispiel für die Länge von Flüssen, für Todesraten, Rechnungen oder physikalische und mathematische Konstanten.

1938 machte Frank Benford dieselbe Entdeckung wie Newcomb. Benford verfügte außerdem über ein riesiges Datenmaterial, an dem er seine Entdeckung überprüfen konnte.

Vor diesem Hintergrund ist auch klar, wie Nigrini vorgegangen ist. Er analysierte die vorliegenden Daten darauf, ob diese mit dem Benford-Gesetz übereinstimmen. War dies nicht der Fall, so lag eine Manipulation vor.

Die Aufklärung von Betrugsversuchen ist eine der wichtigsten Anwendungen des Benford-Gesetzes. Mit EDV kann geklärt werden, ob die zu prüfende Stichprobe, zum Beispiel eine Kasseneinnahme in der Buchführung, der Benford-Verteilung folgt. Ist dies nicht der Fall, so liegt der Verdacht einer Manipulation nahe. Beachten Sie dies bei der nächsten Steuererklärung!

8.2 Ein Beispiel für das Benford-Gesetz

Vielleicht kennen Sie die Fibonacci-Folge. Das ist eine der bekanntesten Zahlenfolgen der Mathematik mit vielen Anwendungen. Das Bildungsgesetz dieser Folge ist ganz einfach.

Die Fibonacci-Folge

Die ersten beiden Folgenglieder sind Einsen.

Das dritte Folgenglied ist die Summe des ersten und des zweiten Folgengliedes.

Das vierte Folgenglied ist die Summe des zweiten und des dritten Folgengliedes usw.

Wie Sie sehen, kann diese Folge leicht in einer Tabellenkalkulation erzeugt werden, wie in Abbildung 8.1 gezeigt.

	A	B	C	D	E	F	G
1	Fibonacci Zahlen	Erste Ziffer		*n*	Absolute Häufigkeit	Relative Häufigkeit	log(1+1/*n*)
2	1	1		1	301	0,301	0,3010
3	1	1		2	177	0,177	0,1761
4	2	2		3	125	0,125	0,1249
5	3	3		4	96	0,096	0,0969
6	5	5		5	80	0,08	0,0792
7	8	8		6	67	0,067	0,0669
8	13	1		7	56	0,056	0,0580
9	21	2		8	52	0,052	0,0512
10	34	3		9	45	0,045	0,0458
11	55	5					

Abbildung 8.1: Ein Tabellenblatt zur Untersuchung der ersten Ziffer der Folgenglieder der Fibonacci-Folge

Die Fibonacci-Zahlen stehen in der Spalte A. Insgesamt wurden für dieses Blatt 1000 Folgenglieder erzeugt. Die ersten 10 sind hier abgebildet. In der Spalte B steht jeweils die erste Ziffer der links danebenstehenden Fibonacci-Zahl.

Die Spalte B wird danach ausgewertet, wie oft in ihr 1, 2, 3, ... steht. Diese absoluten Häufigkeiten finden Sie in der Spalte E. So beginnen 301 der ersten 1000 Fibonacci-Zahlen mit der Ziffer 1, 177 beginnen mit der Ziffer 2 usw.

Dividiert man die absoluten Häufigkeiten durch 1000, so erhält man die relativen Häufigkeiten der Spalte F. Diese relativen Häufigkeiten sind Schätzwerte für die Wahrscheinlichkeiten, mit denen die erste Ziffer gleich 1, 2, 3, ... ist.

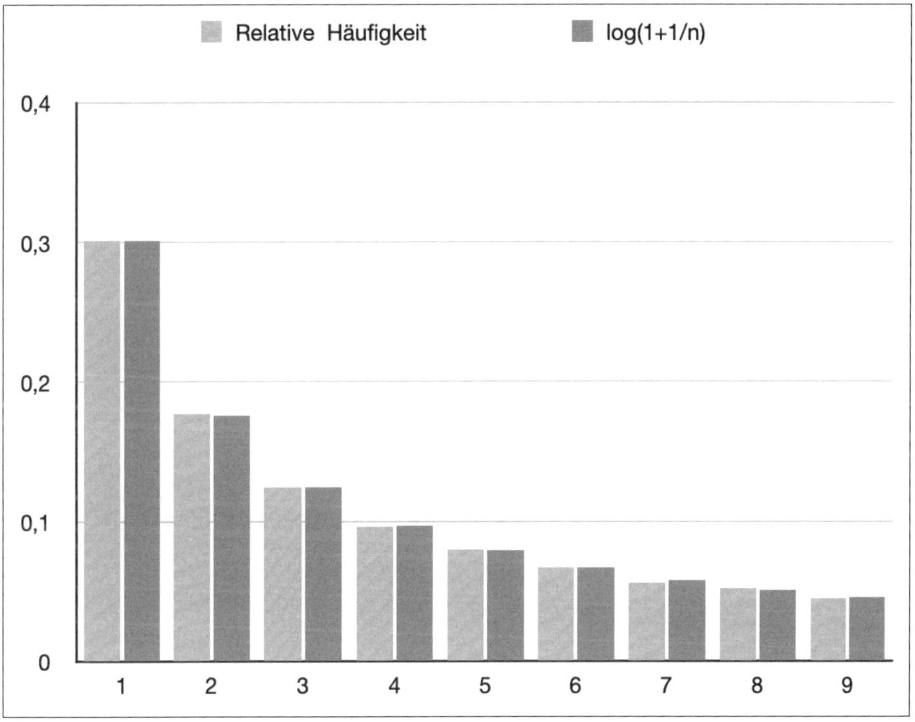

Abbildung 8.2: Gegenüberstellung der relativen Häufigkeiten aus Abbildung 8.1 mit den Wahrscheinlichkeiten der Benford-Verteilung

In Abbildung 8.2 sehen Sie als erste Säule die relativen Häufigkeiten dargestellt. Die Theorieverteilung nach dem Benford-Gesetz wird jeweils durch die rechts danebenstehende Säule dargestellt. Dem Diagramm kann man entnehmen, dass die Fibonacci-Zahlen dem Benford-Gesetz folgen.

8.3 Die Wahrscheinlichkeiten für die erste Ziffer

Nicht alle Datensätze folgen dem Benford-Gesetz. So beginnen Zeiten für den 400-Meter-Lauf nicht mit einer 1. Zwar ist die einzelne Zeit durchaus zufällig, beginnt aber wegen der Streckenweite nicht mit 1.

Beim Ziehen von ganzen Zufallszahlen aus dem Intervall [1;10] hat jede Ziffer 1, 2, 3, ..., 9 die gleiche Wahrscheinlichkeit, an erster Stelle zu stehen. Dagegen unterliegen Daten mit einem weiten Variationsbereich, die vielen Einflüssen ausgesetzt sind, dem Benford-Gesetz. Dazu gehören beispielsweise die Populationsgrößen von Städten oder Ländern, die durch viele Faktoren bestimmt sind.

Wenn Daten dem Benford-Gesetz gehorchen, dann ergeben sich für die erste Ziffer die in Abbildung 8.3 ablesbaren Wahrscheinlichkeiten.

n	$\log_{10}(1+1/n)$
1	0,3010
2	0,1761
3	0,1249
4	0,0969
5	0,0792
6	0,0669
7	0,0580
8	0,0512
9	0,0458

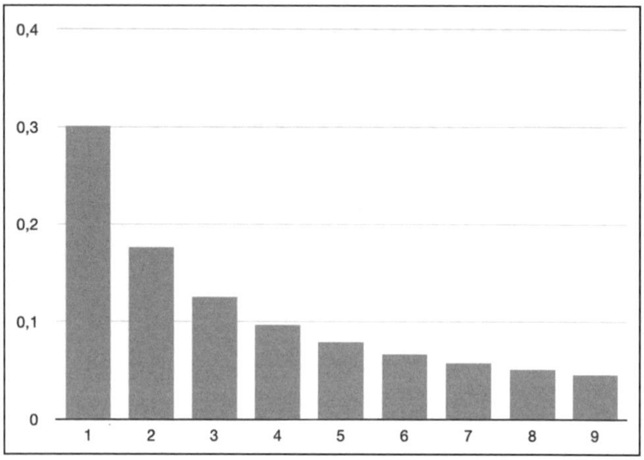

Abbildung 8.3: Wahrscheinlichkeitsfunktion für das Benford-Gesetz

8.4 Erstellen Sie das Tabellenblatt der Abbildung 8.1

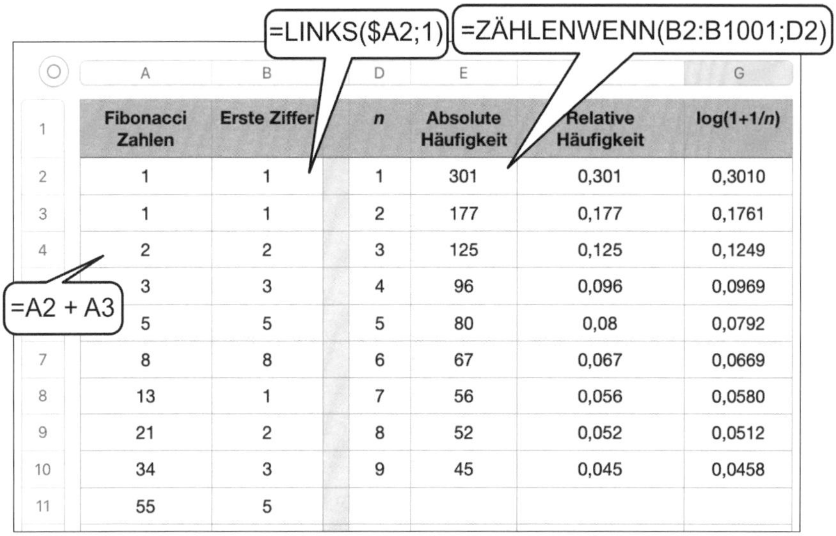

	A	B	D	E		G
1	Fibonacci Zahlen	Erste Ziffer	*n*	Absolute Häufigkeit	Relative Häufigkeit	log(1+1/*n*)
2	1	1	1	301	0,301	0,3010
3	1	1	2	177	0,177	0,1761
4	2	2	3	125	0,125	0,1249
	3	3	4	96	0,096	0,0969
	5	5	5	80	0,08	0,0792
7	8	8	6	67	0,067	0,0669
8	13	1	7	56	0,056	0,0580
9	21	2	8	52	0,052	0,0512
10	34	3	9	45	0,045	0,0458
11	55	5				

Abbildung 8.4: Tabellenblatt zur Berechnung der relativen Häufigkeiten der ersten Ziffer

Schreiben Sie in die Zellen A2 und A3 jeweils eine 1. In die Zelle A4 kommt dann `=A2+A3`. Füllen Sie nach unten aus und schon haben Sie die ersten 1000 Folgenglieder der Fibonacci-Folge erzeugt.

Um die erste Ziffer der Fibonacci-Zahlen zu untersuchen, eignet sich die Funktion `LINKS(Text;Länge)`. Diese Funktion liefert vom Wort »Text« so viele Zeichen von links, wie »Länge« angibt.

Mit `LINKS(A2;1)` erhalten Sie demnach die erste Ziffer der in A2 stehenden Fibonacci-Zahl. Schreiben Sie in Zelle B2 die Anweisung `=LINKS(A2;1)` und füllen Sie anschließend nach unten aus.

In die Spalte D schreiben Sie die Ziffern 1 bis 9. Jetzt müssen Sie zählen, wie oft in der Spalte B die Ziffern 1, 2, 3, ... auftreten. Dafür gibt es die Funktion `ZÄHLENWENN(Bereich; Bedingung)`. Unser Zellbereich ist B2 bis B1001. Schreiben Sie deshalb `=ZÄHLENWENN (B2:B1001;D2)` in die Zelle E2. Weil in D2 die 1 steht, ermitteln Sie auf diese Weise, wie oft die 1 in der Spalte B vorkommt. Um die Häufigkeit der restlichen Ziffern zu erhalten, müssen Sie nach unten bis in die Zeile 10 ausfüllen.

Kapitel 9
Backe, backe Kuchen

Backe, backe Kuchen,
der Bäcker hat gerufen.
Wer will guten Kuchen backen,
der muss haben sieben Sachen:
Eier und Schmalz,
Zucker und Salz,
Milch und Mehl,
Safran macht den Kuchen gehl!
Schieb, schieb in'n Ofen rein.

9.1 Heute backen wir Rosinenbrötchen

Das deutsche Kinderlied im Anleser stammt aus der Zeit von vor 1840. Vielleicht haben Sie sich schon einmal gefragt, wieso der Bäcker ruft. Es war üblich, dass der Bäcker nach dem Brotbacken den Frauen aus der Nachbarschaft signalisierte, dass sie die Restwärme des Ofens nutzen können, um ihre Kuchen zu backen. Dieses Signal gab der Bäcker mit einem Horn.

Auch wir wollen heute backen – keinen Kuchen, sondern Rosinenbrötchen. Das sind länglich-ovale Brötchen aus süßem Butterhefeteig mit eingebackenen Rosinen, zusätzlich mit Ei abgestrichen.

Wer Rosinenbrötchen backen will, braucht Rosinen. Die Frage ist nur, wie viele. Wir mischen heute 100 Rosinen in den Teig für 30 Brötchen. Nach dem Mischen schneiden wir den Teig in 30 gleiche Teile und backen diese. Während des Backens kommen uns folgende Gedanken: War das mit den 100 Rosinen in Ordnung, oder könnte es sein, dass manche Brötchen vielleicht keine einzige Rosine enthalten und so ihren Namen zu Unrecht tragen.

Weil der Backvorgang noch einige Zeit dauern wird, entschließen wir uns, diese Frage mittels einer schnellen Simulation zu klären. Wir nummerieren die Brötchen von 1 bis 30 durch. Dann ziehen wir für jede Rosine eine ganzzahlige Zufallszahl zwischen 1 und 30 (einschließlich).

Abbildung 9.1: Jeder Rosine wird durch eine Zufallszahl ein Brötchen zugeordnet.

Im Anschluss müssen wir nur noch die Brötchen nach der Zahl der enthaltenen Rosinen inspizieren.

	A	B	C	D	E	F	G	H	I	J	K	L	M	N	O	P	Q	R	S
1	**Rosine Nr.**		**Brötchen Nr.**	**1**	**2**	**3**	**4**	**5**	**6**	**7**	**8**	**9**	**10**	**11**	**12**	**13**	**14**	**15**	**16**
2	**1**	6	Anzahl Rosinen:	4	1	6	4	4	7	0	1	2	6	3	5	2	0	7	1
3	**2**	10																	
4	**3**	3																	
5	**4**	12																	
6	**5**	30																	
7	**6**	4																	
8	**7**	3	Anzahl Rosinen	0	1	2	3	4	5	6	7	8	9	10	11	12	13	14	15
9	**8**	4	Anzahl Brötchen	3	4	6	2	6	4	2	2	1	0	0	0	0	0	0	0
10	**9**	2																	
11	**10**	22																	

=ZÄHLENWENN($B2:$B101;D$1)

=ZÄHLENWENN($D$2:$AG$2;D8)

=ZUFALLSBEREICH(1;30)

Abbildung 9.2: Simulation des Rosinenproblems

Abbildung 9.2 zeigt nur einen Ausschnitt des Tabellenblatts. In der Spalte A stehen die von 1 bis 100 nummerierten Rosinen. Daneben, in der Spalte B, sieht man zu jeder Rosine eine ganze Zufallszahl aus [1:30], die angibt, in welches Brötchen die Rosine kommt.

Die Zeile 1 enthält die 30 Brötchen. Zu sehen sind allerdings nur die ersten 16 Brötchen. In der Zeile 2 findet man zu jedem dieser Brötchen die Anzahl der enthaltenen Rosinen. Dazu muss man nur zählen, wie oft in der Spalte B das jeweilige Brötchen vorkommt. Das erledigt die Funktion `ZÄHLENWENN`. In der Abbildung ist angegeben, wie man die Anzahl der Rosinen im Brötchen Nr. 1 findet: `=ZÄHLENWENN($B2:$B101;D$1)`. Dazu wird gezählt, wie oft in der Spalte B die Zahl 1 vorkommt. In der Simulation war diese Anzahl gleich 4, das heißt, das Brötchen 1 enthält 4 Rosinen.

In der Mitte der Seite sieht man, wie viele Brötchen 0, 1, 2, 3, ... Rosinen enthalten. Oh Schreck, in dieser Simulation gibt es drei Brötchen, die keine Rosine enthalten (im Abbildungsausschnitt sehen wir nur zwei davon). Das muss natürlich nicht auf unsere Brötchen im Backofen zutreffen, zeigt aber, dass die Zahl der verwendeten Rosinen offenbar zu klein war.

Die Rosinenbrötchen wurden aus dem Backofen geholt und kühlen ab. Jetzt haben wir genügend Zeit zum Nachdenken: Mit welcher Wahrscheinlichkeit enthält bei der von uns verwendeten Rezeptur ein Brötchen keine Rosine?

Zur Beantwortung dieser Frage gehen wir wie folgt vor: Wir betrachten ein spezielles Brötchen und verteilen nun die 100 Rosinen auf die Brötchen.

Die Wahrscheinlichkeit, dass die 1. Rosine in unser Brötchen gelangt, ist $\frac{1}{30}$.

Die Wahrscheinlichkeit, dass die 1. Rosine nicht in unser betrachtetes Brötchen kommt, ist $\frac{29}{30}$.

Die Wahrscheinlichkeit, dass die beiden ersten Rosinen nicht in unser Brötchen kommen, ist $\left(\frac{29}{30}\right)^2$.

So machen wir weiter und sehen, dass mit der Wahrscheinlichkeit $\left(\frac{29}{30}\right)^{100}$ keine der Rosinen in unser Brötchen gelangt.

Es ist $\left(\frac{29}{30}\right)^{100} \approx 0{,}034 \approx 3\,\%$.

9.2 Verbesserung des Rezepts

Ehrgeizig wie wir sind, wollen wir die 3 % nicht tolerieren. Also müssen das nächste Mal mehr Rosinen her. Nur wie viele? Selbst wenn wir 1000 Rosinen oder mehr verwenden, kann es durchaus sein, dass ein Brötchen ohne Rosinen hergestellt wird, nur ist das sehr unwahrscheinlich.

Aber genau das ist der springende Punkt. Wir müssen uns die Wahrscheinlichkeit für ein Brötchen ohne Rosinen vorgeben, die wir gerade noch akzeptieren können. Nach einiger Diskussion einigen wir uns auf 1 %. Mit dieser Vorgabe können wir nun die Anzahl der dafür benötigten Rosinen bestimmen, die wir momentan mit *x* benennen:

$$\left(\frac{29}{30}\right)^x \leq 1\,\% = 0{,}01$$

Nicht erschrecken, aber jetzt brauchen wir den Logarithmus, z. B. den zur Basis 10.

$$\lg\left(\left(\frac{29}{30}\right)^x\right) \leq \lg(0{,}01)$$

$$x \cdot \lg\left(\frac{29}{30}\right) \leq -2$$

$$\mathrm{x} \cdot (-0{,}0147) \leq -2$$

Weil wir jetzt durch die negative Zahl in der Klammer teilen, müssen wir daran denken, aus dem »kleiner-gleich«-Zeichen ein »größer-gleich«-Zeichen zu machen:

$x \geq (-2) / (-0{,}0147) \approx 135{,}8$

Um unser ambitioniertes Ziel zu erreichen, müssen wir also die Rosinenzahl um mehr als ein Drittel erhöhen.

9.3 Die Ausweitung des Rosinenproblems

Bisher wurde der Fall »Keine Rosine in einem Brötchen« abgehandelt.

Es sollen nun die Fälle

»Eine Rosine in einem Brötchen«

»Zwei Rosinen in einem Brötchen«

...

»Alle Rosinen in einem Brötchen«

betrachtet werden. Für all diese Fälle sollen die Eintrittswahrscheinlichkeiten bestimmt werden.

Manch Leser, manche Leserin wird jetzt die im Schulunterricht betrachtete Binomialverteilung in dieser Fragestellung wiedererkennen. Diese Leser können Abschnitt 9.3.1, »Stichproben ohne Wiederholung«, bis Abschnitt 9.3.4, »Das Binomialmodell«, überspringen. Für alle anderen gibt es in den folgenden Abschnitten die mathematischen Grundlagen für die Berechnung unserer Rosinenbrötchen-Fälle.

9.3.1 Stichproben ohne Wiederholung

Aus *n* Elementen sollen *k* Elemente – ohne Zurücklegen – ausgewählt werden. Dabei soll die Reihenfolge beachtet werden. Auf wie viele Arten ist das möglich?

Beispiel 1

$n = 3$ Elemente *a*, *b*, *c* und $k = 2$

Es ergeben sich folgende Möglichkeiten: (*a*,*b*), (*a*,*c*), (*b*,*a*), (*b*,*c*), (*c*,*a*) und (*c*,*b*). Das sind 6 Stück.

Für die Auswahl des ersten Elementes gibt es *n* Möglichkeiten. Da dieses nicht zurückgelegt wird, stehen für das zweite Element nur noch $(n - 1)$ Elemente zur Verfügung, für das dritte Element $(n - 2)$ usw. Für das *k*. Element gibt es dann noch $(n - k + 1)$ Möglichkeiten.

Daraus ergibt sich:

Die Zahl der geordneten Stichproben vom Umfang *k* aus *n* Elementen ist gleich

$(n)_k = n \cdot (n - 1) \cdot (n - 2) \ldots (n - k + 1)$

Wendet man diese Formel auf das Beispiel im Kasten an, dann erhält man wie erwartet $3 \cdot 2 = 6$.

9.3.2 Permutationen

Betrachtet man die Formel $(n)_k = n \cdot (n - 1) \cdot (n - 2) \ldots (n - k + 1)$ für $k = n$, dann erhält man:

$(n)_n = n \cdot (n - 1) \cdot (n - 2) \ldots (n - n + 1) = n \cdot (n - 1) \cdot (n - 2) \ldots 2 \cdot 1$

Dafür ist es üblich, die Bezeichnung *n*! (lies: *n* – Fakultät) zu verwenden.

Man kann *n*! auch auf folgende Weise deuten:

Definition

n! ist die Anzahl der möglichen Reihenfolgen, in die man *n* Elemente bringen kann.

Statt möglicher Reihenfolgen sagt man auch *Permutationen*.

Beispiel 2

6 Läufer bestreiten einen 100-m-Lauf. Dann gibt es $6! = 6 \cdot 5 \cdot 4 \cdot 3 \cdot 2 \cdot 1 = 720$ mögliche Zieleinläufe.

Beispiel 3

Zum Wort DACKELSUD soll ein Anagramm gefunden werden. Dazu müssen die Buchstaben in ihrer Reihenfolge vertauscht werden. Es darf kein Buchstabe hinzugefügt und keiner weggelassen werden. Außerdem soll ein sinnvolles Wort entstehen.

Es gibt 9! = 362880 verschiedene Möglichkeiten, diese neun Buchstaben in eine Reihenfolge zu bringen. Eine dieser Möglichkeiten ist DACKELSUD. Können Sie eine sinnvolle Reihenfolge bilden?

Ohne weitere Hilfe ist das nicht leicht. Deshalb erhalten Sie noch einen Hinweis: Denken Sie an ein Musikinstrument aus Schottland.

9.3.3 Kombinationen

Betrachtet wird eine Menge aus n Elementen. Daraus wird eine Teilmenge von k Elementen gewählt. Beachten Sie, dass in einer Menge die Reihenfolge der Elemente keine Rolle spielt. Eine solche Teilmenge nennt man auch eine *Kombination*.

Wie viele Teilmengen mit k Elementen können aus einer Menge von n Elementen gebildet werden? Diese Anzahl wird gewöhnlich mit $\binom{n}{k}$ (lies: n über k) bezeichnet.

Wie kann man den Wert von $\binom{n}{k}$ berechnen?

Dazu betrachten wir eine dieser $\binom{n}{k}$ Teilmengen. Nummeriert man deren Elemente, dann kann man das auf $k!$ Weisen machen (vgl. Abschnitt 9.3.2, »Permutationen«), das heißt, man erhält aus einer Teilmenge $k!$ geordnete Stichproben. Es gibt also $k!$ mal so viele geordnete Stichproben wie es Teilmengen mit k Elementen gibt.

Als Gleichung geschrieben heißt dies: $(n)_k = k! \cdot \binom{n}{k}$.

($(n)_k$ finden Sie in Abschnitt 9.3.1, »Stichproben ohne Wiederholung«.)

Löst man diese Gleichung nach $\binom{n}{k}$ auf, dann erhält man die gesuchte Formel für die Anzahl der Kombinationen.

$$\binom{n}{k} = \frac{(n)_k}{k!}$$

Zusammenfassung

Die Anzahl der Kombinationen mit k Elementen aus n Elementen ist gleich

$$\binom{n}{k} = \frac{(n)_k}{k!} = \frac{n \cdot (n-1) \cdot \ldots \cdot (n-k+1)}{1 \cdot 2 \cdot \ldots \cdot k}$$

Beispiel 4

Beim Zahlenlotto werden 6 Kugeln aus 49 Kugeln gezogen, das heißt, man kann einen Lottoschein auf $\binom{49}{6} = \frac{49 \cdot 48 \cdot 47 \cdot 46 \cdot 45 \cdot 44}{1 \cdot 2 \cdot 3 \cdot 4 \cdot 5 \cdot 6} = 13983816$ Arten ausfüllen.

9.3.4 Das Binomialmodell

Wir betrachten ein Zufallsexperiment mit zwei möglichen Ausgängen. Der eine heißt »Erfolg« (E) und tritt mit der Wahrscheinlichkeit p auf. Der andere heißt »Misserfolg« (M) und tritt mit der Wahrscheinlichkeit $q = 1 - p$ auf.

Das Zufallsexperiment wird n-mal durchgeführt. Mit welcher Wahrscheinlichkeit treten k Erfolge auf?

M	M	E	o o o	E	E	M
1	2	3		n-2	n-1	n

Abbildung 9.3: k Erfolge und n – k Misserfolge in n Experimenten

Abbildung 9.3 zeigt einen möglichen Ausgang von n Experimenten mit k Erfolgen. Die Wahrscheinlichkeit, dass diese Abfolge von E und M eintritt, ist $p^k \cdot q^{n-k}$.

Wie viele solcher Abfolgen aus k-mal Buchstabe E und $n - k$-mal Buchstabe M gibt es?

Die Zahl der Abfolgen ist bestimmt, wenn man weiß, an welchen der n Stellen ein E steht. Es sind also k Stellen aus n Stellen auszuwählen. Bekanntlich geht das auf $\binom{n}{k}$ Weisen.

Jede dieser $\binom{n}{k}$ Abfolgen hat die Wahrscheinlichkeit $p^k \cdot q^{n-k}$. Daraus folgt, dass sich für die Wahrscheinlichkeit von k Erfolgen in einer Kette von n Experimenten $\binom{n}{k} \cdot p^k \cdot q^{n-k}$ ergibt. Diese Wahrscheinlichkeit bezeichnen wir mit $b(k,n,p)$.

Zusammenfassung

Die Wahrscheinlichkeit, dass sich in einer Kette von n Experimenten mit der Wahrscheinlichkeit p für »Erfolg«, k-mal ein Erfolg einstellt, bezeichnet man mit $b(k,n,p)$. Es gilt:

$b(k,n,p) = \binom{n}{k} \cdot p^k \cdot q^{n-k}$, wobei $0 \le k \le n$ und $0 \le p, q \le 1$ mit $p + q = 1$ gilt.

9.3.5 Die Wahrscheinlichkeit für *k* Rosinen in einem Brötchen

Mit dem Grundlagenwissen aus den vorangegangenen vier Abschnitten widmen wir uns jetzt wieder unserem Rosinenproblem. Wir betrachten ein bestimmtes von 30 Rosinenbrötchen und fragen uns, mit welcher Wahrscheinlichkeit darin *k* Rosinen zu finden sind, wenn in den Teig 100 Rosinen gegeben wurden.

Es handelt sich hier um *n* = 100 Zufallsexperimente, wobei ein Erfolg mit $p = \frac{1}{30}$ eintritt. Das ist die Wahrscheinlichkeit, dass eine bestimmte Rosine in unser Brötchen gelangt. Die Wahrscheinlichkeit für genau *k* Rosinen in dem Brötchen beträgt dann

$b(k, 100, \frac{1}{30}) = \binom{100}{k} \cdot (\frac{1}{30})^k \cdot (\frac{29}{30})^{n-k}$, wobei *k* = 0, 1, 2, ... , 100 gilt.

Wir lassen diese Wahrscheinlichkeiten durch das Tabellenkalkulationsblatt berechnen und stellen die Situation in Tabelle 9.1 auch graphisch dar.

k	***b*(*k*,100,1/30)**
0	0,0337
1	0,1162
2	0,1984
3	0,2235
4	0,1869
5	0,1237
6	0,0675
7	0,0313
8	0,0125
9	0,0044
10	0,0014
11	0,0004
12	0,0001
13	0,0000

Tabelle 9.1: b(k,100,1/30) für k = 0, 1, 2, ...

Der Tabelle entnehmen wir den Wert für *k* = 0, den wir ja schon in Abschnitt 9.1, »Heute backen wir Rosinenbrötchen«, berechnet hatten, und freuen uns, dass beide Zahlen übereinstimmen. Man sieht auch an der Tabelle und in Abbildung 9.4, dass die Wahrscheinlichkeit für drei Rosinen im Brötchen am größten ist. (Für Kenner der Materie ist dies klar, denn der Erwartungswert der vorliegenden Verteilung ist $\frac{100}{30} \approx 3$.)

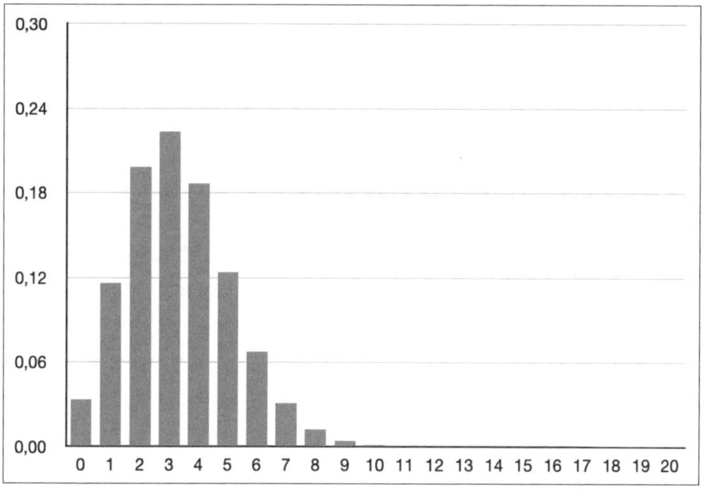

Abbildung 9.4: Graphische Darstellung der Tabelle 9.1

9.4 Probieren Sie verschiedene Rezepte aus

Durch Variation des Tabellenblattes aus Tabelle 9.1 können Sie verschiedene Brötchen- und Rosinenzahlen einstellen und die Auswirkungen beobachten.

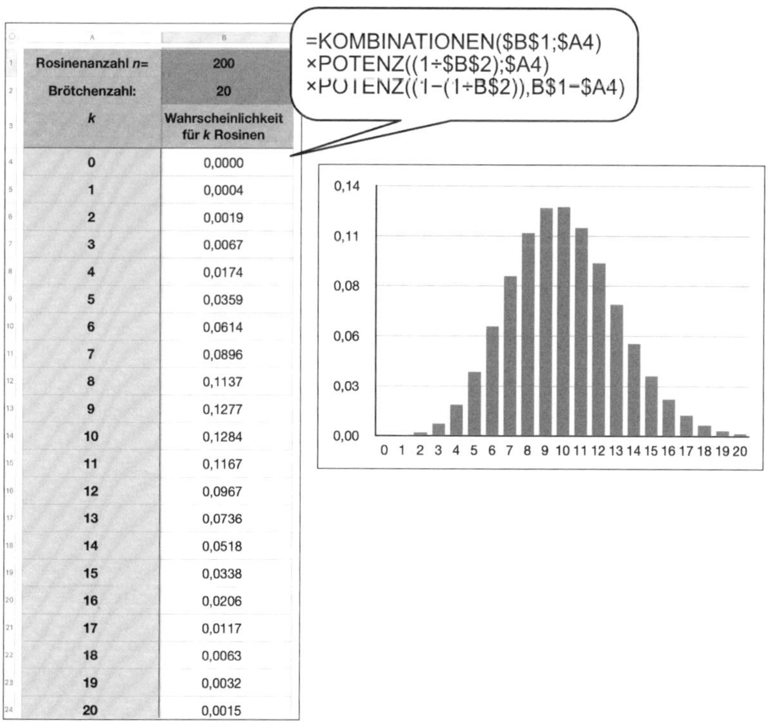

Rosinenanzahl *n*=	200
Brötchenzahl:	20
k	Wahrscheinlichkeit für *k* Rosinen
0	0,0000
1	0,0004
2	0,0019
3	0,0067
4	0,0174
5	0,0359
6	0,0614
7	0,0896
8	0,1137
9	0,1277
10	0,1284
11	0,1167
12	0,0967
13	0,0736
14	0,0518
15	0,0338
16	0,0206
17	0,0117
18	0,0063
19	0,0032
20	0,0015

Abbildung 9.5: Tabellenblatt mit variablen Parametern

Die Einstellung geschieht in den Zellen B1 und B2. Die Zelle B4 beschriften Sie wie angegeben: `=KOMBINATIONEN($B$1;$A4)×POTENZ((1÷$B$2);$A4)×POTENZ((1-(1÷B$2));B$1-$A4)` und füllen dann nach unten aus.

9.5 Die mittlere Anzahl der Rosinen pro Brötchen

Wie Sie der Tabelle 9.1 und der Abbildung 9.5 entnehmen können, gibt es auch für ganz kleine und ganz große Rosinenanzahlen pro Brötchen eine von null verschiedene Wahrscheinlichkeit des Auftretens. Aus diesem Grund ist es von Interesse zu wissen, wie viele Rosinen es im Mittel pro Brötchen gibt. Die Rechnung dazu möchte ich Ihnen an dieser Stelle ersparen, es ist ja nach Feierabend.

Mit folgender Überlegung kommen wir auch ohne Rechnung weiter: Ein Basketballspieler trifft einen Freiwurf in $p = 70\ \%$ aller Fälle. Wie oft trifft er im Mittel bei $n = 20$ Freiwürfen?

Sie werden an dieser Stelle ohne Schwierigkeiten folgende Überlegung anstellen: $20 \cdot 70\ \% = 20 \cdot \frac{70}{100} = 14$

Die mittlere Zahl der Treffer ist $n \cdot p$.

Das gilt nicht nur für den Basketballer, sondern immer, wenn eine Binomialverteilung vorliegt. Angenommen, Sie verteilen 200 Rosinen auf 20 Brötchen, dann ist die mittlere Anzahl der Rosinen pro Brötchen gleich $200 \cdot \frac{1}{20} = 10$.

Kapitel 10
»Selbst-Bewichtelung« oder das Rencontre-Problem

Das Rencontre-Problem gehört zur Klasse derjenigen Erscheinungen, die Überraschungen hervorrufen, weil die Intuition etwas anderes erwarten lässt. So erwartet man beispielsweise, dass die Chance, dass ein Teilnehmer beim Wichteln sein eigenes Geschenk bekommt, von der Anzahl der Personen abhängt, die beteiligt sind.

10.1 Die Problemstellung

Abbildung 10.1: Ein Wichtel

Wer in einer Suchmaschine das Wort »Wichteln« eingibt, erhält viele Treffer. Offenbar handelt es sich dabei um eine sehr wichtige Angelegenheit. Wichteln wird in der Vorweihnachtszeit in Schulklassen, Jugendgruppen und unter Arbeitskollegen durchgeführt. Jeder Teilnehmer bringt ein Geschenk mit. Die Geschenke werden dann per Zufall verteilt, so dass jeder genau ein Geschenk erhält. Da Wichteln besonders gut zum Entrümpeln der eigenen Schränke geeignet ist, bedeutet es ganz besonderes Pech, wenn man sein eigenes Geschenk erhält. Wie groß ist die Wahrscheinlichkeit, dass dieser Horrorfall eintritt?

Die intuitive Vorstellung ist, dass die Wahrscheinlichkeit für eine »Selbst-Bewichtelung« von der Zahl der Teilnehmer abhängig ist und dass diese Wahrscheinlichkeit bei einem großen Teilnehmerkreis verschwindend klein ist. Argumentiert wird wie folgt:

Bei zwei Personen ist die Chance, das eigene Geschenk zu bekommen, $\frac{1}{2}$, bei drei Personen gleich $\frac{1}{3}$, bei vier Personen gleich $\frac{1}{4}$ usw. Das heißt, die Wahrscheinlichkeit wird mit zunehmender Personenzahl schnell kleiner und ist im Fall von vielen Personen deshalb fast null.

Die Intuition verleitet einen hier zu folgendem Fehlschluss: »Die Wahrscheinlichkeit für ein Ereignis ist klein, wenn die Wahrscheinlichkeit dafür, dass mich dieses Ereignis betrifft, klein ist.« Das muss aber nicht richtig sein.

In der vorliegenden Situation wird übersehen, dass das Ereignis »Das eigene Geschenk wird gezogen« auch für die anderen Teilnehmer eintreten kann, so dass sich die Wahrscheinlichkeiten addieren. Reicht diese Addition aber aus, um bei einem großen Personenkreis auf eine nicht verschwindend geringe Wahrscheinlichkeit zu kommen?

Für kleine Personenanzahlen erhält man eine Übersicht, wenn man sich alle möglichen Geschenkeverteilungen (Permutationen) aufschreiben lässt. Für 3 Personen bedeutet z. B. *213*, dass Person 1 (an erster Position in der Zahlenfolge) das Geschenk von Person 2 erhält, Person 2 (an zweiter Position) das Geschenk von Person 1 und Person 3 (in dritter Position) sein eigenes Geschenk erhält. In diesem Beispiel hat man an der 3. Stelle eine Übereinstimmung, die man in der Mathematik als *Rencontre* oder *Fixpunkt* bezeichnet.

Für $n = 3$ Personen sind in der Tabelle 10.1 alle möglichen Permutationen (spaltenweise, also von oben nach unten) aufgeschrieben. Von diesen 6 Permutationen enthalten nur zwei, nämlich 231 und 312, kein Rencontre.

1	**1**	**1**	2	2	3	3
2	**2**	3	1	3	1	**2**
3	**3**	2	**3**	1	2	1

Tabelle 10.1: Alle Permutationen aus 3 Elementen

Bezeichnet man mit $a(n)$ die Anzahl der fixpunktfreien Permutationen aus n Elementen, dann ist $a(3) = 2$, es gibt also zwei Permutationen, die kein Rencontre enthalten. Die Wahrscheinlichkeit, dass bei einer Zufallsverteilung von 3 Geschenken mindestens ein Rencontre auftritt, ist deshalb gleich $\frac{6-2}{6} = \frac{2}{3}$.

Auf diese Weise kann man *a*(*n*) für $n = 2, 3, 4, 5$ bestimmen. Für größere Werte von *n* wächst die Anzahl der möglichen Permutationen so schnell an, dass man mit dieser Methode nicht weiterkommt. Bei 10 Personen gibt es bereits über 3 Millionen Möglichkeiten (genauer: 10! = 3628800), die Geschenke auf die Teilnehmer unterschiedlich zu verteilen.

Die hier benutzte Schreibweise mit dem !-Zeichen hat folgende Bedeutung:

n! (lies *n* Fakultät) gibt die Anzahl aller Permutationen aus *n* Elementen an. Es ist $n! = 1 \cdot 2 \cdot 3 \ldots \cdot (n-1) \cdot n$.

Für eine Schulklasse mit 25 Schülerinnen und Schülern gibt es eine riesige Anzahl von Möglichkeiten der Geschenkeverteilung, nämlich 25! = 15511210043330985984000000, so dass die Möglichkeiten für Übereinstimmungen beim Wichteln gering erscheinen.

10.2 Jetzt können Sie selbst wichteln

Sie sollen jetzt die Geschenke beim Wichteln per Zufall auf die einzelnen Personen verteilen. Anschließend können Sie feststellen, ob ein oder gar mehrere Rencontres aufgetreten sind. Nehmen wir einmal an, dass Sie es mit 5 Personen und ebenso vielen Geschenken zu tun haben. Die 5 Personen tragen die Nummern 1, 2, 3, 4 und 5. Dasselbe gilt für die Geschenke. Sie brauchen jetzt ein Verfahren, mit dem Sie die 5 Geschenke in eine zufällige Reihenfolge (eine Zufallspermutation) bringen können. Im folgenden Simulationsplan wird ein solches Verfahren beschrieben.

Simulationsplan

Das Verfahren wird am Beispiel von $n = 5$ erklärt.

Erzeugung einer Zufallspermutation der Zahlen 1; 2; 3; 4; 5.

1. Erzeugen Sie 5 Zufallszahlen aus [0;1], z. B. $z_1 = 0{,}3108$; $z_2 = 0{,}1638$; $z_3 = 0{,}9141$; $z_4 = 0{,}0692$; $z_5 = 0{,}7203$.
2. Sortieren Sie diese Zahlen aufsteigend. Im Beispiel steht dann die 1. Zahl an 3. Stelle, die 2. Zahl steht an 2. Stelle, die 3. Zahl steht an 5. Stelle, die 4. Zahl an 1. Stelle und die 5. Zahl steht an 4. Stelle der sortierten Liste.
3. Diese Rangreihenfolge liefert die Zufallspermutation: 3; 2; 5; 1; 4.

Wie Sie Zufallszahlen aus dem Intervall [0;1] erzeugen, ist Ihnen bereits bekannt. Dafür gibt es die Funktion `ZUFALLSZAHL()`.

Jetzt müssen Sie die Zufallszahlen aufsteigend sortieren, das heißt, die kleinste Zahl kommt an die erste Stelle, die zweitkleinste an die zweite usw. Dabei hilft Ihnen die Tabellenkalkulation mit der Funktion `RANG`. Die Funktion `RANG` hat drei Eingaben:

```
RANG(Wert; Werte-Gruppe; Wertung)
```

`Werte-Gruppe` ist der Bereich von Zellen auf Ihrem Tabellenblatt, der sortiert werden soll. Der Parameter `Wert` ist ein Element der `Werte-Gruppe`. `Wertung` kann zwei Werte annehmen. Wenn aufsteigend sortiert werden soll, dann ist `Wertung` gleich 1. Soll absteigend sortiert werden, ist `Wertung` gleich 0.

Schauen wir uns das fertige Tabellenblatt einmal an:

	A	B	C	D	E	F
1	Anzahl	Zufallszahlen	Nr.	Permutation	Rencontre?	Anzahl d. Rencontre
2	5	0,20379	1	1	1	2
3		0,62048	2	4		
4		0,57959	3	3	1	
5		0,62842	4	5		
6		0,48922	5	2		
7						

Abbildung 10.2: Tabellenblatt zum Erzeugen von Zufallspermutationen

Die Spalte B wird wie besprochen mit `ZUFALLSZAHL()` gefüllt.

In der Spalte C stehen die Nummern der Personen. In der Zelle D2 steht `RANG(B2; B2:B6;1)`. In Spalte E wird geprüft, ob nebeneinanderstehende Zahlen in den Spalten C und D gleich sind, also ob ein Rencontre vorliegt. So steht in der Zelle E2: `WENN(C2=D2; 1;"")`, das heißt, wenn ein Rencontre vorliegt, wird eine 1 geschrieben, ansonsten wird das Leerzeichen ausgegeben. Schließlich wird in der Zelle F2 die Spalte E summiert, so dass man die Anzahl der Rencontres erhält.

So weit, so gut! Allerdings habe ich Ihnen noch etwas verschwiegen: Das Tabellenblatt soll so angelegt werden, dass es sich nach Eingabe der Personenanzahl n in der Zelle A2 an diese Anzahl anpasst. Das heißt, wenn in A2 eine 10 eingetragen wird, dann werden auch 10 Zeilen benutzt.

Betrachten Sie nun die Abbildung 10.3. Sie sehen, dass die zuvor besprochenen Inhalte der Zellen jeweils um den Zusatz

```
WENN(ZEILE()-1>$A$2;"";.......)
```

erweitert werden. Dabei gibt `ZEILE()` die Zeilennummer der jeweiligen Zelle zurück. Weil die Berechnungen in der Zeile 2 beginnen, wird von der Zeilennummer allerdings noch 1 abgezogen.

Beschriften Sie die Zeilen 1 und 2 wie angegeben und füllen Sie dann die Zellen nach unten aus, z. B. bis zur Zeilennummer 101. Dann können Sie mit dem Blatt ausprobieren, ob z. B. auch für den Fall von n = 100 Personen Rencontres auftreten. Lassen Sie für einen festen Wert von *n* das Blatt mehrmals berechnen, um einen Eindruck davon zu bekommen, wie häufig Rencontres auftreten und wie das von *n* abhängt.

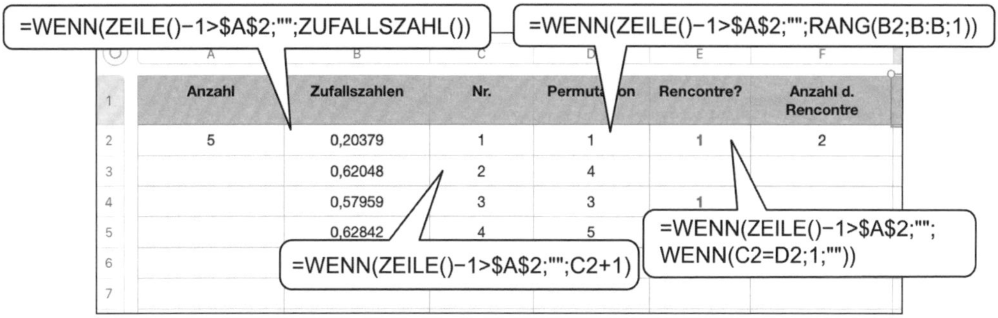

Abbildung 10.3: Tabellenblatt mit variabler Zeilenzahl

10.3 Die Theorie des Wichtelns

Wir betrachten, wie viele Permutationen aus *n* Elementen es ohne Rencontres gibt. Diese Anzahl nennen wir $a(n)$. Das folgende Beispiel wird uns weiterhelfen.

Beispiel

Es wird betrachtet, wie man aus der Anzahl der Permutationen mit 4 Elementen, die keine Rencontres besitzen, die Anzahl der Permutationen ohne Rencontres aus 5 Elementen erhalten kann. Das ist auf zwei Weisen möglich.

Die erste Möglichkeit sieht wie folgt aus: Wählen Sie eine beliebige Permutation aus 4 Elementen, die kein Rencontre besitzt, z. B. die in Tabelle 10.2.

1	2	3	4	5
2	3	4	1	

Tabelle 10.2: Eine Permutation aus 4 Elementen ohne Rencontre

Eine solche Wahl ist auf $a(4)$ Weisen möglich. Wählen Sie dann eines der 4 Elemente aus (dafür gibt es 4 Möglichkeiten) und setzen Sie dieses an die 5. Position, wie in Tabelle 10.3 gezeigt.

1	2	3	4	5
2		4	1	3

Tabelle 10.3: Eines der 4 Elemente wird an Position 5 gesetzt.

Füllen Sie die entstandene Lücke mit dem 5. Element auf wie in Tabelle 10.4.

1	2	3	4	5
2	5	4	1	3

Tabelle 10.4: Die Fünf kommt in die leere Zelle.

Insgesamt kann so auf 4 · $a(4)$ Arten eine Permutation aus 5 Elementen ohne Rencontre gewonnen werden.

Die zweite Möglichkeit dazu gestaltet sich wie folgt:

Wählen Sie eine Permutation aus 4 Elementen mit *genau einem* Rencontre. Dafür gibt es 4 · $a(3)$ Möglichkeiten, z. B. die in Tabelle 10.5 gezeigten.

1	2	3	4	5
2	4	3	1	

Tabelle 10.5: Eine Permutation aus 4 Elementen mit genau einem Rencontre

Schreiben Sie das Element des Rencontres an die 5. Stelle wie in Tabelle 10.6.

1	2	3	4	5
2	4		1	3

Tabelle 10.6: Das Element des Rencontres wird an die 5. Stelle gesetzt.

Ersetzen Sie die Lücke durch das 5. Element, wie in Tabelle 10.7 gezeigt.

1	2	3	4	5
2	4	5	1	3

Tabelle 10.7: Die entstandene Lücke wird mit dem 5. Element gefüllt.

Auf diese Weise kann man auf 4 · $a(3)$ Arten eine Permutation aus 5 Elementen ohne Rencontre erzeugen.

Aus den beiden Möglichkeiten ergibt sich für die Gesamtzahl der Permutationen aus 5 Elementen ohne Rencontre:

$a(5) = 4\,a(4) + 4\,a(3) = 4\,(a(4) + a(3))$

Verallgemeinert man dieses Beispiel für ein beliebiges n, dann ergibt sich:

$a(n) = (n - 1) \cdot (a(n - 1) + a(n - 2))$

Weil es keine Permutation aus einem Element gibt, die kein Rencontre besitzt, ist $a(1) = 0$.

Da es genau eine fixpunktfreie Permutation aus 2 Elementen gibt, ist $a(2) = 1$.

Fasst man alles zusammen, dann hat man eine Formel für die Anzahl der Permutationen aus n Elementen ohne Rencontre gewonnen.

Anzahl der Permutationen aus n Elementen ohne Rencontre

$a(1) = 0$

$a(2) = 1$

$a(n) = (n - 1) \cdot (a(n - 1) + a(n - 2))$

Zu Beginn des Kapitels haben wir gesehen, dass $a(3) = 2$ gilt. Damit können wir jetzt unsere Formel testen:

$a(3) = (3 - 1) \cdot (a(2) + a(1)) = 2 \cdot (1 + 0) = 2$. Passt!

Jetzt ist alles gerichtet. Wir wissen, dass es $n!$ Permutationen aus n Elementen gibt. Ebenso wissen wir, dass davon $a(n)$ kein Rencontre aufweisen. Deshalb ist die Anzahl der Permutationen aus n Elementen mit mindestens einem Rencontre gleich $n! - a(n)$.

Die Wahrscheinlichkeit, dass sich beim Auswählen einer beliebigen Permutation aus n Elementen eine Permutation mit mindestens einem Rencontre ergibt, ist deshalb gleich $\frac{n!-a(n)}{n!}$. Mit dem Tabellenblatt der Abbildung 10.4 werden diese Wahrscheinlichkeiten berechnet. Es zeigt sich, dass für $n > 6$ die Wahrscheinlichkeit für mindestens ein Rencontre unabhängig von n gleich 63,21 % ist. Ich hoffe, dass dies mit den Ergebnissen aus Abschnitt 10.2, »Jetzt können Sie selbst wichteln«, übereinstimmt.

Zusammengefasst bedeutet das: Nehmen mehr als 6 Personen am Wichteln teil, wird es mit der Wahrscheinlichkeit von 63,21 % eine »Selbst-Bewichtelung« geben.

Betrachten wir noch einmal Kapitel 2, »Unwahrscheinliches?«, dann wird nach den hier durchgeführten Überlegungen klar, dass das Ereignis »Ein Soldat erhält einen Brief der eigenen Tochter« nicht so unwahrscheinlich ist, wie es auf den ersten Blick aussieht.

(=A2−B2)÷FAKULTÄT(A2)

=(A4−1)×(B2+B3)

	A	B	C
1	*n*	*a*(*n*)	(*n*!-*a*(*n*))/*n*!
		0	1,00000
		1	0,50000
4	3	2	0,66667
5	4	9	0,62500
6	5	44	0,63333
7	6	265	0,63194
8	7	1854	0,63214
9	8	14833	0,63212
10	9	133496	0,63212
11	10	1334961	0,63212
12	11	14684570	0,63212
13	12	176214841	0,63212
14	13	2290792932	0,63212
15	14	32071101049	0,63212
16	15	481066515734	0,63212
17	16	7697064251745	0,63212
18	17	130850092279664	0,63212
19	18	2355301661033950	0,63212
20	19	44750731559645100	0,63212
21	20	895014631192902000	0,63212

Abbildung 10.4: Wahrscheinlichkeit für eine Permutation aus n Elementen mit mindestens einem Rencontre

Kapitel 11

Das Newton-Pepys-Problem

Hier wird ein Problem betrachtet, das eine augenscheinlich einfache Lösung hat. Das ist jedoch weit gefehlt!

11.1 Problemstellung

Samuel Pepys (sprich: »pi:ps«) ist einer der am meisten zitierten englischen Schriftsteller. Er ist vor allem für sein Tagebuch bekannt, in dem er private und politische Ereignisse beschreibt. Dies geschah ursprünglich in einer codierten Form, vor allem damit seine Frau dies nicht lesen konnte.

Abbildung 11.1: Der englische Staatssekretär im Marineamt und Tagebuchautor Samuel Pepys (1633–1703) [GUA]

1693 korrespondierten Pepys und Newton über folgendes Problem:

Das Newton-Pepys-Problem

Welches der folgenden Ereignisse hat die größte Eintretenswahrscheinlichkeit?

A: Sechs Würfel werden geworfen und mindestens einmal erscheint 6.

B: Zwölf Würfel werden geworfen und mindestens zweimal erscheint 6.

C: Achtzehn Würfel werden geworfen und mindestens dreimal erscheint 6.

Ich nehme an, dass Sie geneigt sind zu sagen: *P*(*A*) = *P*(*B*) = *P*(*C*), denn $\frac{6}{1} = \frac{12}{2} = \frac{18}{3}$. Diese Proportionalität ist die einfachste Antwort auf das Problem, und bekanntlich bevorzugt die Intuition einfache Lösungen. In diesem Fall werden wir dadurch aber wieder einmal in die Irre geführt.

Sie werden gleich sehen, dass uns das Binomialmodell aus dem Kapitel 9, »Backe, backe Kuchen«, Hilfe leisten wird.

11.2 Problemlösung

In allen drei Fällen benutzen wir das Gegenereignis, um einfach zu einer Lösung zu kommen. (Sollten Sie Probleme bei der Verwendung des Gegenereignisses haben, können Sie sich in Kapitel 18, »Was ist denn jetzt Zufall und was ist Wahrscheinlichkeit?«, Hilfe holen.)

A: Sechs Würfel werden geworfen und mindestens eine 6 erscheint.

Das Gegenereignis zu *A* ist:

$\overline{A}$: Sechs Würfel werden geworfen und keine 6 erscheint.

Es ist $P(\overline{A}) = \left(\frac{5}{6}\right)^6$

Damit ergibt sich: $P(A) = 1 - P(\overline{A}) = 1 - \left(\frac{5}{6}\right)^6 \approx 0{,}6651.$

B: Zwölf Würfel werden geworfen und mindestens zweimal erscheint 6.

Das Gegenereignis lautet:

$\overline{B}$: Zwölf Würfel werden geworfen und keine 6 oder genau eine 6 erscheint. Für die Wahrscheinlichkeit von $\overline{B}$ gilt:

$P(\overline{B}) = P(12 \text{ Würfe ohne } 6) + P(12 \text{ Würfe mit genau einer } 6)$

Es ist $P(12 \text{ Würfe ohne } 6) = \left(\frac{5}{6}\right)^{12}$

Für den zweiten Summanden verwenden wir das Binomialmodell. Wir haben $n = 12$ Experimente mit genau einem Erfolg und 11 Misserfolgen. Dabei ist $p = \frac{1}{6}$.

Also gilt: $P(12 \text{ Würfe mit genau einer } 6) = \binom{12}{1} \cdot \frac{1}{6} \cdot \left(\frac{5}{6}\right)^{11} = 2\left(\frac{5}{6}\right)^{11} \approx 0{,}2692$

Damit ergibt sich für *P*(*B*):

$$1 - \left(\frac{5}{6}\right)^{12} - \binom{12}{1} \cdot \frac{1}{6} \cdot \left(\frac{5}{6}\right)^{11} \approx 0{,}6187$$

Entsprechend ergibt sich für *C* die Wahrscheinlichkeit.

C: Achtzehn Würfel werden geworfen und mindestens dreimal erscheint 6.

$P(C) = 1 - P(18 \text{ Würfe ohne } 6) - P(18 \text{ Würfe mit genau einer } 6) - P(18 \text{ Würfe mit genau zweimal } 6)$.

$$P(C) = 1 - \left(\frac{5}{6}\right)^{18} - \binom{18}{1}\frac{1}{6}\left(\frac{5}{6}\right)^{17} - \binom{18}{2}\left(\frac{1}{6}\right)^{2}\left(\frac{5}{6}\right)^{16} \approx 0{,}5973$$

Die Rechnungen zeigen, dass die einfache Annahme $P(A) = P(B) = P(C)$ nicht richtig ist. Vielmehr gilt: $P(A) > P(B) > P(C)$. Dies zeigt, dass die intuitive Vorstellung der Gleichwahrscheinlichkeit für die Ereignisse *A*, *B* und *C* nicht richtig ist.

11.3 Bestätigen Sie die Rechnungen durch Simulationen

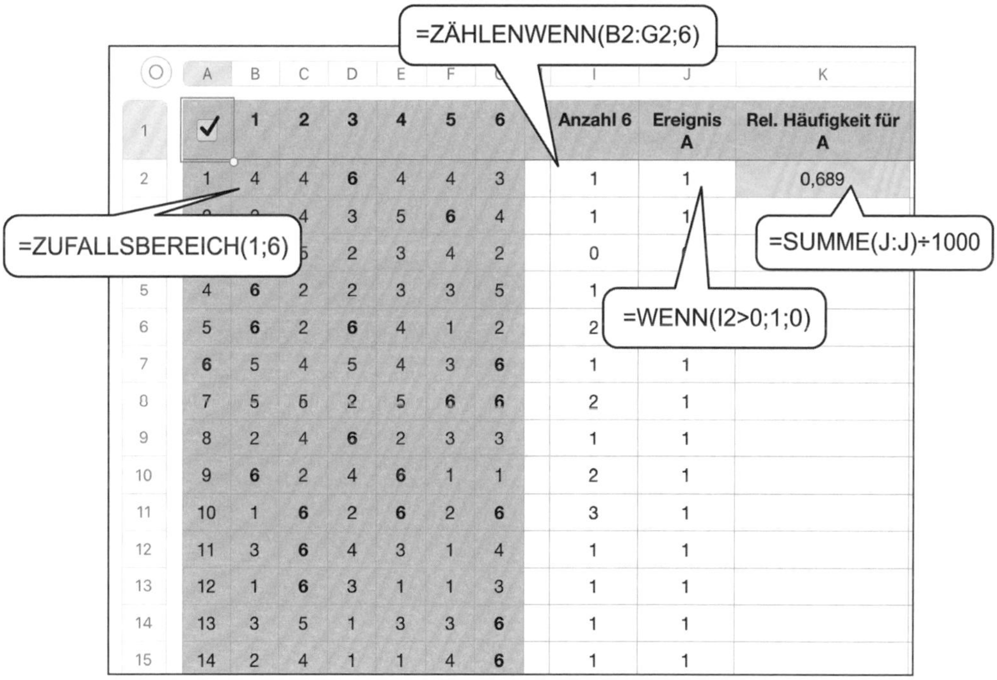

Abbildung 11.2: Tabellenblatt zur Bestimmung der relativen Häufigkeit des Ereignisses A

Schreiben Sie `=ZUFALLSBEREICH(1;6)` in die Zelle B2. Damit haben Sie einen Würfelwurf erzeugt. Füllen Sie dann nach rechts aus, so dass sich 6 Würfelwürfe ergeben. Dann füllen Sie nach unten bis in die Zeile 1001 aus. Damit haben Sie 1000-mal je 6 Würfelwürfe simuliert. Verwenden Sie die Funktion `=ZÄHLENWENN(B2:G2;6)`, um festzustellen, wie viele Sechsen im Bereich B2 bis G2 vorkommen. Füllen Sie wieder nach unten aus.

Das Ereignis A ist eingetreten, wenn mindestens eine 6 in den Zellen B2 bis G2 auftritt. Das ist dann der Fall, wenn die Zahl in der Zelle I2 größer als 0 ist. In diesem Fall schreiben Sie durch `=WENN(I2>0;1;0)` eine 1 in die Zelle J2. Ansonsten wird dort eine 0 eingetragen. Füllen Sie nach unten aus.

Jetzt müssen Sie nur noch feststellen, wie oft das Ereignis A in den 1000 Simulationen eingetreten ist. Diese Anzahl erhalten Sie, wenn Sie die Zahlen der Spalte J summieren. Wenn Sie diese Anzahl durch 1000 dividieren (Zelle K2), dann haben Sie die relative Häufigkeit für das Ereignis A und damit einen Schätzwert für die Wahrscheinlichkeit des Ereignisses A.

In der abgebildeten Simulation ergibt sich 0,689 als relative Häufigkeit. Die Berechnung in Abschnitt 11.2, »Problemlösung«, hat $P(A) \approx 0{,}6651$ geliefert.

Die Simulationen für die Ereignisse *B* und *C* erfolgen entsprechend.

Kapitel 12

Würfelspiele

Würfelspiele haben die Menschen schon immer in ihren Bann gezogen: in der Antike, weil sie darin das Wirken der Götter sahen, im Mittelalter als Zeitvertreib für Adelige – und als Quelle vieler Probleme der Wahrscheinlichkeitsrechnung.

12.1 Berichte über Würfelspiele

Das Würfelspiel zählt zu den ältesten Glücksspielen. Mithilfe archäologischer Funde kann es 5000 Jahre zurückdatiert werden. Mit welcher Leidenschaft gewürfelt wurde, zeigen die folgenden Berichte:

Von Tacitus stammt ein Bericht über die Germanen:

> *»Das Würfelspiel betreiben sie sonderbarerweise wie ein ernsthaftes Geschäft, und zwar mit solch blinder Leidenschaft, wenn es um Gewinnen oder Verlieren geht, dass sie, nachdem sie ihr Hab und Gut verloren haben, mit dem letzten entscheidenden Wurfe um ihre Freiheit und ihre Person spielen.«*
>
> *Publius Cornelius Tacitus (ca.55 – 115 n. Chr)*

Um die Jahre1220–1230 heißt es in der Carmina Burana:

> *»Manche würfeln, manche saufen,*
> *andre lärmen, schreien, raufen.*
> *Derer, die ein Spiel begannen,*
> *ziehet mancher nackt von dannen;*
> *andere sich ein Wams gewinnen,*
> *andre gehen im Sack von hinnen.*
> *Keiner denkt der Todesstunde,*
> *Bacchus gilt die Würfelrunde.«*

König Ludwig IX. von Frankreich verbot 1255 seinen Beamten das Würfelspiel und die Anfertigung von Würfeln, um exzessivem Glücksspiel Einhalt zu gebieten.

In der Renaissance beginnt man das Würfelspiel, das früher dem allgemeinen Glauben nach von den Göttern gelenkt wurde, wissenschaftlich zu untersuchen.

Gerolamo Cardano (1501–1576) schrieb das Buch »Liber de ludo alae« (Buch über das Würfelspiel). In diesem wird das Spiel mit mehreren Würfeln betrachtet. Darum geht es auch bei dem folgenden Problem.

12.2 Ein historisches Problem

Abbildung 12.1: Drei Würfel

Der Herzog Cosimo II. de Medici schrieb um 1613 an Galilei: Warum tritt beim Wurf mit 3 Würfeln die Augensumme 10 häufiger auf als die Augensumme 9? Das ist auf den ersten Blick unverständlich, denn beide Augensummen lassen sich auf 6 Arten würfeln:

Die 9:

$9 = 1 + 2 + 6 = 1 + 3 + 5 = 1 + 4 + 4 = 2 + 2 + 5 = 2 + 3 + 4 = 3 + 3 + 3$

Die 10:

$10 = 1 + 3 + 6 = 1 + 4 + 5 = 2 + 2 + 6 = 2 + 3 + 5 = 2 + 4 + 4 = 3 + 3 + 4$

Die Geschichte dieses Problems können Sie auf den nächsten Seiten miterleben.

12.3 Cosimo II. und Galilei – eine Geschichte in Bildern

Auch der toskanische Fürst Cosimo II. (1590–1621) war ein leidenschaftlicher Würfelspieler.
Cosimo war ein Schüler von Galilei.
Von ihm hatte er die Kunst des Zweifelns gelernt.
Er stellt fest, dass beim Wurf mit 3 Würfeln die Augensummer 10 häufiger als die Augensumme 9 auftritt.
Cosimo hatte gute Argumente dafür, dass dies nicht sein konnte.
Es gibt 6 Möglichkeiten mit der Augensumme 10.
Es gibt 6 Möglichkeiten mit der Augensumme 9.
Da es für beide Augensummen 6 Möglichkeiten gibt, müssen diese gleich häufig auftreten.
Cosimo ist ratlos, wie er diesen Konflikt lösen kann.

Da erinnert er sich an seinen ehemaligen Lehrer.
Cosimo glaubt, dass sein Lehrer Galilei das Problem lösen kann.
Galilei schuldet mir noch etwas. Ich habe ihm schließlich eine Professur in Pisa besorgt.
Cosimo schickt Reiter zu Galiei nach Pisa.
Cosimos Reiter verlassen den Palazzo Pitti in Florenz und brechen in Richtung Pisa auf.
Nach langem Ritt kommen sie in Pisa an.
Hier am schiefen Turm hat Galilei angeblich die Gesetze des freien Falls entdeckt – aber das ist eine Legende.
Cosimos Gesandte treffen einen übermüdeten Galilei an.
Ich habe die ganze Nacht in den Feldern von Pisa zugebracht.
Gähn.
Mithilfe meines Dieners und zweier Blendlaternen wollte ich die Lichtgeschwindigkeit messen. Leider vergebens.

Ich werde zunächst etwas schlafen. Macht es euch solange bequem.
Wenn ich erholt bin, werde ich über das interessante Problem nachdenken.
Galilei zieht sich zurück und die Gesandten machen es sich ebenfalls bequem.
Einige Stunden später…
ZzzzZzzzZzzzZzzzZzzzZzzzZzzzZ
grübel
Eigentlich ganz einfach.
Die Würfel sind unterscheidbar!
Die von Cosimo angegebene Möglichkeit 1, 2, 6 für die Augensumme 9 kann auf 6 verschiedene Weisen erzeugt werden.
Galilei hat Recht:
Wenn auf den Würfeln die Zahlen 1, 2 und 6 vorkommen, dann gibt es dafür die folgenden 6 Möglichkeiten:

Als nächstes sieht man eine vollständige Zusammenstellung, wie die Augensumme 9 entstehen kann:
(1/2/6), (1/6/2), (2/1/6), (6/1/2), (2/6/1), (6/2/1)
(1/3/5), (1/5/3), (3/1/5), (5/1/3), (3/5/1), (5/3/1)
(1/4/4), (4/1/4), (4/4/1)
(2/2/5), (2/5/2), (5/2/2)
(2/3/4), (2/4/3), (3/2/4), (4/2/3), (3/4/2), (4/3/2)
(3/3/3)
Beim Abzählen kommt man auf 25 Möglichkeiten.
Entsprechend kann man alle Möglichkeiten für die Augensumme 10 aufschreiben:
(1/3/6), (1/6/3), (3/1/6), (6/1/3), (3/6/1), (6/3/1)
(1/4/5), (1/5/4), (4/1/5), (5/1/4), (4/5/1), (5/4/1)
(2/2/6), (2/6/2), (6/2/2)
(2/3/5), (2/5/3), (3/2/5), (5/2/3), (3/5/2), (5/3/2)
(2/4/4), (4/2/4), (4/4/2)
(3/3/4), (3/4/3), (4/3/3)
Beim Abzählen kommt man dieses Mal auf 27!
Weil 27 größer als 25 ist, muss die Augensumme 10 häufiger als die Augensumme 9 auftreten.

Wieder einmal hat sich hier gezeigt, dass die schnelle Lösung ihre Tücken hat. Es wurde dabei nicht beachtet, dass die Würfel unterschiedlich sind. Dass dies aber für die Problemlösung entscheidend ist, verdeutlicht die Simulation im nächsten Abschnitt.

Diese Simulation ist etwas aufwendig, denn die Wahrscheinlichkeiten für das Auftreten der Augensumme 9 und die des Auftretens der Augensumme 10 unterscheiden sich nur minimal. Um diese zu berechnen, braucht man zuerst die Anzahl aller Möglichkeiten, die beim Wurf von 3 Würfeln auftreten kann. Diese ist gleich $6 \cdot 6 \cdot 6 = 6^6 = 216$. Damit lassen sich die beiden Wahrscheinlichkeiten berechnen:

Wahrscheinlichkeit für die Augensumme 9: $\frac{25}{216} \approx 0{,}1157$

Wahrscheinlichkeit für die Augensumme 10: $\frac{27}{216} \approx 0{,}125$

An dieser Stelle wird auch deutlich, dass die Beobachtung von Cosimo auf einer Unzahl von Spielen beruhen musste, ansonsten hätte er diesen kleinen Unterschied nämlich gar nicht bemerkt.

12.4 Simulation des Würfelproblems

Die Simulation soll den kleinen Unterschied zwischen der relativen Häufigkeit der Augensumme 9 und der Augensumme 10 beim Wurf mit 3 Würfeln aufdecken, also sozusagen die Würfelwürfe von Cosimo simulieren. Dazu braucht man viele Simulationen. In diesem Tabellenblatt werden 10000 Simulationen verwendet. In Abbildung 12.2 sind die wesentlichen Teile des Tabellenblatts dargestellt.

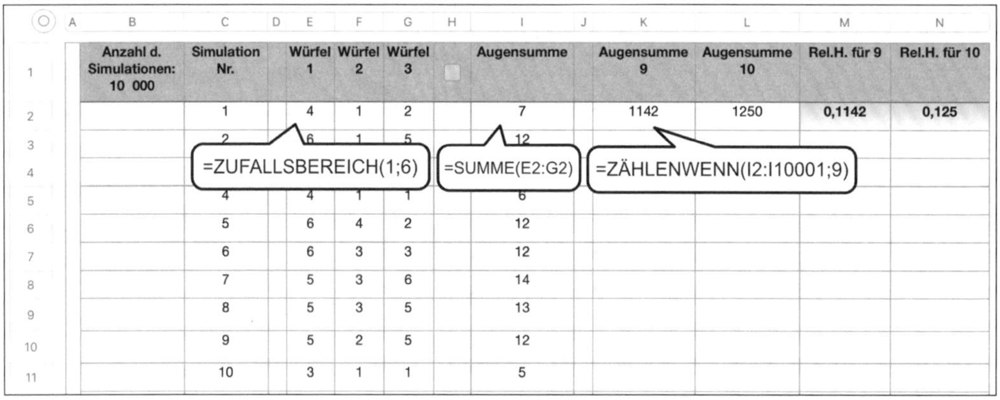

	A	B	C	D	E	F	G	H	I	J	K	L	M	N
1		Anzahl d. Simulationen: 10 000	Simulation Nr.		Würfel 1	Würfel 2	Würfel 3		Augensumme		Augensumme 9	Augensumme 10	Rel.H. für 9	Rel.H. für 10
2			1		4	1	2		7		1142	1250	0,1142	0,125
3			2		6	1	5		12					
4														
5			4		4	1	1		6					
6			5		6	4	2		12					
7			6		6	3	3		12					
8			7		5	3	6		14					
9			8		5	3	5		13					
10			9		5	2	5		12					
11			10		3	1	1		5					

Abbildung 12.2: Simulation des Würfelproblems

Entsprechend der Zelle K2 steht in L2 `=ZÄHLENWENN(I2:I10001;10)`.

In M2 steht `=K2/10000`, entsprechend in N2: `=L2/10000`. So haben wir in einigen wenigen Schritten die vielen Würfelwürfe von Cosimo simuliert und unsere Ergebnisse aus dem vorigen Abschnitt bestätigt: Dort hatten wir als Wahrscheinlichkeit für die Augensumme 9 den Wert 0,1157 (unsere Tabelle gibt 0,1142 aus), als Wahrscheinlichkeit für die Augensumme 10 erhielten wir 0,125 (unser Tabellenblatt zeigt uns ebenfalls diesen Wert).

Kapitel 13

Die Würfelschlange

Sie erleben in diesem Kapitel eine verblüffende Geschichte, deren Lösung sich mit den Mitteln der Wahrscheinlichkeitsrechnung ganz einfach darstellt.

13.1 Das Experiment

Sie benötigen jetzt viele Würfel, mindestens 60 Stück. Würfeln Sie mit allen und legen Sie diese dann in Form einer Schlange aus (Abbildung 13.1). Verzweifeln Sie nicht, wenn Ihnen die nötige Anzahl von Würfeln fehlt. Für diesen Fall erhalten Sie später in Abschnitt 13.2, »Wir lüften das Geheimnis«, Unterstützung.

Abbildung 13.1: Eine Würfelschlange

Die abgebildete Würfelschlange startet mit der Augenzahl 5. Zählen Sie jetzt 5 Würfel weiter, und Sie landen auf dem Würfel mit der Augenzahl 4. Von dort zählen Sie 4 Würfel weiter und landen erneut bei einem Würfel mit der Augenzahl 4. Führen Sie das fort, bis Sie zum Ende der Schlange kommen. Wahrscheinlich landen Sie nicht auf dem letzten Würfel. Es könnte zum Beispiel sein, dass Sie auf dem drittletzten Würfel landen, der in Abbildung 13.2 eine 5 anzeigt.

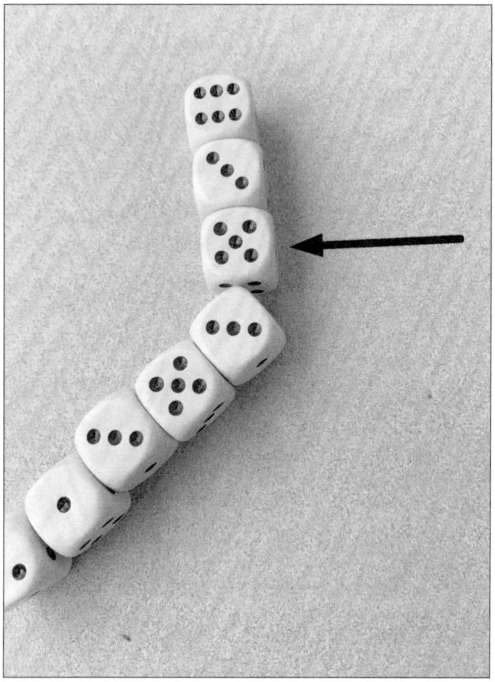

Abbildung 13.2: Ende der Würfelschlange

Jetzt geht es nicht mehr weiter, denn Sie können keine 5 Würfel mehr weiterrücken, die Schlange ist zu Ende. Deshalb legen Sie – in diesem Beispiel – die letzten beiden Würfel zur Seite. Damit erzwingen Sie, dass es aufgeht.

Jetzt kehren Sie zum ersten Würfel der Schlange zurück. Würfeln Sie mit diesem noch einmal. Statt der anfänglichen 5 zeigt er jetzt beispielsweise eine 3. Laufen Sie jetzt wie zuvor beschrieben die Schlange entlang, jetzt mit der Startzahl 3. Sie nähern sich dem Ende der Würfelschlange – und es geht auf! Sie landen genau auf dem letzten Würfel der Schlange.

Das kann doch nur ein Zufall sein!

Also nochmals: Mit dem ersten Würfel würfeln, der diesmal zum Beispiel eine 1 zeigt. Und wieder geht es auf.

Nun werden wir übermütig: Was wäre, wenn der erste Würfel eine 10

zeigen würde? Klar: 10 weiterzählen und von da an nach der Regel der Schlange entlang folgen.

Und siehe da: Das geht auch auf! Ein außerordentlich robustes Experiment, denn auch wenn man sich zwischendurch mal verzählt, klappt es trotzdem!

Ist hier Zauberei im Spiel? Wieso landet man immer wieder auf dem letzten Würfel, unabhängig von der Startzahl?

13.2 Wir lüften das Geheimnis

Für alle, die gerade keine 60 Würfel zur Hand haben, gibt es hier eine Hilfe in Form einer digitalen Würfelschlange. Laden Sie sich die zu diesem Kapitel gehörende Tabellenkalkulationsdatei auf Ihren Rechner.

	A	B	C	D	E	F
1	Nr.	Würfel				
2	1	6	*		1	
3	2	4			7	5
4	3	4			12	6
5	4	5			18	5
6	5	6			23	2
7	6	1			25	4
8	7	5	*		29	1
9	8	5			30	3
10	9	4			33	5
11	10	6			38	3
12	11	4			41	5
13	12	6	*		46	4
14	13	4			50	5
15	14	3			55	5
16	15	2			60	3
17	16	5			63	
18	17	2				
19	18	5	*			
20	19	6				
21	20	2				
22	21	2				
23	22	3				
24	23	2	*			

Abbildung 13.3: Ein Tabellenblatt für die Würfelschlange

Sie sehen hier die ersten 22 Würfel eine Würfelschlange. Wenn Sie mit Excel arbeiten, können Sie mit der Funktionstaste [F9] das Blatt aktualisieren und so eine neue Würfelschlange erzeugen. Die Würfel wurden dann wie gewohnt durch `ZUFALLSBEREICH(1;6)` erzeugt.

Arbeiten Sie mit Numbers, gibt es ein Problem: Mit jeder Eingabe auf dem Blatt wird dieses aktualisiert – und damit auch die Würfelschlange verändert. Das soll aber nicht sein. Aus diesem Grund wird in der Numbers-Datei statt der Funktion `ZUFALLSBEREICH` ein selbst erzeugter Würfel verwendet. Eine neue Würfelschlange können Sie dann erzeugen, wenn Sie den Wert in der Zelle B2 ändern.

In Abbildung 13.3 sehen Sie in der Spalte B die Würfelschlange. In der Zelle B2 können Sie einen neuen Startwert eintragen. Die Markierungen in der Spalte C neben den Würfeln geben die Würfel an, auf die man beim Ablaufen der Würfelschlange kommt.

Probieren Sie verschiedene Startzahlen mit derselben Würfelschlange aus und achten Sie auf die Markierungen. Fällt Ihnen etwas auf, womit man erklären kann, warum man immer auf demselben Würfel endet?

Haben Sie noch nicht erkannt, worin das Geheimnis der Würfelschlange besteht, so schauen Sie sich einmal Abbildung 13.4 genauer an. Hier ist dreimal dieselbe Würfelschlange abgebildet, jedes Mal mit einer anderen Startzahl. Wenn Sie auf die Markierungen neben den Würfelschlangen schauen und diese in den drei Beispielen vergleichen, dann werden Sie feststellen, dass diese nach kurzer Zeit übereinstimmen. Wenn dieser Fall eintritt, heißt das, dass man schon bald auf einen Würfel kommt, der beim ersten Durchlaufen der Würfelschlange auch getroffen wurde. Dann ist klar, dass ab diesem Moment alles wie beim ersten Durchlauf weitergeht.

Die Frage ist nur, mit welcher Wahrscheinlichkeit man auf einen markierten Würfel des ersten Durchlaufs trifft.

Nr.	Würfel		Nr.	Würfel		Nr.	Würfel	
1	5	*	1	3	*	1	10	*
2	4		2	4		2	4	
3	4		3	4		3	4	
4	6		4	6	*	4	6	
5	5		5	5		5	5	
6	1	*	6	1		6	1	
7	5	*	7	5		7	5	
8	1		8	1		8	1	
9	5		9	5		9	5	
10	5		10	5	*	10	5	
11	3		11	3		11	3	*
12	3	*	12	3		12	3	
13	6		13	6		13	6	
14	6		14	6		14	6	*
15	3	*	15	3	*	15	3	
16	2		16	2		16	2	
17	5		17	5		17	5	
18	3	*	18	3	*	18	3	
19	5		19	5		19	5	
20	4		20	4		20	4	*
21	5	*	21	5	*	21	5	
22	3		22	3		22	3	
23	4		23	4		23	4	
24	1		24	1		24	1	*
25	1		25	1		25	1	*
26	5	*	26	5	*	26	5	*
27	4		27	4		27	4	
28	1		28	1		28	1	
29	6		29	6		29	6	
30	2		30	2		30	2	
31	1	*	31	1	*	31	1	*
32	3	*	32	3	*	32	3	*
33	1		33	1		33	1	
34	3		34	3		34	3	
35	1	*	35	1	*	35	1	*
36	1	*	36	1	*	36	1	*
37	5	*	37	5	*	37	5	*
38	5		38	5		38	5	
39	2		39	2		39	2	
40	2		40	2		40	2	
41	4		41	4		41	4	
42	4	*	42	4	*	42	4	*
43	6		43	6		43	6	
44	5		44	5		44	5	
45	6		45	6		45	6	
46	5	*	46	5	*	46	5	*
47	6		47	6		47	6	
48	4		48	4		48	4	
49	4		49	4		49	4	
50	2		50	2		50	2	
51	2	*	51	2	*	51	2	*
52	5		52	5		52	5	
53	5	*	53	5	*	53	5	*
54	1		54	1		54	1	
55	6		55	6		55	6	
56	2		56	2		56	2	
57	1		57	1		57	1	
58	3	*	58	3	*	58	3	*

Abbildung 13.4: Dreimal dieselbe Würfelschlange mit unterschiedlichen Startzahlen

13.3 Die Wahrscheinlichkeit für das Funktionieren der Würfelschlange

Mit welcher Wahrscheinlichkeit trifft man den letzten Würfel der Schlange?

Man landet auf dem letzten Würfel, wenn man im selben Durchgang schon zuvor einen Würfel getroffen hat, der beim ersten Durchlauf markiert wurde. Wir denken uns alle Würfel, die beim ersten Durchgang besucht wurden, als markiert.

Mit welcher Wahrscheinlichkeit trifft man (mit einer neuen Startzahl) beim ersten Zug keinen markierten Würfel? Diese Frage soll hier mit den zwei Beispielen der Tabelle 13.1 und Tabelle 13.2 geklärt werden.

Mit dem Würfel an der Startposition kann man höchstens 6 Positionen weiterkommen. Angenommen, es befinden sich unter diesen 6 Positionen 2 markierte Würfel wie in Tabelle 13.1. Dann ist die Wahrscheinlichkeit, dass keiner dieser beiden markierten Würfel getroffen wird, gleich $\frac{4}{6}$.

Start	4	6	**3**	1	**6**	5

Tabelle 13.1: Beispiel 1 für den ersten Zug

Im zweiten Beispiel befindet sich unter den 6 erreichbaren Positionen nur 1 markierter Würfel. Die Wahrscheinlichkeit, diesen Würfel im ersten Zug nicht zu treffen, ist hier $\frac{5}{6}$.

Start	1	1	5	2	3	**3**

Tabelle 13.2: Beispiel 2 für den ersten Zug

Die beiden Beispiele verdeutlichen, dass die Wahrscheinlichkeit, beim ersten Zug keinen markierten Würfel zu treffen, höchstens $\frac{5}{6}$ sein kann.

Auch im zweiten Zug ist die Wahrscheinlichkeit, keinen markierten Würfel zu treffen, höchstens $\frac{5}{6}$ usw.

Die Wahrscheinlichkeit, in *n* Zügen keinen markierten Würfel zu treffen, ist deshalb höchstens gleich $\left(\frac{5}{6}\right)^n$.

Uns interessiert die Wahrscheinlichkeit, in *n* Zügen mindestens einen markierten Würfel zu treffen. Diese ist mindestens gleich $1 - \left(\frac{5}{6}\right)^n$.

Jetzt wollen wir natürlich wissen, wie groß diese Zahlen sind. Entweder zücken Sie jetzt den Taschenrechner oder Sie füllen schnell ein Tabellenblatt aus. Wie Letzteres genau funktioniert, zeige ich Ihnen im folgenden Abschnitt.

13.4 Berechnen Sie die Werte 1 – $(5/6)^n$

Schreiben Sie `=1-POTENZ(5/6;A2)` in die Zelle B2 und füllen Sie dann nach unten aus. Das Ergebnis liefert die Tabelle der Abbildung 13.5.

	A	B
1	*n*	**1-$(5/6)^n$**
2	1	0,1667
3	2	0,3056
4	3	0,4213
5	4	0,5177
6	5	0,5981
7	6	0,6651
8	7	0,7209
9	8	0,7674
10	9	0,8062
11	10	0,8385
12	11	0,8654
13	12	0,8878
14	13	0,9065
15	14	0,9221
16	15	0,9351

=1-POTENZ(5/6;A2)

Abbildung 13.5: Die Werte 1 – $(5/6)^n$

Die Werte lassen verstehen, warum die Würfelschlange funktioniert. Schon nach 5 Schritten ist die Wahrscheinlichkeit, einen markierten Würfel zu treffen, etwa gleich 60 % und nähert sich dann den 100 %. Das kann man auch in Abbildung 13.6 sehen.

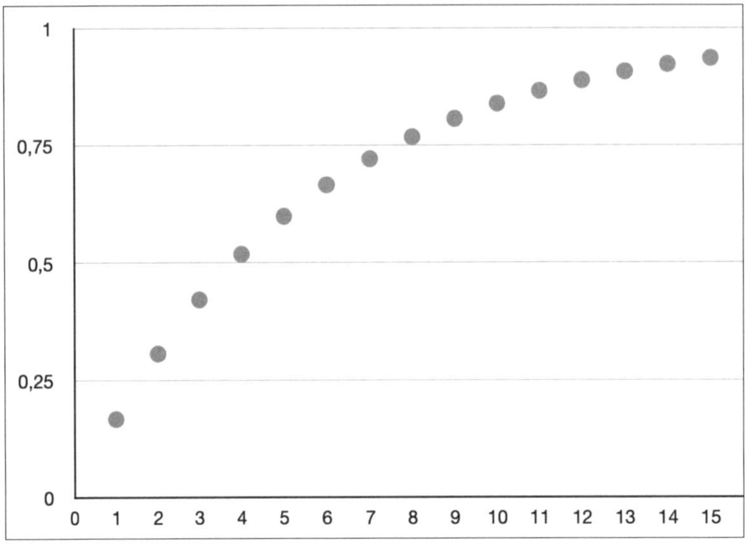

Abbildung 13.6: Graphische Darstellung der Zahlen $1 - (5/6)^n$

13.5 Eine Variante der Würfelschlange

Im Buch von Clifford A. Pickover, »Dr. Googols wundersame Welt der Zahlen« [PIC], findet man eine schöne Geschichte. Betrachtet werden die ersten drei Verse der Genesis:

> *Im Anfang schuf Gott den Himmel und die Erde.*
>
> *Und die Erde war öde und leer; und Finsternis lag über dem Angesicht der Welt. Und der Geist Gottes schwebte über den Wassern.*
>
> *Und Gott sprach: »Es werde Licht!« Und es ward Licht.*

Wählen Sie ein beliebiges der ersten neun Worte im ersten Vers. Zählen Sie die Anzahl der Buchstaben in diesem Wort. Gehen Sie genauso viele Wörter weiter, wie diese Zahl angibt. Zählen Sie die Anzahl der Buchstaben dieses Wortes und so weiter. Machen Sie so weiter, bis Sie den dritten Vers erreichen. Auf welches Wort kommen Sie im dritten Vers?

Sie können das ausprobieren und werden feststellen, dass Sie immer auf dem Wort »Gott« landen. Ist da die göttliche Vorsehung im Spiel?

Ich nehme an, dass Sie sich nun selbst erklären können, warum dieses Abzählspiel funktioniert.

Kapitel 14
Gruppenprüfung

In Epidemien kommt es darauf an, möglichst schnell größere Bevölkerungsgruppen darauf zu untersuchen, ob sie infiziert sind. Die Gruppenprüfung ist ein Verfahren, mit dem dies gelingt.

14.1 Was ist eine Gruppenprüfung?

Im Herbst 1993 wurde der deutschen Öffentlichkeit das Ausmaß des sogenannten AIDS-Skandals bewusst. Den Herstellern von Blutprodukten wurde erst ab Juli 1987 der Einsatz von Viren-Abreicherungsverfahren staatlich vorgeschrieben. Erst ab diesem Zeitpunkt mussten sie ihre aus vielen Tausend Einzelspenden zusammengestellten Blutpools von HIV-Viren befreien. Als Folge der zuvor bestehenden Praktiken hatte sich eine Reihe von Menschen, die mit infizierten Blutprodukten behandelt worden waren, mit dem tödlichen AIDS-Virus angesteckt.

Auch die in den Folgejahren angewandten Verfahren boten keine völlige Sicherheit. So entstand schließlich die Forderung, das Blut eines jeden Spenders sechs Monate zu lagern (Quarantänelagerung). Erweist sich der Spender nach diesem Zeitraum als HIV-negativ, so kann das gelagerte Blut einem Blutpool beigemischt werden. Der lange Lagerzeitraum bis zur Nachuntersuchung ist erforderlich, da der Nachweis einer Infektion mit AIDS erst geraume Zeit nach der Ansteckung möglich ist. Die Konsequenz für die Pharmaindustrie – bei Anwendung des Quarantäneverfahrens – ist eine weitaus größere Anzahl teurer Untersuchungen. Gäbe es einen sicheren Bluttest, mit dem ein ganzer Pool von Spenderblut auf AIDS-Viren untersucht werden könnte, so wäre ein wesentlich kostengünstigeres Verfahren möglich: Würde dieser Test eine Infizierung anzeigen, müsste das Blutpräparat vernichtet werden. Außerdem wären dann alle Spender, die dazu beigetragen haben, einzeln zu untersuchen, um die Verursacher der Infektion zu finden.

Würde dagegen mit dem Test keine Infektion festgestellt, so wäre durch diesen einzigen Test eine Vielzahl teurer Einzeluntersuchungen ersetzt.

Verfahren der eben beschriebenen Art nennt man *Gruppenprüfung*. Sie wurden während des Zweiten Weltkriegs entwickelt und fanden seitdem weit verbreitet Anwendung. Auch während der Coronapandemie wurden Gruppenprüfungen durchgeführt. Im März 2020 wandten Virologinnen und Virologen der Universität des Saarlandes ein Poolverfahren bei 1191 Abstrichen an, wobei bis zu 330 Proben gepoolt wurden [AER].

Im Jahr 1943, während des Zweiten Weltkriegs, wurden in der US-Armee Bedenken wegen sich häufender Syphilis-Fälle unter den Soldaten laut. Um infizierte Soldaten zu entdecken und auszusondern, hätte man Tausende zeitaufwendige und teure Bluttests durchführen müssen. Damals schlug Robert Dorfman ein Verfahren vor, das man heute *Gruppen-Screening* nennt. Seine Idee war, das Blut einer Gruppe von k Personen zu mischen, um die Mischprobe dann mit einem einzigen Test zu untersuchen. Falls alle Personen gesund sind, hat ein Test ausgereicht, um k Personen zu untersuchen. Ist dagegen die Mischprobe positiv, untersucht man alle Einzelproben. In diesem Fall benötigt man $k + 1$ Tests.

14.2 Bestimmung der Gruppengröße

Die Frage ist, wie groß man die Gruppengröße k wählen sollte, um eine optimale Einsparung zu erzielen. Die Antwort hängt natürlich von der Wahrscheinlichkeit p ab, mit der eine einzelne Person gesund ist. Ist p klein, ist die Krankheit also weit verbreitet, darf man keine großen Gruppen bilden, weil es dann sehr wahrscheinlich ist, dass sich eine infizierte Person in der Gruppe befindet.

Sind alle Personen gesund, was mit der Wahrscheinlichkeit p^k der Fall ist, dann benötigt man nur einen Test.

Ist dagegen mindestens eine Person infiziert, was mit der Wahrscheinlichkeit $1 - p^k$ geschieht, dann braucht man $k + 1$ Tests.

Um abschätzen zu können, wie viele Tests man im Durchschnitt benötigt, muss man den Mittelwert von »1« und »$k + 1$« bilden. Da die beiden Fälle »1« und »$k + 1$« mit unterschiedlichen Häufigkeiten auftreten, kann man nicht einfach »1« und »$k + 1$« addieren und durch 2 teilen, um den Mittelwert zu erhalten. Dazu ein einfaches Beispiel:

Angenommen, der Wert »1« tritt 8-mal und der Wert »$k + 1$« tritt 3-mal auf. Dann kann man den Mittelwert auf folgende Weise ermitteln:

$$\frac{8 \cdot 1 + 3 \cdot (k+1)}{8+3} = \frac{8}{11} \cdot 1 + \frac{3}{11} \cdot (k+1)$$

In diesem Ausdruck sind die beiden Werte »1« und »$k + 1$« mit den relativen Häufigkeiten ihres Auftretens gewichtet worden. Nun sind die relativen Häufigkeiten Schätzwerte für die Wahrscheinlichkeiten, dass »1« bzw. »$k + 1$« auftreten. Aus diesem Grund gewichtet man die Fälle »1« und »$k + 1$« mit den Wahrscheinlichkeiten ihres Auftretens. Der Fall »1« tritt mit der Wahrscheinlichkeit p^k auf, der Fall »$k + 1$« mit der Wahrscheinlichkeit $1 - p^k$.

Den Mittelwert m der Anzahl der benötigten Tests erhält man deshalb wie folgt:

$m = p^k \cdot 1 + (1 - p^k) \cdot (k + 1) = k - k \cdot p^k + 1$

Der Wert von m gibt die mittlere Anzahl der Tests für k Personen an. Bildet man $k - m$, dann erhält man die Einsparung gegenüber dem Verfahren der Einzelprüfung:

$k - m = k - (k - k \cdot p^k + 1) = k \cdot p^k - 1$

Legt man für eine bessere Vergleichbarkeit die mittlere Ersparnis pro Person zugrunde, teilt man den zuletzt gebildeten Ausdruck noch durch die Anzahl k der Personen:

$$\frac{k \cdot p^k - 1}{k} = p^k - \frac{1}{k}$$

Jetzt muss man nur noch bestimmen, für welchen Wert von k der Ausdruck $p^k - \frac{1}{k}$ maximal groß wird. Natürlich hängt dies von p ab.

Um unsere Ergebnisse zu visualisieren, bedienen wir uns wieder einer Tabellenkalkulation und eines Beispiels: Für $p = 0{,}95$ ergeben sich die Werte der Abbildung 14.1. In diesem Fall ergibt sich die maximale Test-Einsparung von 57,4 % für eine Gruppengröße von $k = 5$. Wie Sie Ihr Tabellenblatt ausfüllen müssen, um zu diesem Ergebnis zu kommen, zeige ich Ihnen im folgenden Abschnitt.

	A	B	C
1	*p*	*k*	Durchschnittliche Ersparnis pro Person
2	0,95	2	0,403
3		3	0,524
4		4	0,565
5		5	0,574
6		6	0,568
7		7	0,555
8		8	0,538
9		9	0,519
10		10	0,499

Abbildung 14.1: Ersparnis der Gruppenprüfung für p = 0,95

Das Säulendiagramm der Abbildung 14.2 veranschaulicht außerdem für denselben Wert für p den Verlauf der Werte der Einsparung.

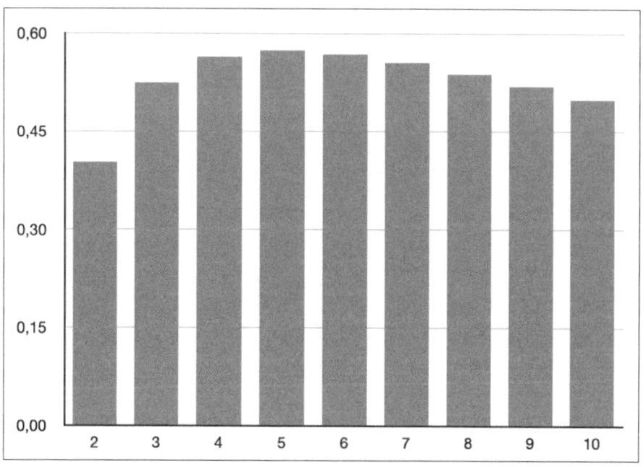

Abbildung 14.2: Einsparungen für p = 0,95 in Abhängigkeit von k

14.3 Erstellen Sie ein Tabellenblatt zur Ermittlung der optimalen Gruppengröße

Um die im vorigen Abschnitt genannten Wahrscheinlichkeiten zu berechnen, erstellen wir eine einfache Tabellenkalkulation. In die Zelle A2 schreiben Sie die Wahrscheinlichkeit *p*, wie in Abbildung 14.3 dargestellt. In C2 ergänzen Sie wie angegeben die Ersparnis bei einer Gruppengröße von 2. Diese Zelle füllen Sie nach unten aus, und fertig ist das Tabellenblatt. Jetzt können Sie ganz einfach mit unterschiedlichen Werten für *p* experimentieren und die jeweils passende ideale Gruppengröße für Ihre eigene Gruppenprüfung herausfinden.

	A	B	C
1	*p*	*k*	Durchschnittliche Ersparnis pro Person
2	0,95	2	0,403
3		3	0,524
4		4	0,565
5		5	0,574
6		6	0,568
7		7	0,555
8		8	0,538
9		9	0,519
10		10	0,499

=POTENZ($A$2;B2)−1÷B2

Abbildung 14.3: Einsparungen in Abhängigkeit von p

Kapitel 15

Würfel und Panini-Bilder

Eine beliebte Werbemethode ist die Beigabe von Sammelbildern zu einem Produkt. Außerdem gibt es ein Album, in das sich diese Bildchen einkleben lassen. Es kann suchtartige Züge annehmen, das Album zu füllen. Besonders ärgerlich ist es, dass bei beinahe gefülltem Album das Warten auf die letzten noch fehlenden Bilder ungebührlich lange dauert. Was steckt dahinter?

15.1 Der vollständige Satz beim Würfeln

Mit dem »vollständigen Satz« ist kein Ausflug in die Germanistik verbunden. Als erstes Beispiel erzeugen wir einen vollständigen Satz beim Würfeln, werfen also so lange einen Würfel, bis alle 6 Augenzahlen mindestens einmal erschienen sind. Das ist dann der vollständige Satz. Uns interessiert dabei die Wartezeit, bis der vollständige Satz erzeugt wurde.

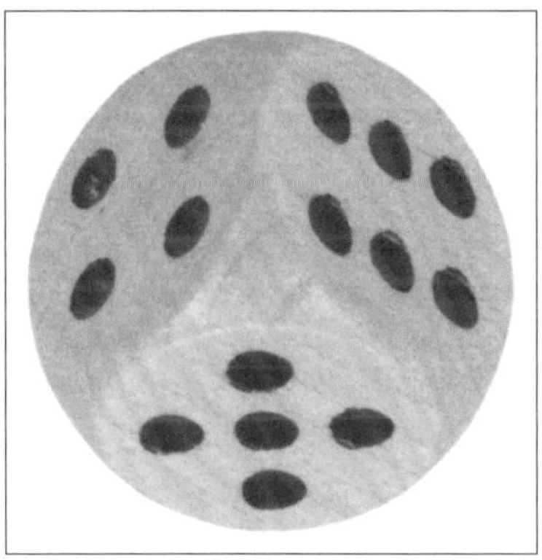

Abbildung 15.1: Würfe mit einem Würfel

Die Reihenfolge, in der die einzelnen Augenzahlen erzeugt werden, spielt keine Rolle. Abbildung 15.2 zeigt eine Simulation dieses Problems. Hier wurden 13 Würfelwürfe benötigt, um alle möglichen Augenzahlen zu erzeugen.

✓		1	2	3	4	5	6		
Nr.	**Gewürfelte Zahl**	0	0	0	0	0	0		0
1	**4**	0	0	0	1	0	0		0
2	**6**	0	0	0	1	0	1		0
3	**3**	0	0	1	1	0	1		0
4	**3**	0	0	1	1	0	1		0
5	**3**	0	0	1	1	0	1		0
6	**4**	0	0	1	1	0	1		0
7	**1**	1	0	1	1	0	1		0
8	**2**	1	1	1	1	0	1		0
9	**4**	1	1	1	1	0	1		0
10	**1**	1	1	1	1	0	1		0
11	**4**	1	1	1	1	0	1		0
12	**1**	1	1	1	1	0	1		0
13	**5**	1	1	1	1	1	1		1
14									
15									

Abbildung 15.2: Beispiel für eine Simulation zur Erzeugung des vollständigen Satzes

Das Problem des vollständigen Satzes kann als eine Irrfahrt auf einem Graphen dargestellt werden. Im Fall des Würfelns sieht dieser Graph aus wie in Abbildung 15.3.

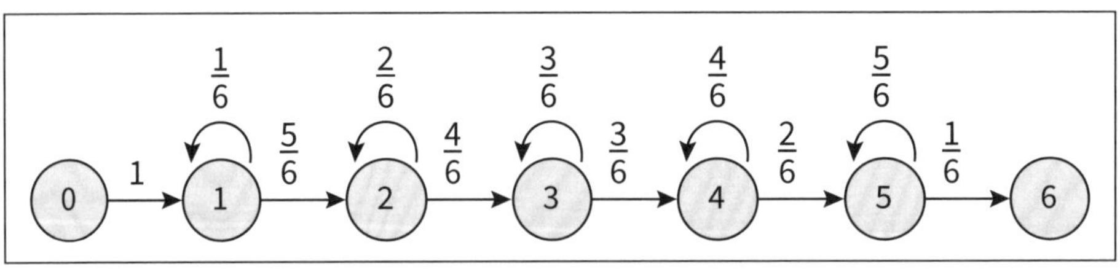

Abbildung 15.3: Graph für den vollständigen Satz beim Würfeln

Die Nummern der Knoten geben an, wie viele der 6 Zahlen schon gewürfelt wurden. Gestartet wird im Knoten mit der Nummer 0. Der erste Wurf führt mit der Wahrscheinlichkeit 1 in den Knoten mit der Nummer 1. Eine erste Augenzahl wurde gewürfelt. Beim zweiten Wurf bleibt man mit der Wahrscheinlichkeit $\frac{1}{6}$ im Knoten 1, wenn man die schon erzeugte Zahl noch einmal würfelt. Mit der Wahrscheinlichkeit $\frac{5}{6}$ würfelt man eine neue Augenzahl und landet im Knoten 2. Wie man leicht sieht, nimmt die Wahrscheinlichkeit, dass man nach einem weiteren Würfeln im selben Knoten verharrt, mit zunehmender Knotennummer zu. Entsprechend verringert sich die Wahrscheinlichkeit auf dem Graphen, weiter nach rechts zu rücken.

Außerdem sieht man dem Graphen die Verwandtschaft zum Problem der Pfandflaschen aus Kapitel 5, »Wie viele Leben besitzt eine Pfandflasche?«, an. Dort haben wir den Graphen betrachtet, den ich hier in Abbildung 15.4 noch einmal platziere.

Der Zustand 1 bedeutete beim Pfandflaschenproblem, dass die Flasche zurückgegeben wurde. Mit der Wahrscheinlichkeit p wird die Flasche nicht mehr zurückgegeben, und man landet im Zustand 0. Es wurde gezeigt, dass die mittlere Dauer der Irrfahrt auf diesem Graphen gleich $m = \frac{1}{p}$ ist. Sieht man diesen Graphen als Teil des Graphen in Abbildung 15.3, dann ist p die Wahrscheinlichkeit, dass eine noch nicht vorgekommene Zahl gewürfelt wurde.

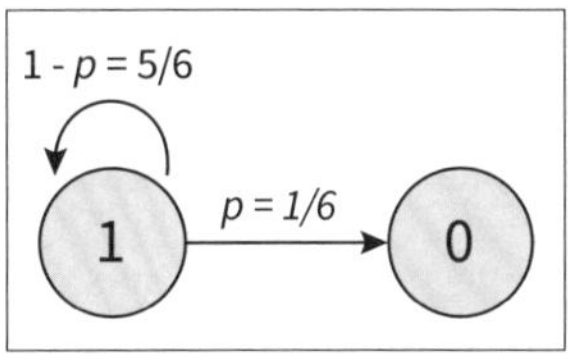

Abbildung 15.4: Graph aus Kapitel 5

Nun setzt sich der Graph für unser Würfelproblem aus Teilgraphen dieser Sorte zusammen. Daraus folgt, dass die mittlere Wartezeit für die 2. Augenzahl vom Zustand 1 aus gleich $m_2 = \frac{1}{\frac{5}{6}} = \frac{6}{5}$ ist.

Die mittlere Wartezeit auf die 3. Augenzahl ist, wenn man bereits 2 verschiedene Augenzahlen gewürfelt hat, gleich $m_3 = \frac{1}{\frac{4}{6}} = \frac{6}{4}$.

Auf diese Weise ergibt sich $m_4 = \frac{1}{\frac{3}{6}} = \frac{6}{3}$, $m_5 = \frac{1}{\frac{2}{6}} = \frac{6}{2}$ und $m_6 = \frac{1}{\frac{1}{6}} = \frac{6}{1}$.

Die gesamte mittlere Wartezeit ist die Summe aller einzelnen Wartezeiten, das heißt

$$m = m_1 + m_2 + m_3 + m_4 + m_5 + m_6 = 1 + \frac{6}{5} + \frac{6}{4} + \frac{6}{3} + \frac{6}{2} + \frac{6}{1}$$

Durch das Ausklammern von 6 wird die Summe übersichtlicher:

$$m = 6 \cdot \left(\frac{1}{6} + \frac{1}{5} + \frac{1}{4} + \frac{1}{3} + \frac{1}{2} + 1\right)$$

Noch schöner wird es, wenn man in der Klammer die Reihenfolge umkehrt:

$$m = 6 \cdot \left(1 + \frac{1}{2} + \frac{1}{3} + \frac{1}{4} + \frac{1}{5} + \frac{1}{6}\right) \approx 14{,}7$$

Nach dieser Rechnung muss man also durchschnittlich 15-mal würfeln, bis alle Augenzahlen erschienen sind.

15.2 Gute Geschäfte mit dem vollständigen Satz

Man soll es nicht glauben, aber mit dem »vollständigen Satz« lassen sich gute Geschäfte machen, Stichwort »Sammelbilder«. Der Panini-Verlag aus dem italienischen Modena bringt jedes Jahr neue Sammelhefte auf den Markt. Für die Fußballeuropameisterschaft im Jahr 2016 hatte Panini ein Heft aufgelegt, in dem 680 Sammelbilder Platz hatten. Panini wirbt in Radio und Fernsehen für seine Bildchen und verteilt auf Schulhöfen und in Fußballvereinen Gratisalben.

Der Verlag betont immer wieder, dass alle Motive mit der gleichen Häufigkeit gedruckt werden, so dass ein Bilderkauf zur Europameisterschaft 2016 als Zufallsauswahl aus 680 gleich wahrscheinlichen Möglichkeiten gesehen werden kann. Das in Abschnitt 15.1, »Der vollständige Satz beim Würfeln«, entwickelte Modell für die mittlere Dauer kann deshalb übernommen werden.

Nach diesem Modell ist die durchschnittliche Wartezeit auf das letzte der 680 Panini-Bilder gleich $m_{680} = \frac{1}{\frac{1}{680}} = 680$. Man kann jetzt verstehen, dass manche Sammler glauben, dass die einzelnen Motive nicht mit der gleichen Häufigkeit verteilt sind. Wer zum Beispiel 679 Bilder gesammelt hat und im Mittel noch 680 weitere Versuche braucht, um das noch fehlende letzte Bild zu ergattern, der kann schon auf einen solchen Gedanken kommen.

Im Mittel benötigt man insgesamt $m = 680 \cdot \left(1 + \frac{1}{2} + \frac{1}{3} + \frac{1}{4} + \cdots + \frac{1}{679} + \frac{1}{680}\right)$ Bilderkäufe, um den vollständigen Satz zu bekommen.

Als kleines Problem erweist sich die Berechnung der Klammer. Was beim Würfelproblem noch einfach zu erledigen war, übersteigt hier die Möglichkeiten eines Taschenrechners. Gesucht ist eine Möglichkeit zur Berechnung von

$$m = n \cdot \left(1 + \frac{1}{2} + \frac{1}{3} + \frac{1}{4} + \cdots + \frac{1}{n-1} + \frac{1}{n}\right) = n \cdot H_n$$

Auch wer jetzt darauf wartet, dass gleich eine schöne Formel für die Berechnung einer Summe, zum Beispiel in der Form

$$H_n = \left(1 + \frac{1}{2} + \frac{1}{3} + \frac{1}{4} + \cdots + \frac{1}{n-1} + \frac{1}{n}\right)$$

präsentiert wird, muss enttäuscht werden, denn es gibt keine Formel, mit der man die sogenannte *Harmonische Reihe* berechnen kann. Wer sich über die Hintergründe dazu informieren möchte, dem sei das schöne Buch »Gamma« von Julian Havil [HAV] empfohlen. Ergänzend soll erwähnt werden, dass es für große Werte von n eine Näherungsformel für $n \cdot H_n$ gibt, nämlich $n \cdot H_n \approx n \cdot \ln(n)$, davon wollen wir hier aber keinen Gebrauch machen, wir haben ja die Tabellenkalkulation als Rechenknecht zur Verfügung.

Unserer Tabelle in Abbildung 15.5 entnehmen wir zunächst die in Abschnitt 15.1, »Der vollständige Satz beim Würfeln«, berechnete Wartezeit für das Würfeln. In der Zeile mit $n = 6$ finden wir die zuvor berechnete Zahl 14,7.

n	H_n	Mittlere Wartezeit $n \cdot H_n$
1	1	1,0
2	1,5000	3,0
3	1,8333	5,5
4	2,0833	8,3
5	2,2833	11,4
6	2,4500	14,7
7	2,5929	18,2
8	2,7179	21,7
9	2,8290	25,5
10	2,9290	29,3
•	•	•
671	7,0867	4755,2
672	7,0882	4763,3
673	7,0897	4771,4
674	7,0912	4779,5
675	7,0927	4787,6
676	7,0941	4795,6
677	7,0956	4803,7
678	7,0971	4811,8
679	7,0986	4819,9
680	7,1000	4828,0

Abbildung 15.5: Mittlere Wartezeit in Abhängigkeit von n

In der Zeile $n = 680$ finden wir als mittlere Wartezeit für den vollständigen Satz der Panini-Bilder die Zahl 4828. Der Panini-Verlag verkauft also im Mittel jedem Kunden, der sein 680 Bilder umfassendes Album füllen will, 4828 Bilder. Ein Bild kostet 0,14 €, so dass Kosten von 0,14 € · 4828 = 675,92 € entstehen – ein lohnendes Geschäft für Panini.

Es kommt aber noch besser: Die FIFA hat dafür gesorgt, dass bei der WM 2026 erstmals 48 Teams antreten. Das sind 16 Mannschaften mehr als bisher. Panini hat ein Sammelalbum zur WM angekündigt. Für wie viele Bilder dieses Album ausgelegt ist, war zur Fertigstellung dieses Buches noch nicht bekannt. Aber mit dem Tabellenblatt, das Sie im nächsten Abschnitt anfertigen werden, können Sie auch für kommende Weltmeisterschaften die mittlere Anzahl der Bilder für den vollständigen Satz berechnen.

15.3 Erstellen Sie das Tabellenblatt der Abbildung 15.5

Auch dieses Tabellenblatt ist schnell angelegt und ausgefüllt: Tragen Sie in die Zellen A2, B2 und D2 jeweils 1 ein. Schreiben Sie in die Zellen der 3. Zeile die angegebenen Formeln: `=A2+1`; `=B2+1÷A3`; `=A3×B3`. Füllen Sie dann nach unten aus.

Kontrollieren Sie, ob sich für $n = 680$, den Wert, den wir schon aus dem vorigen Abschnitt kennen, die Wartezeit 4828 ergibt. Jetzt können Sie für einen beliebigen n-Wert die mittlere Wartezeit in der Spalte D ablesen. Oder Sie überlegen sich andersherum, wie viel Wartezeit Sie investieren möchten, und suchen danach Ihr nächstes Sammelalbum aus.

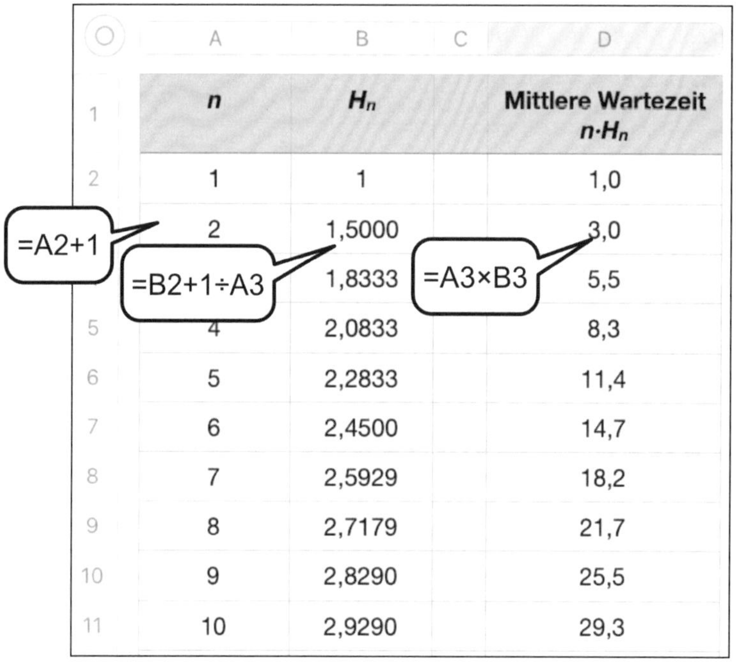

	A	B	C	D
1	n	H_n		Mittlere Wartezeit $n \cdot H_n$
2	1	1		1,0
	2	1,5000		3,0
		1,8333		5,5
5	4	2,0833		8,3
6	5	2,2833		11,4
7	6	2,4500		14,7
8	7	2,5929		18,2
9	8	2,7179		21,7
10	9	2,8290		25,5
11	10	2,9290		29,3

Abbildung 15.6: Tabellenblatt der Abbildung 15.5

Kapitel 16

Wahrscheinlichkeiten beim Warten auf den ersten Erfolg

Wie lange dauert es, bis ich beim Spiel »Mensch ärgere dich nicht!« die erste Sechs würfle, bis beim Roulette eine bestimmte Zahl ausgespielt wird, bis ich im Lotto endlich gewinne?

16.1 Warten auf die erste 6 beim »Mensch ärgere dich nicht!«

Abbildung 16.1: Das »Mensch ärgere dich nicht!«-Spiel

Beim Spiel »Mensch ärgere dich nicht!« darf man die eigene Spielfigur erst bewegen, nachdem man die erste 6 gewürfelt hat. Das geht manchmal sehr schnell, dauert bisweilen aber auch quälend lange. Für den Einzelfall ist es nicht möglich, eine Voraussage zu machen, wie lange auf die erste 6 gewartet werden muss. Dagegen ist es möglich zu sagen, wie lange es durchschnittlich dauert, bis der erste Erfolg eintritt. Dieses Problem wurde bereits in Kapitel 5, »Wie viele Leben besitzt eine Pfandflasche?«, gelöst, als es um Pfandflaschen und deren Rückgabe ging. Abbildung 16.2 kennen Sie schon aus Kapitel 5.

Dort wurde gezeigt, dass die mittlere Dauer der Irrfahrt gleich $m = \frac{1}{p}$ ist, wenn im Knoten 1 gestartet wird. Hier bedeutet der Knoten 1 jetzt, dass noch keine 6 gewürfelt wurde.

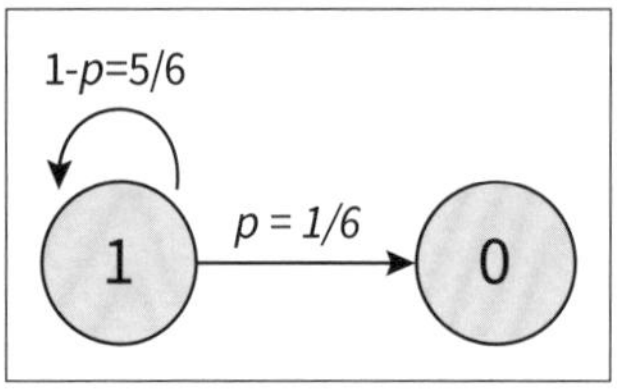

Abbildung 16.2: Warten auf den ersten Erfolg

Solange man sich im Knoten 1 befindet, wartet man auf die erste 6. Diese erscheint mit der Wahrscheinlichkeit $p = \frac{1}{6}$. Deshalb ist die mittlere Dauer, bis die erste 6 gewürfelt wird, gleich $m = \frac{1}{\frac{1}{6}} = 6$.

Es gibt viele verwandte Fragestellungen:

- Wie lange dauert es beim Roulette, bis zum ersten Mal eine bestimmte Zahl ausgespielt wird?
- Wie lange muss man beim Lottospiel auf den ersten Erfolg warten?
- Wie oft wird eine Pfandflasche im Mittel wieder verwendet, bis sie das erste Mal nicht mehr zurückgegeben wird?
- Wie viele Menschen muss ich durchschnittlich befragen, bis ich jemanden finde, der farbenblind ist oder am gleichen Tag Geburtstag hat wie ich?

Bei unserem »Mensch ärgere dich nicht!«-Beispiel soll uns jetzt nicht die mittlere Dauer, sondern die Wahrscheinlichkeit für bestimmte Ereignisse bei der Irrfahrt auf dem Graphen der Abbildung 16.2 beschäftigen.

Zuerst wird die Frage geklärt, mit welcher Wahrscheinlichkeit die erste 6 beim 1., 2., 3., ... Wurf auftritt.

Beim ersten Wurf erscheint die 6 mit der Wahrscheinlichkeit $\frac{1}{6}$.

Soll die erste 6 beim zweiten Wurf auftreten, darf der erste Wurf keine 6 geliefert haben, jedoch der zweite Wurf. Die Wahrscheinlichkeit dafür ist $\frac{5}{6} \cdot \frac{1}{6}$. Hier wurde zur Berechnung die erste Pfadregel verwendet. Näheres zu den Pfadregeln finden Sie in Kapitel 23, »Die Einstandregelung«.

Die Wahrscheinlichkeit, dass die erste 6 beim dritten Wurf auftritt, ist $\left(\frac{5}{6}\right)^2 \cdot \frac{1}{6}$.

Die Wahrscheinlichkeit, dass die erste 6 beim *n*. Wurf auftritt, ist $\left(\frac{5}{6}\right)^{n-1} \cdot \frac{1}{6}$.

In Tabelle 16.1 sieht man die Wahrscheinlichkeiten $\left(\frac{5}{6}\right)^{n-1} \cdot \frac{1}{6}$

für *n* von 1 bis 10 tabelliert. Die graphische Darstellung zeigt Abbildung 16.3.

n	***P*(erste 6 beim *n*. Wurf)**
1	0,16667
2	0,13889
3	0,11574
4	0,09645
5	0,08038
6	0,06698
7	0,05582
8	0,04651
9	0,03876
10	0,03230

Tabelle 16.1: Wahrscheinlichkeit für die erste 6 genau beim n. Wurf

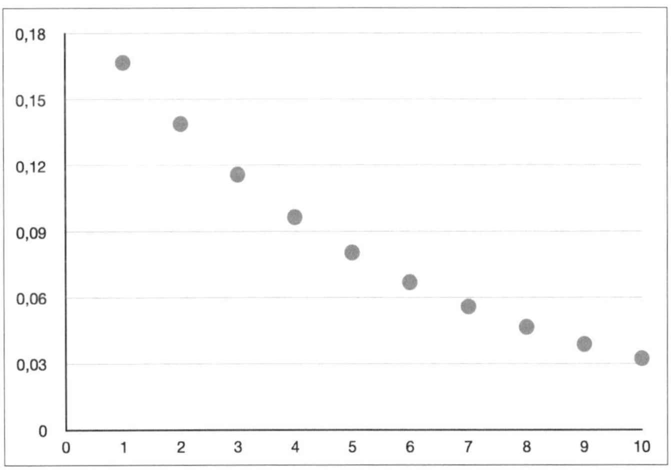

Abbildung 16.3: Graphische Darstellung der Daten aus Tabelle 16.1

Der Tabelle 16.1 kann man entnehmen, dass die Wahrscheinlichkeit, der ersten 6 beim zehnten Wurf zu begegnen, etwa 3 % ist. Das ist recht unwahrscheinlich. Trotzdem kommt es häufig vor, dass die Wartezeit auf die erste 6 so lange ist. Eifrige »Mensch ärgere dich nicht!«-Spieler können das bestätigen. Wie passt das zusammen?

Erscheint beim zehnten Wurf die erste 6, hat man das Ereignis *A*: »Die erste 6 kommt frühestens beim zehnten Wurf« beobachtet. Die Wahrscheinlichkeit für dieses Ereignis ist gleich

$\left(\frac{5}{6}\right)^9 \cdot \frac{1}{6} + \left(\frac{5}{6}\right)^{10} \cdot \frac{1}{6} + \left(\frac{5}{6}\right)^{11} \cdot \frac{1}{6} + \dots$. Man kann diese Summe aus unendlich vielen Summanden mit etwas Kenntnis über unendliche Reihen berechnen – oder einfacher über das Gegenereignis.

Das Gegenereignis von A ist $\bar{A}$: »Die erste 6 kommt beim ersten Wurf oder beim zweiten Wurf oder ... beim neunten Wurf.« Die Wahrscheinlichkeit für das Gegenereignis ist

$$P(\bar{A}) = \frac{1}{6} + \frac{5}{6} \cdot \frac{1}{6} + \left(\frac{5}{6}\right)^2 \cdot \frac{1}{6} + \dots + \left(\frac{5}{6}\right)^8 \cdot \frac{1}{6}$$

Damit ergibt sich die Wahrscheinlichkeit für das Ereignis A zu

$$P(A) = 1 - \left(\frac{1}{6} + \frac{5}{6} \cdot \frac{1}{6} + \left(\frac{5}{6}\right)^2 \cdot \frac{1}{6} + \dots + \left(\frac{5}{6}\right)^8 \cdot \frac{1}{6}\right) \approx 1 - 0{,}8061$$

$$\approx 0{,}1938$$

Die Wahrscheinlichkeit, dass die erste 6 beim zehnten Wurf oder später erscheint, ist deshalb etwa 19,4 %. Dies erklärt den Unterschied zu der Wahrscheinlichkeit, dass die erste 6 genau beim 10. Wurf erscheint, die wir uns weiter oben angeschaut haben. Mit einer Wahrscheinlichkeit von 80,6 % würfeln Sie also in den ersten neun Würfen Ihre erste 6 und können damit starten, das Spielfeld unsicher zu machen. Das ist gar keine schlechte Quote, oder?

16.2 Die Wahrscheinlichkeit für die erste 6 in drei Würfen

Beim »Mensch ärgere dich nicht!«-Spiel darf man zu Beginn bis zu dreimal hintereinander würfeln, um die erste 6 zu bekommen. Im Gegensatz zu nur einem Versuch ist das eine großzügige Regelung. Wie großzügig dies wirklich ist, können Sie hier selbst berechnen.

Dazu müssen Sie die Wahrscheinlichkeit $\frac{1}{6} + \frac{5}{6} \cdot \frac{1}{6} + \left(\frac{5}{6}\right)^2 \cdot \frac{1}{6}$ berechnen, die angibt, dass die erste 6 beim ersten, zweiten oder dritten Wurf erscheint. Füllen Sie die Zelle B2 des Tabellenblatts wie angegeben aus: `=POTENZ(5÷6;A2-1)×1÷6`. Füllen Sie dann nach unten aus. Danach können Sie in der Zelle C2 die Summe von B1, B2 und B3 bilden. Das ist die gesuchte Wahrscheinlichkeit. Diese beträgt immerhin 42,1 %, was viel großzügiger ist, als wenn man nur einmal würfeln dürfte.

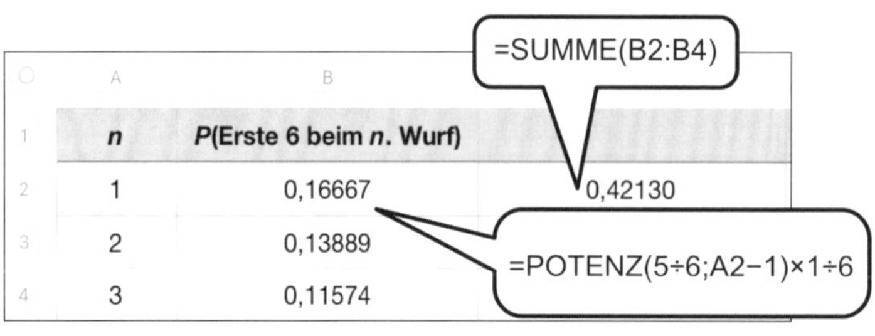

	A	B	C
1	***n***	**P(Erste 6 beim *n*. Wurf)**	
2	1	0,16667	0,42130
3	2	0,13889	
4	3	0,11574	

Abbildung 16.4: Berechnung der Wahrscheinlichkeit für die erste 6 in drei Würfen

Kapitel 17

Der Zufall ist nicht unsere Welt

In den nächsten Abschnitten werden Situationen betrachtet, in denen Sie die Intuition, mit der Sie sonst Dinge souverän beurteilen, in die Irre führt.

17.1 Zufallsrechtecke

Ich möchte Sie zu einem kleinen Experiment einladen (Idee nach [ERI]), mit dem Sie (hoffentlich) etwas über sich selbst lernen können. Stellen Sie sich vor, dass Sie zwei Zahlen x und y kennen, jede der beiden Zahlen soll größer als null, aber kleiner als eins sein. So könnten z. B. $x = 0{,}766$ und $y = 0{,}383$ Ihre beiden Zahlen sein.

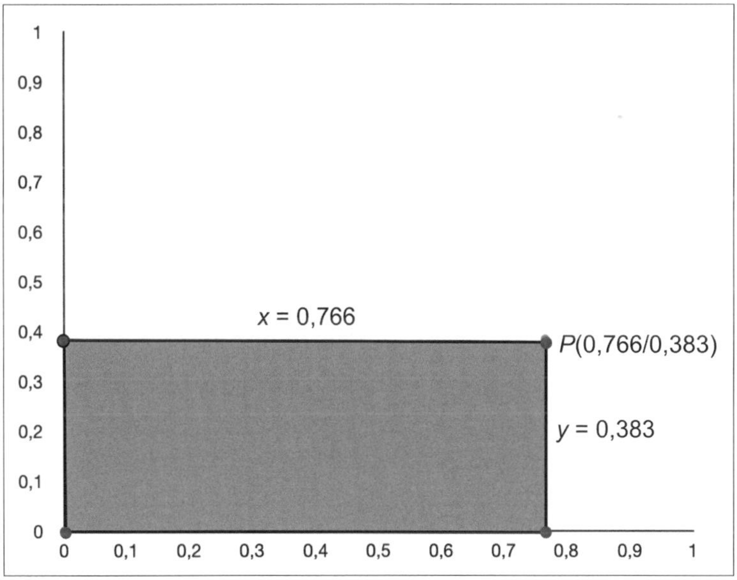

Abbildung 17.1: Die Zahlen x und y erzeugen ein Rechteck.

In Abbildung 17.1 sehen Sie, dass x und y ein Rechteck erzeugen. Stellen Sie sich weiter vor, dass Sie nicht nur ein Zahlenpaar $(x|y)$ betrachten, sondern 1000 solcher Zahlenpaare, also 1000 Rechtecke. Dabei sollen die Zahlen x und y jeweils vom Zufall erzeugte Zahlen zwischen 0 und 1 sein.

Würden wir nun jedes dieser 1000 Rechtecke wie in Abbildung 17.1 darstellen, würde ein ziemliches Durcheinander von Linien entstehen. Zur Vereinfachung zeichnen wir nicht die ganzen Rechtecke, sondern nur jeweils den oberen rechten Eckpunkt $P(x|y)$ des

Rechtecks als Stellvertreter für das ganze Rechteck. Jeder Punkt in dem dargestellten Zeichenbereich hat die Chance, als Punkt $P(x|y)$ aufzutreten. Was dann dabei entsteht, wird Sie nicht überraschen:

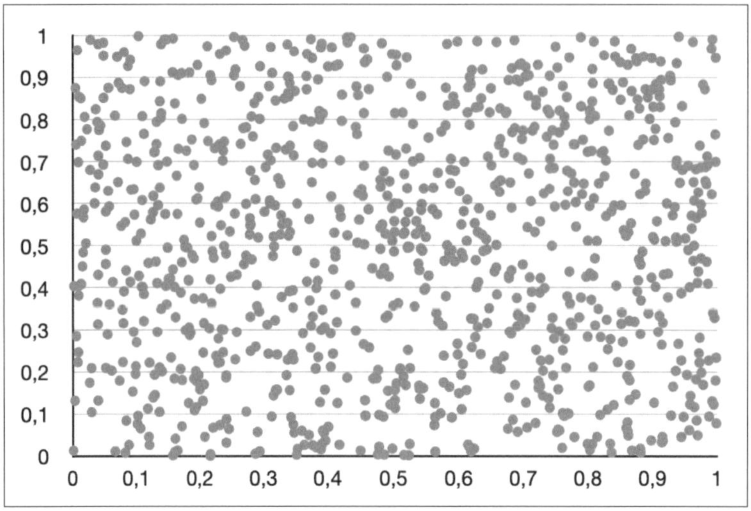

Abbildung 17.2: 1000 Rechtecke, jeweils durch P(x|y) dargestellt

Jetzt kommt Ihre Aufgabe: Gerade eben wurde in der Darstellung für jedes Zahlenpaar $(x|y)$ der Wert y über dem Wert x aufgetragen. Dies lieferte die Abbildung 17.2.

Jetzt wollen wir uns mit den Flächeninhalten der Rechtecke beschäftigen, die in Abbildung 17.2 symbolhaft dargestellt wurden. Sie wissen, dass zu jedem der Punkte $P(x|y)$ ein Rechteck mit den Seitenlängen x und y gehört, das heißt ein Rechteck mit dem Flächeninhalt $A = x \cdot y$. In Abbildung 17.2 waren die Punkte dadurch entstanden, dass auf der Rechtswertachse x und auf der Hochwertachse y abgetragen wurden. In einer neuen Abbildung sollen für jedes der Zahlenpaare $(x|y)$ auf der Rechtswertachse x und auf der Hochwertachse der Flächeninhalt $A = x \cdot y$ des zugehörigen Rechtecks aufgetragen werden. Technisch wird das dadurch gelöst, dass zunächst eine Zufallszahl aus dem Intervall [0;1] erzeugt wird, die x darstellt. Dieser Wert wird dann mit einer zweiten Zufallszahl aus [0;1] (dem y) multipliziert, so dass man den Flächeninhalt $A = x \cdot y$ erhält. Jetzt sollen Sie sich überlegen, wie diese neue Abbildung aussieht.

Denken Sie daran, dass der Flächeninhalt A als Produkt zweier Zahlen, die zwischen 0 und 1 liegen, auch jeden Wert zwischen 0 und 1 annehmen kann.

Jede Person, die ich bisher mit dieser Frage konfrontiert habe, hat geantwortet, dass eine Abbildung wie Abbildung 17.2 zu erwarten ist. Natürlich kann es sein, dass ich zu wenige oder nicht die richtigen Menschen kenne. Aber war diese Antwort nicht das, was auch Sie intuitiv vermutet hatten?

Das ist auch naheliegend und entspricht unserer Denkweise. Man nennt dies *Anker- und Anpassungsheuristik*: Sollen wir in einer unbekannten Situation eine Entscheidung treffen, denken wir über ähnliche Probleme nach und entscheiden uns dann für die bei diesen Problemen bewährte Lösung. Im vorliegenden Fall war Abbildung 17.2 die bewährte Lösung, die wir dann auf das ähnliche Problem übertragen haben. Aber das ist falsch!

In Abbildung 17.3 sehen Sie, was sich ergibt. Zunächst versteht man nicht, wieso das abgebildete Dreieck entsteht.

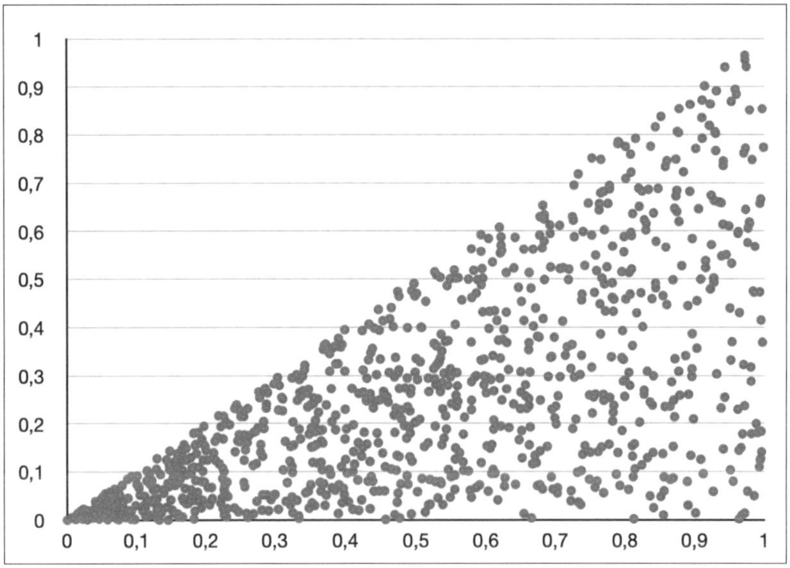

Abbildung 17.3: Der Flächeninhalt A wird über x aufgetragen.

Die Erklärung ist dagegen höchst einfach. Für die Zahl y gilt

$0 < y < 1$

Multipliziert man diese Ungleichung mit der Zahl x (die ebenfalls zwischen 0 und 1 liegt), so ergibt sich:

$0 \cdot x < y \cdot x < 1 \cdot x$, das heißt

$0 < A < x$

Diese kleine Rechnung zeigt, dass der Flächeninhalt A zwar jeden Wert zwischen 0 und 1 annehmen kann, aber stets kleiner als x ist. Also liegen die Werte von A unterhalb der von $f(x) = x$ gebildeten Diagonalen des abgebildeten Zeichenbereichs.

17.2 Stellen Sie ein Streudiagramm her

Mithilfe einer Tabellenkalkulation können Sie die Abbildungen aus Abschnitt 17.1, »Zufallsrechtecke«, selbst erzeugen.

Weil Sie 1000 Paare von Zufallszahlen erzeugen sollen, müssen Sie ein Tabellenblatt mit 1001 Zeilen anlegen.

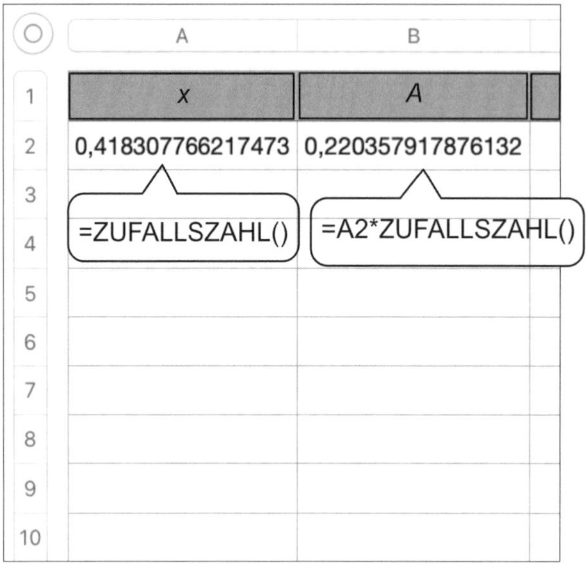

Abbildung 17.4: Tabellenblatt für die Abbildung 17.3

Tragen Sie `=ZUFALLSZAHL()` in die Zelle A2 ein. Schreiben Sie `=A2*ZUFALLSZAHL()` in die Zelle B2. Dadurch bilden Sie das Produkt von x mit einer Zufallszahl y, das heißt den Flächeninhalt.

Füllen Sie die Zellen A2 und B2 nach unten aus und erstellen Sie dann ein Streudiagramm für die Spalten A und B.

Eine Anleitung für die Tabellenkalkulation finden Sie in Kapitel 27, »Grundbegriffe der Tabellenkalkulation«.

17.3 Münzwürfe

Das einfachste Zufallsexperiment, das Sie ausführen können, ist ein Münzwurf. An Wochenenden werden solche Zufallsexperimente zuhauf durchgeführt. Bei jedem Fußballspiel wirft der Unparteiische eine Münze, die entscheidet, auf welches Tor welche Mannschaft in der ersten Halbzeit spielt. Auch im Fall eines Elfmeterschießens am Ende der Spielzeit wird durch einen Münzwurf entschieden, welche Mannschaft den ersten Elfmeter durchführt.

Ihre Aufgabe ist es nun, selbst Münzwürfe zu veranstalten. Führen Sie mit einer Ein-Euro-Münze 20 Münzwürfe durch. Natürlich möchte ich Ihre Zeit nicht ungebührlich verplempern, deshalb dürfen Sie diese Aufgabe mit einem Coin Flipper erledigen. Gehen Sie auf die Webseite *RANDOM.ORG*. Dort finden Sie den Coin Flipper unter dem Punkt **FREE services**.

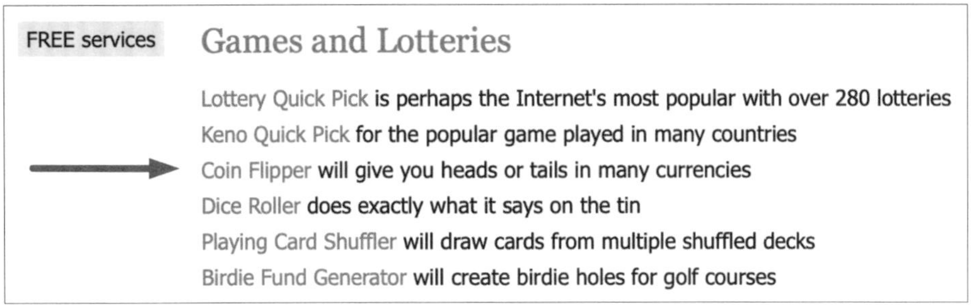

Abbildung 17.5: Menü auf der Seite RANDOM.ORG

Wählen Sie den Coin Flipper aus, stellen Sie 20 Würfe ein und lassen Sie das System wiederholt die 20 Münzen werfen. Achten Sie dabei darauf, ob lange Serien von Wappen oder Zahl auftreten.

Abbildung 17.6: Ein 20-facher Münzwurf

In Abbildung 17.6 sehen Sie einen 20-fachen Münzwurf. Ab der zweiten Zeile tritt »Zahl« elfmal in Serie auf. Kann das sein, oder stimmt etwas mit dem Coin Flipper nicht? Wenn Sie Letzteres glauben, dann sind Sie in guter Gesellschaft mit den vielen Menschen, die dem Webseitenbetreiber geschrieben haben, dass zu lange Serien beim Coin Flipper auftreten.

Aus mathematischer Sicht ist das Auftreten langer Serien aber nicht ungewöhnlich. Ich versuche zu erklären, warum Sie das stört.

Stellen Sie sich vor, dass Sie an einem Bahnübergang stehen und das Vorbeifahren eines Güterzugs beobachten. Sie sehen eine lange Serie von Wagen, Wagen, Wagen, ... Nach einiger Zeit denken Sie, dass diese Serie ein Ende haben muss. Damit haben Sie recht. Züge können nicht unendlich lang sein. Deshalb steigt bei jedem beobachteten »Wagen« die Wahrscheinlichkeit, dass als Nächstes »kein Wagen« kommt, dass die Serie der Wagen also ein Ende hat. Diese Alltagserscheinung prägt Sie.

Mit diesem intuitiven Wissen beobachten Sie nun Münzwürfe, die eine lange Serie von »Wappen« liefern. Ihr Unterbewusstsein veranlasst Sie zu glauben, dass wie bei einem Güterzug die Serie bald zu Ende sein muss. Das ist aber nicht richtig. Bei jedem Münzwurf ist die Wahrscheinlichkeit für das Erscheinen von Wappen gleich $\frac{1}{2}$, egal wie viele Wappen zuvor erschienen sind. Dieses Verhalten ist Ihnen im Alltag noch nicht begegnet.

Es sind nicht nur Güterzüge, die Sie aufs falsche Gleis führen. Hier ein weiteres Beispiel: Bei einer Serie von »Regentag, Regentag, Regentag, ...« können Sie sicher sein, dass sich die Wahrscheinlichkeit für das Auftreten eines »Sonnentags« allmählich vergrößert.

Wie Sie hier sehen, sind Ihre im Alltag erworbenen Vorstellungen hinderlich, wenn es um die Beurteilung eines Zufallsgeschehens geht, für das ganz andere Regeln gelten.

17.4 Ein Tabellenblatt für die maximale run-Länge

Führen Sie 1000 Münzwürfe durch und ermitteln Sie die größte Länge der Serien von »Wappen« beziehungsweise »Zahl«. In der Mathematik nennt man solche Serien *runs*. Zum Ausprobieren fangen Sie erst einmal mit 20 Münzwürfen an – wie in Abbildung 17.7. Damit können Sie besser kontrollieren, ob das Tabellenblatt macht, was es soll.

Tragen Sie in die Zelle A2 eine 1 ein. Schreiben Sie dann `=A1+1` in die Zelle A3 und füllen Sie dann nach unten bis zur Zelle A21 aus. Damit haben Sie die in der Spalte B erzeugten Ergebnisse der Münzwürfe nummeriert.

In die Zelle B2 schreiben Sie `=ZUFALLSBEREICH(0;1)`.

Mit der Funktion `ZUFALLSBEREICH(a;b)` erzeugen Sie ein ganzzahlige Zufallszahl zwischen *a* und *b* einschließlich. Das wir nur Nullen und Einsen wollen, stellvertretend für »Wappen« und »Zahl«, ist `ZUFALLSBEREICH(0;1)` die richtige Wahl.

Füllen Sie die Zelle B2 nach unten aus. Das liefert unsere Zufallsfolge.

Schreiben Sie 0 in die Zelle C2. Die 0 gibt den Beginn des ersten runs an. Die für die Zelle C3 angegebene und nach unten ausgefüllte Anweisung (`WENN(B2="";"";WENN(B2≠B3;0;1))`) sorgt dafür, dass immer zu Beginn eines neuen runs eine 0 eingetragen wird.

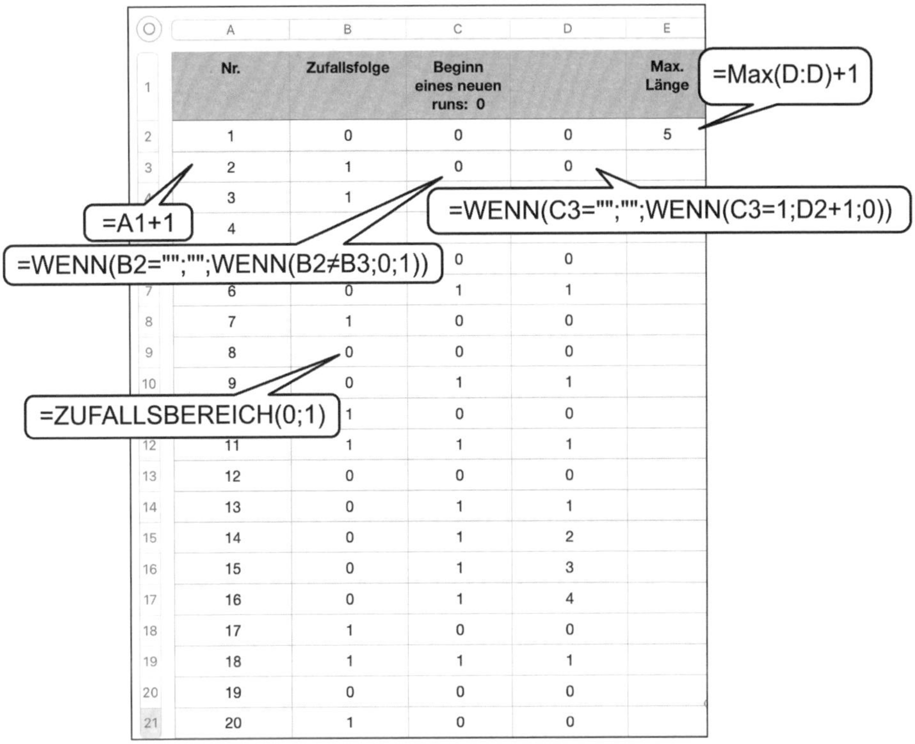

Abbildung 17.7: Tabellenblatt zur Bestimmung der maximalen run-Länge

Die Anzahl der Einsen zwischen zwei Nullen in der Spalte C ist dann genau um 1 kleiner als die Länge des gerade betrachteten runs. Diese Anzahl wird in der Spalte D gebildet. Dazu tragen Sie in Zelle D2 eine 0 ein und beschriften dann die Zelle D3 wie angegeben `=WENN(C3="";"";WENN(C3=1;D2+1;0))`. Anschließend füllen Sie nach unten aus.

Zuletzt bilden Sie in der Zelle E2 das Maximum der Zahlen aus der Spalte D und addieren 1. Das ist die maximale run-Länge. In der Abbildung finden Sie den run mit der maximalen Länge in den Zellen B13 bis B17.

Funktioniert Ihr Tabellenblatt, können Sie dieses auf eine Zufallsfolge der Länge 1000 ausweiten und beobachten, dass lange runs, entgegen der Erwartung, auftreten.

17.5 Junge oder Mädchen?

Nach vielen Jahren besuchen Sie eine Freundin, mit der Sie lange keinen Kontakt mehr hatten. Diese erzählt stolz, dass sie inzwischen zweifache Mutter ist. In diesem Augenblick geht eines der Kinder durchs Zimmer. Es ist ein Junge. Sie stellen sich die Frage, mit welcher Wahrscheinlichkeit das zweite Kind auch ein Junge ist.

Was glauben Sie?

Sie wissen natürlich nicht, ob das Kind, das durchs Zimmer ging, das ältere oder das jüngere ist. Sie wissen lediglich, dass eines der zwei Kinder ein Junge ist.

Jungen- und Mädchengeburten sind gleich wahrscheinlich, und das Geschlecht des einen Kindes hat nichts mit dem Geschlecht des anderen Kindes zu tun. Also ist es naheliegend zu sagen, dass das andere Kind mit einer Wahrscheinlichkeit von 50 % auch ein Junge ist.

Falls Sie auch so denken, liegen Sie falsch!

Für die Geschlechterverteilung von zwei Kindern gibt es vier Möglichkeiten:

(Mädchen, Mädchen), (Mädchen, Junge), (Junge, Mädchen) und (Junge, Junge).

Dabei bezeichnet die erste Position in jedem Paar das ältere Kind. Weil bekannt ist, dass eines der Kinder ein Junge ist, scheidet die Möglichkeit (Mädchen, Mädchen) aus. Übrig bleiben:

(Mädchen, Junge), (Junge, Mädchen), (Junge, Junge).

In einem dieser drei Fälle ist auch das andere Kind ein Junge. Die gesuchte Wahrscheinlichkeit ist deshalb gleich $\frac{1}{3}$.

Wäre bekannt gewesen, dass das ältere Kind ein Junge ist, dann hätte es nur die Möglichkeiten (Junge, Mädchen) und (Junge, Junge) zur Auswahl gegeben. Vor dem Hintergrund dieses Wissens ist die Wahrscheinlichkeit, dass beide Kinder Jungen sind, gleich $\frac{1}{2}$.

17.6 Fazit

In den Beispielen dieses Kapitels haben Sie vielleicht bemerkt, dass uns unser Denken bei Themen der Wahrscheinlichkeitsrechnung oft im Stich lässt. Woran liegt das?

Daniel Kahnemann (1934–2024), Psychologe und Nobelpreisträger für Wirtschaft, kann uns hier weiterhelfen. In seinem Buch »Thinking fast and Slow« (»Schnelles Denken, langsames Denken«) beschreibt er, dass in unserem Kopf, bildlich gesprochen, zwei Hirne aktiv sind:

- Ein System 1, auch Intuition genannt, ist für das schnelle Denken zuständig. Dies erfolgt automatisch, unbewusst, ohne willentliche Steuerung und ist häufig aktiv.
- Ein System 2, das langsam ist, anstrengend, bewusst, berechnend und selten aktiv.

Sie alle kennen Reaktionen, die vom System 1 gesteuert werden. Wenn Sie in einem Restaurant die freie Platzwahl haben, werden Sie sich meist so setzen, dass Sie eine Wand im Rücken und den Blick auf den Eingang haben. Das geschieht unbewusst und ist als Erbe aus der Urzeit vorhanden. Den Menschen, die vor vielen Jahrtausenden lebten, war es wichtig, aus ihrer Höhle den Blick auf den Eingang zu haben, denn einem Säbelzahntiger oder ähnlichen Unholden wollten sie nicht überrascht begegnen. Solche Strategien, die das Überleben sicherten, hat die Evolution bewahrt, und wir richten uns auch heute noch unbewusst daran aus.

Diese Aufgaben übernimmt das System 1, es übernimmt in Situationen, die für uns neu sind, die Steuerung. Das muss zudem schnell gehen, denn möglicherweise hängt daran das Leben des Individuums. System 1 wird eine über Jahrtausende bewährte Strategie vorschlagen, die dann meist auch von System 2 akzeptiert wird, denn man vertraut ja seinen Eindrücken. Das funktioniert meistens auch wunderbar – geht es jedoch um Probleme, die in der Geschichte unserer Vorfahren nicht vorhanden waren, dann schlägt System 1 gegebenenfalls etwas vor, was nicht passt, was aber trotzdem von System 2 akzeptiert wird. Das sind dann die Fehlschlüsse, die uns im Zusammenhang mit Problemen der Wahrscheinlichkeitsrechnung passieren. Solche Fehlschlüsse kennen Sie aus Abschnitt 17.3, »Münzwürfe«, und Abschnitt 17.5, »Junge oder Mädchen?«.

Was lässt sich dagegen tun? Die einzige Möglichkeit besteht darin, selbst Erfahrungen mit dem Zufall zu machen, quasi als Ersatz für die fehlende Erfahrung im Rahmen der Evolution. Dazu will dieses Buch einen Beitrag leisten. In den einzelnen Kapiteln werden Beispiele zum Zufallsgeschehen vorgestellt – mit dem Ziel, die Erfahrung des Lesers, der Leserin so zu bereichern, dass er beziehungsweise sie zukünftig zufällige Ereignisse besser einschätzen kann.

Kapitel 18
Was ist denn jetzt Zufall und was ist Wahrscheinlichkeit?

In diesem Kapitel wird ein Vokabular für Vorgänge mit dem Zufall erstellt. Außerdem werden die Axiome für die Wahrscheinlichkeiten vorgestellt.

18.1 Zufallsexperimente und Ereignisse

Die Frage, was Zufall und Wahrscheinlichkeit eigentlich sind, ergibt sich nach den bisher betrachteten Kapiteln zwangsläufig. Vielleicht haben Sie sich beim Lesen schon geärgert, dass diese Frage noch nicht beantwortet wurde. Leider muss ich Sie enttäuschen: Auch in diesem Kapitel erhalten Sie hierauf keine Antwort.

Um zu verdeutlichen, warum die Antwort ausbleiben muss, schauen wir uns einmal ein Schachspiel an. Spielen Sie lieber Skat, können Sie auch dieses Spiel betrachten. Beim Schach wird nicht erklärt, was ein Turm, der König oder die Dame ist. Es werden lediglich Regeln dafür formuliert, wie die einzelnen Figuren agieren. Was ist ein Ass beim Skatspiel? Auch das ist nicht erklärt. Es ist nur festgelegt, welchen Wert diese Karte hat. Dieser Situation begegnen wir auch in der Geometrie: Was ist denn ein Punkt?

Auch in der Wahrscheinlichkeitstheorie ist es nicht anders. Was Zufall und was Wahrscheinlichkeit ist, wird nicht gesagt. Aber es werden Regeln aufgestellt, die für den Zufall gelten. Bevor solche Regeln jedoch entwickelt werden können, brauchen wir erst einmal ein angemessenes Vokabular zur Beschreibung von Situationen, in denen der Zufall überhaupt auftritt.

Einer der grundlegenden Begriffe ist der des *Zufallsexperiments*. Einige Beispiele für Zufallsexperimente sind:

- der Wurf mit einem Würfel
- die Geburt eines Kindes
- das Fußballspiel von Verein A gegen Verein B

Ein Zufallsexperiment hat Ausgänge. Für unsere drei Beispiele sind dies

- 1, 2, 3, 4, 5, 6
- Mädchen, Junge
- A gewinnt (1), B gewinnt (2), das Spiel endet unentschieden (0)

Die gerade aufgezählten Ausgänge des Zufallsexperiments nennt man in der Fachsprache die *Ergebnisse*. Welches dieser Ergebnisse bei der Durchführung des Zufallsexperiments eintritt, steht nicht fest. Mathematisch wird ein Zufallsexperiment zuerst durch die Menge der möglichen Ergebnisse beschrieben. Für unsere drei Beispiele werden die Ergebnisse jeweils zu einem *Ergebnisraum* zusammengefasst. Dieser ist eine Menge, die üblicherweise mit Ω bezeichnet wird.

- $\Omega = \{1, 2, 3, 4, 5, 6\}$
- $\Omega = \{M, J\}$
- $\Omega = \{0, 1, 2\}$

Aussagen, die mit dem Ausgang eines Zufallsexperiments verbunden sind, können durch Teilmengen des Ergebnisraums beschrieben werden. Eine solche Teilmenge nennt man ein *Ereignis*.

Beispiel 1

Würfelwurf

Ergebnisraum: $\Omega = \{1, 2, 3, 4, 5, 6\}$

Aussage: Das Ergebnis ist eine gerade Zahl

Ereignis: $A = \{2, 4, 6\} \subset \{1, 2, 3, 4, 5, 6\} = \Omega$

Beispiel 2

Fußballspiel

Ergebnisraum: $\{1, 2, 0\}$

Aussage: Das Spiel endet nicht unentschieden

Ereignis: $A = \{1, 2\}$

Ein Ereignis A ist eingetreten, wenn der Versuchsausgang des Zufallsexperiments ein Element von A ist.

Beispiel 3

Würfelwurf

Ereignis: $A = \{2, 4, 6\}$, das heißt, A stellt die Menge der geraden Zahlen dar, die bei einem Würfelwurf auftreten können.

Ergebnis des Zufallsexperiments: 4

Das Ereignis A ist eingetreten, weil $4 \in A$ gilt.

Abseits der Beispiele 1 bis 3 gibt es zwei wichtige Ereignisse, das *Unmögliche Ereignis* und das *Sichere Ereignis*.

Es ist möglich, dass ein Ereignis kein mögliches Ergebnis des Zufallsexperiments enthält. Was bedeutet das? Betrachtet man das Ereignis, dass ein Würfelwurf das Ergebnis 7 zeigt, dann ist ersichtlich, dass dies nicht möglich ist, denn ein Würfel hat nur bis zu sechs Augen auf einer Seite. Deshalb heißt dieses Ereignis das *Unmögliche Ereignis*. Bezeichnet wird das unmögliche Ereignis durch die leere Menge $\{\}$.

Andererseits gibt es auch ein Ereignis, das alle Ergebnisse enthält. Dieses Ereignis ist natürlich gleich dem Ergebnisraum Ω. Für den Würfelwurf ist dieses Ereignis gleich $\Omega = \{1, 2, 3, 4, 5, 6\}$, denn irgendeine Zahl zwischen 1 und 6 wird der Würfel nach dem Wurf auf jeden Fall zeigen. Dieses Ereignis heißt das *Sichere Ereignis*.

18.2 Beziehungen zwischen Ereignissen

Ereignisse sind Mengen, und von Mengen kennt man verschiedene Relationen und Verknüpfungen. So gibt es von zwei Mengen die *Vereinigungsmenge* $A \cup B$ und die *Schnittmenge* $A \cap B$. Zu der Menge A gibt es das *Komplement* $\bar{A}$.

- In der Sprache der Ereignisse ist $A \cup B$ das Ereignis, das genau dann eintritt, wenn das Ereignis A *oder* das Ereignis B (oder beide) stattgefunden hat.
- $A \cap B$ ist das Ereignis, das genau dann eintritt, wenn das Ereignis A *und* das Ereignis B eingetreten sind.
- $\bar{A}$ ist das Ereignis, das genau dann eintritt, wenn das Ereignis A *nicht* eintritt. $\bar{A}$ heißt deshalb auch das *Gegenereignis* zu A. Beachten Sie, dass $A \cup \overline{A} = \Omega$ gilt.

Beispiel 1

Würfelwurf

A: Eine Zahl kleiner als 4 wird gewürfelt

$A = \{1,2,3\}$

B: Eine Zahl größer als 1 und kleiner als 6 wird gewürfelt

$B = \{2,3,4,5\}$

$A \cup B = \{1, 2, 3, 4, 5\}$

$A \cup B$: Eine von 6 verschiedene Zahl wird gewürfelt

Beispiel 2

Würfelwurf

A: Eine Zahl kleiner als 4 wird gewürfelt;

$A = \{1,2,3\}$

B: Eine Zahl größer als 1 und kleiner als 6 wird gewürfelt

$B = \{2,3,4,5\}$

$A \cap B = \{2,3\}$

$A \cap B$: Eine Zahl größer als 1 und kleiner als 4 wird gewürfelt

Beispiel 3

Würfelwurf

A: Eine 6 wird gewürfelt

$A = \{6\}$

$\bar{A} = \{1,2,3,4,5\}$

$\bar{A}$: Es wird keine 6 gewürfelt

18.3 Axiome der Wahrscheinlichkeit

In der Wahrscheinlichkeitsrechnung versucht man, Ereignissen A Zahlen zuzuordnen. Das sind die Wahrscheinlichkeiten $P(A)$.

Das Ereignis A setzt sich aus einzelnen Ergebnissen zusammen (vgl. Abschnitt 18.1, »Zufallsexperimente und Ereignisse«). Es wird vereinbart, dass $P(A)$ gleich der Summe der Wahrscheinlichkeiten dieser einzelnen Ergebnisse ist.

Erinnern Sie sich daran, was zuvor über Schachspiel und Skat gesagt wurde: Es sind die Regeln, die das Spiel definieren, ohne dass man weiß, was ein König oder ein Herz-Ass ist. So auch hier. Es werden gleich drei Regeln angegeben, aus denen alles Weitere gefolgert werden kann.

David Hilbert (1862–1943), einer der bedeutendsten Mathematiker der Neuzeit, hat diese Situation einmal wie folgt beschrieben:

> *Wenn wir eine bestimmte Theorie näher betrachten, so erkennen wir allemal, dass der Konstruktion des Fachwerkes von Begriffen einige wenige ausgezeichnete Sätze des Wissensgebietes zugrunde liegen und diese dann allein ausreichen, um aus ihnen nach logischen Prinzipien das ganz Fachwerk aufzubauen.*

Die wenigen Grundregeln, die man in der Mathematik auch *Axiome* nennt, sind für die Wahrscheinlichkeitsrechnung die folgenden:

Axiome der Wahrscheinlichkeit

1. Zu jedem Ereignis A gibt es eine Zahl $P(A)$, das ist die Wahrscheinlichkeit dieses Ereignisses, die nicht negativ ist: $0 \leq P(A)$.
2. $P(\Omega) = 1$, das heißt, die Wahrscheinlichkeit des sicheren Ereignisses ist 1.
3. Gilt für zwei Ereignisse $A \cap B = \{\}$, dann ist $P(A \cup B) = P(A) + P(B)$.

Wie Hilbert beschrieben hat, lassen sich aus diesen drei grundlegenden Axiomen weitere Beziehungen ableiten. Für zwei Beziehungen, die in diesem Buch schon verwendet wurden, wird dies gezeigt:

a) Es gilt: $P(A) + P(\bar{A}) = 1$

   Diese Beziehung wird zur Berechnung von $P(A)$ häufig verwendet, wenn sich $P(\bar{A})$ leichter berechnen lässt.

   Man kann diese Regel durch die Benutzung der Axiome herleiten.

   Es ist $A \cup \overline{A} = \Omega$ und nach Definition von $\overline{A}$ ist $A \cap \overline{A} = \{\}$.

   Deshalb kann man das Axiom 3 anwenden, außerdem wird Axiom 2 verwendet: $1 = P(\Omega) = \mathrm{P}(A \cup \overline{A}) = P(A) + P(\overline{A})$.

b) Es ist $P(\{\}) = 0$

   Man setzt $A = \{\}$ und $B = \Omega$.

   Weil $A \cap B = \{\}$ gilt, kann man das Axiom 3 verwenden.

   $P(A) + P(B) = P(\{\}) + P(\Omega) = P(\{\} \cup \Omega) = P(\Omega)$

   Aus $P(\{\}) + P(\Omega) = P(\Omega)$ folgt: $P(\{\}) = 0$.

In der Wahrscheinlichkeitsrechnung werden nun für verschiedene Situationen Festsetzungen getroffen, welche die zuvor genannten Axiome erfüllen und so eine Beschreibung der Situation ermöglichen. Solche Festsetzungen nennt man ein *Modell des Axiomensystems*. In den vorigen Abschnitten haben Sie bereits das Laplace-Modell und das Binomialmodell kennengelernt. Die folgenden Abschnitte werden jetzt zeigen, dass es sich bei diesen Modellen um Modelle des Axiomensystems handelt.

18.4 Das Laplace-Modell

Das einfachste dieser Modelle ist das Laplace-Modell, das Ihnen in den vorausgegangenen Kapiteln schon häufiger begegnet ist. Mit ihm lassen sich Würfelwürfe, Roulettespiele oder Münzwürfe beschreiben.

Ω ist in diesem Modell eine endliche Menge aus n Elementen:

$\Omega = \{x_1, x_2, \dots, x_{n-1}, x_n\}$

Jedem dieser Ergebnisse x_i wird die Zahl $p_i = \frac{1}{n}$ zugeordnet, das heißt, die Ergebnisse haben alle dieselbe Wahrscheinlichkeit.

Ein Ereignis A, das z. B. aus den Ergebnissen x_2, x_3, x_5 besteht, bekommt als Wahrscheinlichkeit die Summe p_2, p_3 und p_5 zugeordnet, das heißt in diesem Beispiel $\frac{3}{n}$. Man kann auch sagen, dass $P(A)$ gleich der Anzahl der Elemente in A geteilt durch die Anzahl der Elemente in Ω ist.

Sie kennen bereits verschiedene Anwendungen des Laplace-Modells:

- den Würfelwurf mit $\Omega = \{1,2,3,4,5,6\}$ und $p_i = \frac{1}{6}$.
- das Roulettespiel mit 37 möglichen Ausgängen in einem Spiel, das heißt $\Omega = \{1,2,3,...,36,37\}$ und $p_i = \frac{1}{37}$.
- den Münzwurf mit $\Omega = \{1,2\}$ und $p_i = \frac{1}{2}$.

Jetzt vergewissern wir uns, dass mit der zuvor angegebenen Festlegung die Axiome erfüllt sind.

- zu Axiom 1: Da *n* eine natürliche Zahl ist, gilt $0 < p_i$ für alle *i*. Also sind auch die Summen der p_i nicht negativ.
- zu Axiom 2: Ist *A* das sichere Ereignis, dann gilt
  $P(A) = P(\Omega) = p_1 + \cdots + p_n = \frac{1}{n} + \cdots + \frac{1}{n} = \frac{n}{n} = 1.$

Damit haben wir schon einmal nachgewiesen, dass Axiom 1 und Axiom 2 erfüllt sind. Es folgt der Nachweis von Axiom 3.

- Sind *A* und *B* Ereignisse, die kein Element gemeinsam haben, und enthält *A* beispielsweise *r* Elemente und *B s* Elemente, dann enthält $A \cup B$ natürlich $r + s$ Elemente, womit die Gültigkeit von Axiom 3 gezeigt ist.

Mit diesen Beweisen haben wir demonstriert, dass das Laplace-Modell ein Modell des Axiomensystems ist. In den nächsten Abschnitten werden wir das für andere Modelle auf ähnliche Weise nachweisen.

18.5 Das Binomialmodell

Das Binomialmodell haben Sie schon in Kapitel 10, »›Selbst-Bewichtelung‹ oder das Rencontre-Problem«, kennengelernt. Aber keine Sorge: Zur Auffrischung finden Sie die Definition auch noch einmal im folgenden Kasten.

Das Binomialmodell

Ist $b(k,n,p)$ die Wahrscheinlichkeit, dass sich in einer Kette von *n* Experimenten mit der Wahrscheinlichkeit *p* für »Erfolg«, *k*-mal ein Erfolg einstellt, so gilt
$b(k,n,p) = \binom{n}{k} \cdot p^k \cdot q^{n-k}$, wobei $0 \le k \le n$ *und* $0 \le p,q \le 1$ mit $p + q = 1$.

Dies können Sie nun in einem neuen Licht sehen: als Modell des Axiomensystems. Weil *k* die Werte 0 bis *n* annehmen kann, ist

$\Omega = \{0,1,2,...,n\}$.

Die Wahrscheinlichkeiten $p_k = b(k,n,p) = \binom{n}{k} \cdot p^k \cdot q^{n-k}$

sind alle positiv, denn die einzelnen Faktoren sind positiv. Also ist Axiom 1 erfüllt.

Um die Gültigkeit des Axioms 2 nachzuweisen, muss man zeigen, dass die Summe $p_0 + p_1 + p_2 ... + p_n$ den Wert 1 hat. Es ist $1 = p + q$. Dann gilt natürlich auch $1 = (p + q)^n$.

Jetzt gilt es das n-fache Produkt auf der rechten Seite der letzten Gleichung in eine Summe umzuwandeln. Wenn $n = 2$ gilt, so können Sie das sicherlich, denn dann hat man eine der binomischen Formeln vor sich, die im Schulunterricht quälend lange (warum auch immer) behandelt werden.

Für $n = 2$ ergibt sich mit der 1. binomischen Formel:

$$1 = (p+q)^2 = p^2 + 2 \cdot p \cdot q + q^2 = q^2 + 2 \cdot p \cdot q + p^2 = \binom{2}{0} \cdot p^0 \cdot q^2 + \binom{2}{1} \cdot p \cdot q + \binom{2}{2} \cdot p^2 \cdot q^0 = p_0 + p_1 + p_2$$

Für $n = 2$ ist damit alles geklärt.

Jetzt müssen Sie mir einfach glauben, dass es für eine beliebige natürliche Zahl n eine Formel gibt, den binomischen Lehrsatz, mit dem sich $(p + q)^n$ berechnen lässt:

Es ist $1 = (p+q)^n = \sum_{k=0}^{n} \binom{n}{k} p^k q^{n-k} = \sum_{k=0}^{n} p_k$

Also gilt: $\sum_{k=0}^{n} p_k = 1$

Damit ist die Gültigkeit von Axiom 2 gezeigt.

Sind A und B zwei Ereignisse mit der Eigenschaft $A \cap B = \{\}$, so gibt es kein Ergebnis, das in beiden Mengen vorkommt. Deshalb ist die Summe der Wahrscheinlichkeiten der Ergebnisse von $A \cup B$ gleich der Summe $P(A) + P(B)$. Also ist Axiom 3 erfüllt.

18.6 Das Poisson-Modell

Im Folgenden benötigen wir die Zahl *e*. So, wie der häufigste Buchstabe der deutschen Sprache »e« ist und sich damit als unverzichtbar erweist, ist die Zahl *e* für Mathematiker unverzichtbar und von großer Wichtigkeit. Es gibt verschiedene Möglichkeiten, die Zahl *e* zu definieren. Man kann *e* als Grenzwert, eine Folge oder aber als Wert einer unendlichen Reihe definieren. Im nächsten Abschnitt betrachten wir die Grenzwertdefinition für *e*. Wenn Ihnen die Zahl *e* vertraut ist, können Sie den Abschnitt 18.6.1, »Die Zahl ›e‹«, überspringen.

18.6.1 Die Zahl »e«

Wir nehmen einmal an, dass Sie ein Sparkonto angelegt haben, auf dem sich $K = 1000$ € befinden. Bei jährlicher Verzinsung mit dem Zinssatz p hat sich nach einem Jahr das Kapital K um die anfallenden Zinsen $K \cdot p$ vermehrt. In Zeiten niedriger Zinsen gilt z. B. $p = 1$ %. In diesem Fall zeigt Ihr Konto nach einem Jahr den Betrag $K + K \cdot p = K \cdot (1 + p) = 1000$ € $\cdot$ $(1 + 0{,}01) = 1000$ € $\cdot$ $1{,}01 = 1010$ € an. Wir lassen einmal außer Acht, dass der Staat von diesem schmalen Zuwachs einen Teil als Kapitalertragsteuer abzweigt. Sie denken darüber nach, ob dies nicht besser geht, und erinnern sich, dass es auch Anlagen gibt, die jedes halbe Jahr Zinsen ausschütten, die dann zum Kapital hinzukommen und sich im zweiten Halbjahr mitverzinsen. Allerdings gewährt die Bank Ihnen dann nur den Zinssatz $\frac{p}{2}$ pro Halbjahr.

Wieder legen Sie $K = 1000$ € an und erhalten nach einem Jahr folgenden Betrag:

$$K + K \cdot \frac{p}{2} + \left(K + K \cdot \frac{p}{2}\right) \cdot \frac{p}{2} = \left(K + K \cdot \frac{p}{2}\right) \cdot \left(1 + \frac{p}{2}\right) = K \cdot \left(1 + \frac{p}{2}\right)^2 =$$

$$1000\,€ \cdot (1 + 0{,}005)^2 = 1010{,}025\,€$$

Vielleicht können Sie mit Ihrem Bankberater 3 Zinsintervalle verabreden. In diesem Fall haben Sie nach einem Jahr den Betrag $K \cdot (1 + \frac{p}{3})^3 = 1010{,}0334$ € auf Ihrem Konto.

Wie Sie sehen, können Sie durch die Erhöhung der Anzahl der Zinsintervalle Ihr Kapital zum Jahresende erhöhen. Bei r Zinsintervallen steht auf Ihrem Konto am Jahresende der Betrag von $K \cdot (1 + \frac{p}{r})^r$.

Tabelle 18.1 zeigt Ihnen den Kontostand nach einem Jahr bei r Zinsintervallen.

K	**p**	**r**	**Kapital nach 1 Jahr**	**Zuwachs im Vergleich zu r – 1 Intervallen**
1000	0,01	1	1010,000	
		2	1010,0250	0,0250
		3	1010,0334	0,0084
		4	1010,0376	0,0042
		5	1010,0401	0,0025
		6	1010,0418	0,0017
		7	1010,0430	0,0012
		8	1010,0439	0,0009
		9	1010,0446	0,0007
		10	1010,0451	0,0006

Tabelle 18.1: Kapital in Abhängigkeit der Anzahl der Zinsintervalle

In Gedanken können Sie die Anzahl der Zinsintervalle erhöhen, z. B. auf 365, das heißt, die Verzinsung findet jeden Tag statt. Dann finden Sie nach einem Jahr den Betrag von 1010,05 € auf Ihrem Konto.

Eine sekündliche Verzinsung würde Ihnen nach einem Jahr den Betrag von 1010,0502 € bescheren.

Wie Sie in Tabelle 18.1 sehen, wird der Zuwachs des Kapitals von Jahr zu Jahr geringer. Das deutet darauf hin, dass sich das zu erwartende Kapital einem Grenzwert nähert, wenn die Anzahl *r* der Zinsintervalle immer weiter steigt. Eine kontinuierliche Aufteilung des Jahres in Zinsintervalle macht natürlich keine Bank mit. Als Mathematiker kann man dies aber schon durchführen, um zu sehen, was dieses Vorgehen einbringen würde.

Eine kontinuierliche Aufteilung des Jahres in Zinsintervalle bedeutet, dass *r* gegen unendlich geht.

Wir erhalten in diesem Fall am Jahresende den Betrag von $K \cdot \lim_{r \longrightarrow \infty} \left(1 + \frac{p}{r}\right)^r$.

$$K \cdot \lim_{r \longrightarrow \infty} \left(1 + \frac{p}{r}\right)^r = K \cdot \lim_{r \longrightarrow \infty} \left(1 + \frac{1}{m}\right)^{m \cdot p} = K \cdot \left(\lim_{m \longrightarrow \infty} \left(1 + \frac{1}{m}\right)^m\right)^p$$
$$= K \cdot e^p$$

In der letzten Rechnung wurde *m* gleich $\frac{r}{p}$ gesetzt. Es wurde berücksichtigt, dass auch *m* gegen unendlich geht, wenn *r* dies tut. Außerdem wurde $\lim_{m \longrightarrow \infty} \left(1 + \frac{1}{m}\right)^m$ gleich *e* gesetzt. Also erhalten wir für das Kapital nach einem Jahr den Betrag von $K \cdot e^p$, wobei $e = \lim_{m \longrightarrow \infty} \left(1 + \frac{1}{m}\right)^m$ gilt. Den Nachweis für die Existenz dieses Grenzwertes wollen wir uns hier nicht zumuten. Deswegen nehmen wir hier eine Abkürzung: Dieser Grenzwert ist die *eulersche Zahl e*. Diese Zahl ist nach dem Mathematiker Leonhard Euler (1707–1783) benannt. Die Zahl *e* ist irrational und transzendent.

Die eulersche Zahl

Die eulersche Zahl ist gegeben durch $e = \lim_{m \longrightarrow \infty} \left(1 + \frac{1}{m}\right)^m$.

e^x ergibt sich als $\lim_{m \longrightarrow \infty} \left(1 + \frac{x}{m}\right)^m$.

Eine näherungsweise Berechnung von *e* in Abhängigkeit von *m* sehen Sie in Tabelle 18.2.

m	$(1 + 1/m)^m$
1	2
2	2,25
3	2,37037
4	2,44141
5	2,48832

Tabelle 18.2: Näherungsweise Berechnung von e

m	$(1 + 1/m)^m$
100	2,70481
1000	2,71692

Tabelle 18.2: Näherungsweise Berechnung von e (Forts.)

Der auf 5 Nachkommastellen genau berechnete Wert von e ist $e \approx 2{,}71828$.

e – eine weitere Definition

Eine weitere Möglichkeit, e^x sowie die eulersche Zahl e zu definieren, ist gegeben durch

$$e^x = 1 + \frac{x}{1!} + \frac{x^2}{2!} + \frac{x^3}{3!} + \frac{x^4}{4!} + \frac{x^5}{5!} + \cdots$$

Setzt man $x = 1$, so ergibt sich

$$e = 1 + \frac{1}{1!} + \frac{1}{2!} + \frac{1}{3!} + \frac{1}{4!} + \frac{1}{5!} + \cdots$$

18.6.2 Die Poisson-Näherung für *b(n,k,p)*

Lassen Sie sich nicht von dem auf den ersten Blick »wilden« Aussehen der nächsten Zeilen erschrecken. Es werden lediglich Brüche umgeformt und Dinge verwendet, die Sie schon kennen.

Aus Abschnitt 18.5, »Das Binomialmodell«, ist Ihnen bereits der mathematische Ausdruck $b(k, n, p) = \binom{n}{k} \cdot p^k \cdot q^{n-k}$ für das Binomialmodell bekannt. Für diesen Ausdruck gibt es eine Näherung, die in Anwendungen oft benutzt wird. Diese Näherung bewährt sich für den Fall, dass p klein ist (seltenes Ereignis), aber n groß ist. Die mittlere Anzahl der Erfolge ist $n \cdot p$ (vergleichen Sie dazu Abschnitt 9.5, »Die mittlere Anzahl der Rosinen pro Brötchen«). Die Größe $n \cdot p$ bezeichnen wir mit λ.

Die Wahrscheinlichkeit, dass in der Kette von n Experimenten kein Erfolg eintritt, ist $b(0, n, p) = q^n$. Nun ist $q = 1 - p = 1 - \frac{\lambda}{n}$.

Also gilt: $b(0, n, p) = \left(1 - \frac{\lambda}{n}\right)^n$. Jetzt erinnern wir uns an Abschnitt 18.6.1, »Die Zahl ›e‹«, und erhalten die Näherung $b(0, n, p) \approx e^{-\lambda}$, die dann gilt, wenn n groß ist.

Nun betrachten wir den Bruch $\frac{b(k+1,n,p)}{b(k,n,p)}$.

$$\frac{b(k+1,n,p)}{b(k,n,p)} = \frac{\binom{n}{k+1} \cdot p^{k+1} \cdot q^{n-(k+1)}}{\binom{n}{k} \cdot p^k \cdot q^{n-k}} = \frac{p}{q} \cdot \frac{\binom{n}{k+1}}{\binom{n}{k}}$$

$$= \frac{p}{q} \cdot \frac{n! \cdot k! \cdot (n-k)!}{(k+1)! \cdot \big(n-(k+1)\big)! \cdot n!}$$

Dabei haben wir die Darstellung für Binomialkoeffizienten aus dem Abschnitt 9.3.3, »Kombinationen«, verwendet. Kürzt man diesen Bruch, so ergibt sich $\frac{b(k+1,n,p)}{b(k,n,p)} = \frac{p}{q} \cdot \frac{n-k}{k+1}$.

Diesen Bruch formen wir weiter um:

$$\frac{b(k+1,n,p)}{b(k,n,p)} = \frac{p}{q} \cdot \frac{n-k}{k+1} = \frac{n-k}{k+1} \cdot p\frac{1}{q} = \frac{n-k}{k+1} \cdot \frac{\lambda}{n} \cdot \frac{1}{q} = \frac{\lambda}{k+1} \cdot \frac{n-k}{n} \cdot \frac{1}{q}$$

$$= \frac{\lambda}{k+1} \cdot \left(1 - \frac{k}{n}\right) \cdot \frac{1}{q}$$

Weil p klein ist, gilt: $q \approx 1$.

Weil n groß ist, folgt: $1 - \frac{k}{n} \approx 1$

Verwendet man diese Näherungen, so ergibt sich:

$\frac{b(k+1,n,p)}{b(k,n,p)} \approx \frac{\lambda}{k+1}$ bzw. $b(k+1,n,p) \approx \frac{\lambda}{k+1} \cdot b(k,n,p)$.

Die letzte Gleichung verwenden wir jetzt mehrfach:

$$b(1,n,p) \approx \frac{\lambda}{1} \cdot b(0,n,p) \approx \frac{\lambda}{1} \cdot e^{-\lambda}$$

$$b(2,n,p) \approx \frac{\lambda}{2} \cdot b(1,n,p) \approx \frac{\lambda^2}{2!} \cdot e^{-\lambda}$$

$$b(3,n,p) \approx \frac{\lambda}{3} \cdot b(2,n,p) \approx \frac{\lambda^3}{3!} \cdot e^{-\lambda}$$

...

$$b(k,n,p) \approx \frac{\lambda^k}{k!} \cdot e^{-\lambda}$$

Zusammenfassung

Für $0 < p < 0{,}1$ gilt die Poisson-Näherung $b(k,n,p) \approx \frac{\lambda^k}{k!} \cdot e^{-\lambda} = p(k,\lambda)$, wobei $\lambda = n \cdot p$.

Die Güte der Poisson-Näherung kann man in Tabelle 18.3 sehen. Dort werden $b(k,n,p)$ und $p(k,\lambda)$ für $p = 0{,}01$ und $n = 100$ gegenübergestellt.

		k	**b(k,n,p)**	**p(k,λ)**
p =	0,01	0	0,366032	0,367879
n =	100	1	0,369730	0,367879
λ =	1	2	0,184865	0,183940
		3	0,060999	0,061313
		4	0,014942	0,015328
		5	0,002898	0,003066
		6	0,000463	0,000511
		7	0,000063	0,000073
		8	0,000007	0,000009
		9	0,000001	0,000001

Tabelle 18.3: Vergleich von b(k,n,p) und der Näherung p(k,λ)

18.6.3 Die Poisson-Näherung als eigenständiges Modell des Axiomensystems

Die Poisson-Näherung stellt ein eigenständiges Modell des Axiomensystems dar. Es ist $\Omega = \{1,2,3,...\}$ und $p_k = p(k,\lambda)$. Die p_k sind alle positiv, so dass die Axiome 1 und 3 erfüllt sind. Die Gültigkeit von Axiom 2 folgt aus der in Abschnitt 18.6.1, »Die Zahl ›e‹«, angegebenen Darstellung von e^x:

$$e^x = 1 + \frac{x}{1!} + \frac{x^2}{2!} + \frac{x^3}{3!} + \frac{x^4}{4!} + \frac{x^5}{5!} + \cdots$$

Speziell für $x = \lambda$ heißt dies: $e^\lambda = 1 + \frac{\lambda}{1!} + \frac{\lambda^2}{2!} + \frac{\lambda^3}{3!} + \frac{\lambda^4}{4!} + \frac{\lambda^5}{5!} + \cdots$

Damit ergibt sich:

$$\sum_{k=0}^{\infty} p_k = \sum_{k=0}^{\infty} \frac{\lambda^k}{k!} \cdot e^{-\lambda} = e^{-\lambda} \cdot \sum_{k=0}^{\infty} \frac{\lambda^k}{k!} = e^{-\lambda} \cdot e^{\lambda} = 1$$

Damit ist die Gültigkeit von Axiom 2 nachgewiesen.

In den folgenden Abschnitten werden wir dem Poisson-Modell noch häufig begegnen.

18.7 Das geometrische Modell

Wir betrachten ein Zufallsexperiment mit zwei möglichen Ausgängen. Der Ausgang »Erfolg« tritt mit der Wahrscheinlichkeit p, der Ausgang »Misserfolg« mit der Wahrscheinlichkeit $q = 1 - p$ ein. Mit p_k wird die Wahrscheinlichkeit bezeichnet, dass der erste Erfolg bei der Durchführung des k. Experiments eintritt. Die Variable k kann die unendlich vielen Werte 1, 2, 3, ... annehmen.

Dann ist mit $\Omega = \{1, 2, 3, ...\}$ und $p_k = q^{k-1} \cdot p$ ein Modell des Axiomensystems gegeben. Bekannt ist dieses Modell noch aus der Anwendung »Warten auf den ersten Erfolg« (vgl. Kapitel 16). Auch in Abschnitt 18.5 zum Binomialmodell hatten wir es mit einer Kette von Zufallsexperimenten zu tun. Dort handelte es sich aber um eine endliche Anzahl n von Zufallsexperimenten. Im vorliegenden Fall besteht Ω dagegen aus unendlich vielen Elementen.

Die Axiome 1 und 3 sind augenscheinlich erfüllt. Um die Gültigkeit von Axiom 2 nachzuweisen, müssen wir zeigen, dass $p_1 + p_2 + p_3 + ...$ den Wert 1 hat.

$$p_1 + p_2 + p_3 + ... = p + q \cdot p + q^2 \cdot p + ... = p \cdot (1 + q + q^2 + ...)$$

Der Inhalt der Klammer erinnert an die Summe

$$s = 1 + q + q^2 + ... + q^{k-1}$$

aus Abschnitt 6.1, »War die Mondlandung ein Fake?«, sowie an ihren Summenwert $s = \frac{1-q^k}{1-q}$.

Allerdings haben wir es jetzt nicht mit einer Summe aus endlich vielen Summanden zu tun, sondern mit unendlich vielen. Da q eine Zahl mit der Eigenschaft $0 < q < 1$ ist, folgt, dass q^k kleiner wird, wenn k sich vergrößert. q^k kommt beliebig nahe an 0 heran, wenn k immer größer wird. Man sagt für diesen Sachverhalt: Für k gegen unendlich strebt q^k gegen 0. Folglich ist der Summenwert gleich $s = \frac{1}{1-q}$.

Damit ergibt sich: $p_1 + p_2 + p_3 + \cdots = p \cdot \frac{1}{1-q}$.

Weil $1 - q = p$ gilt, folgt $p_1 + p_2 + p_3 + ... = 1$.

Die Gültigkeit von Axiom 2 erlaubt eine bemerkenswerte Feststellung: Angenommen, dass das Zufallsexperiment einen Würfelwurf darstellt, wobei »Erfolg« das Erscheinen der 6 sein soll. Dann ist es sicher, dass die 6 irgendwann erscheint. Dies ist ein wesentlicher Unterschied zu einer endlichen Kette von Würfelwürfen. Hier kann es nämlich durchaus sein, dass die 6 nicht auftritt.

Kapitel 19
V2-Raketen auf London

Häufig kommt es vor, dass man entscheiden muss, ob bei einer bestimmten Beobachtung der Zufall eine Rolle spielt oder ob es ein System gibt, das die beobachtete Erscheinung steuert. Eine solche Situation wird an einem historischen Beispiel aus dem Zweiten Weltkrieg beschrieben.

19.1 Zur Geschichte des V2-Beschusses von London

Am 8. September 1944, um 18.40 Uhr traf die erste V2-Rakete London. Sie explodierte in Staveley Road, Chiswick. Die Rakete hinterließ einen 6,1 Meter tiefen Krater und zerstörte die Gas- und Wasseranschlüsse. Dabei starben 3 Menschen, 17 weitere wurden verletzt. 11 Häuser wurden total zerstört, 12 weitere so schwer, dass sie unbewohnbar waren. 14 Familien mussten umgesiedelt werden. Zeitgleich schlug eine zweite Rakete elf Kilometer nordöstlich von London in einen Wald ein. Hier starben keine Menschen, sondern nur tierische Waldbewohner.

Abbildung 19.1: Staveley Road, Chiswick, 8. September 1944 [THI]

Die V2-Raketen flogen mit fünffacher Schallgeschwindigkeit. Die Opfer waren ahnungslos, denn ihr Tod war schneller als der Schall. Insgesamt trafen 1385 V2-Raketen London.

Die Verteilung der Treffer auf London war so beschaffen, dass viele Menschen glaubten, einige Bezirke seien gehäuft getroffen, andere verschont worden, z. B. weil sich dort deutsche Spione aufhielten. Schließlich wurde eine Statistik über die Einschläge aufgestellt, mit dem Ziel zu klären, ob die Deutschen genau zielen konnten oder ob die Einschläge zufällig waren. In den Kriegen, die wir momentan erleben, erübrigt sich diese Frage, denn heute erreichen Raketen dank GPS-Daten ihr Ziel metergenau.

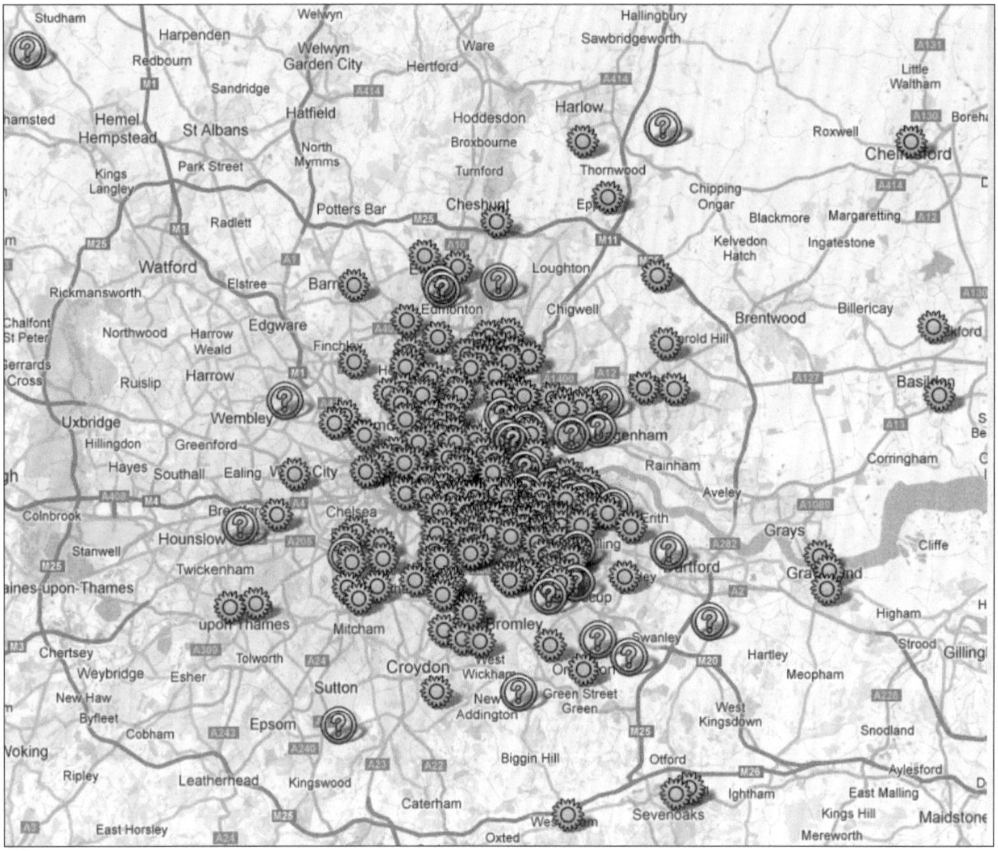

Abbildung 19.2: Verteilung der V2-Treffer auf London [LON]

Süd-London wurde in 576 Quadrate mit je $\frac{1}{4}$ Quadratkilometer Fläche eingeteilt. Gezählt wurde, wie viele der Quadrate 0, 1, 2, 3, ..., Einschläge aufwiesen. Daraus ergab sich die Tabelle 19.1.

Anzahl der V2-Raketen pro Quadrat	Anzahl der Quadrate
0	229
1	211
2	93

Tabelle 19.1: Statistik der Einschläge

Anzahl der V2-Raketen pro Quadrat	Anzahl der Quadrate
3	35
4	7
5	1

Tabelle 19.1: Statistik der Einschläge (Forts.)

19.2 Vergleich von Praxis und Theorie

Aus den Daten der Tabelle 19.1 konnten die Engländer ermitteln, ob die Deutschen zielen konnten oder nicht.

Es mag etwas makaber erscheinen, aber die Mathematik zu dieser Fragestellung kennen Sie bereits aus Kapitel 9. Dort wurden Rosinen auf Brötchen verteilt, hier werden Raketen auf Flächen verteilt. Die Mathematik dazu ist dieselbe.

Wir gehen einmal von der Arbeitshypothese aus, dass die Deutschen nicht zielen konnten. Dann ist die Wahrscheinlichkeit für einen »Erfolg«, also einen Treffer auf jedes der Quadrate, gleich $p = \frac{1}{576}$. Jedes Quadrat hat die gleiche Wahrscheinlichkeit, getroffen zu werden.

Insgesamt wurden $n = 1 \cdot 211 + 2 \cdot 93 + 3 \cdot 35 + 4 \cdot 7 + 5 \cdot 1 = 535$ Raketen auf die Quadrate verteilt.

Die Wahrscheinlichkeit für k Treffer auf ein bestimmtes Quadrat ist dann

$$b(k, 535{,}1/576) = \binom{535}{k} \cdot \left(\frac{1}{576}\right)^k \cdot \left(1 - \frac{1}{576}\right)^{535-k}$$

Vergleichen Sie dazu die Ausführungen in Kapitel 9, »Backe, backe Kuchen«.

In Tabelle 19.2 findet man diese Wahrscheinlichkeiten berechnet (2. Spalte). Durch die Multiplikation dieser Werte mit der Gesamtzahl aller Quadrate ergeben sich die zu erwartenden absoluten Zahlen der Einschläge (3. Spalte).

k	***b*(*k*,535,1/576)**	**576 · *b*(*k*,535,1/576)**
0	0,3947	227
1	0,3672	212
2	0,1705	98
3	0,0527	30

Tabelle 19.2: Berechnete Wahrscheinlichkeiten

k	$b(k,535,1/576)$	$576 \cdot b(k,535,1/576)$
4	0,0122	7
5	0,0023	1

Tabelle 19.2: Berechnete Wahrscheinlichkeiten (Forts.)

Diese gerade berechneten absoluten Zahlen für 0, 1, 2, 3, 4 und 5 Einschläge kann man jetzt mit den beobachteten Werten vergleichen.

k	Beobachtete Werte	Theoriewerte
0	229	227
1	211	212
2	93	98
3	35	30
4	7	7
5	1	1

Tabelle 19.3: Vergleich von beobachteten Werten und Theoriewerten

Man könnte jetzt ein statistisches Testverfahren anstrengen, um zu zeigen, dass die Theoriewerte die Praxiswerte erklären, aber das ist hier nicht nötig, weil die Übereinstimmung sehr gut ist. Daraus folgt, dass Praxiswerte und Theoriewerte übereinstimmen.

Die Theoriewerte sind aus der Annahme eines Zufallsgeschehens entstanden. Da sie mit den Praxiswerten übereinstimmen, folgt, dass auch diese mit dem Zufall erklärt werden können. Für die Engländer ergab sich daraus das Wissen, dass die Deutschen nicht zielen konnten. Das bedeutete einen strategischen Vorteil.

Es sei noch erwähnt, dass in der ursprünglichen Veröffentlichung von R. D. Clarke [CLA] die Berechnungen nicht wie hier mit dem Binomialmodell, sondern mit dem Poisson-Modell (vgl. Abschnitt 18.6) durchgeführt wurden. Die Ergebnisse stimmen jedoch überein. Das Vorgehen wird später in Abschnitt 19.4, »Verwendung des Poisson-Modells«, noch gezeigt werden.

19.3 Berechnen Sie die Werte aus Tabelle 19.2 mit einem Tabellenblatt

In der Zelle B2 wird $b(0{,}535{,}1/576)$ berechnet und nach unten ausgefüllt. Dazu verwenden Sie die Funktion `KOMBINATIONEN(n,k)` der Tabellenkalkulation. Mit ihr können Sie den Binomialkoeffizienten berechnen. Für die Terme p^k und $(1 - p)^{n-k}$ verwenden Sie die Potenzfunktion. Dies können Sie in Abbildung 19.3 erkennen.

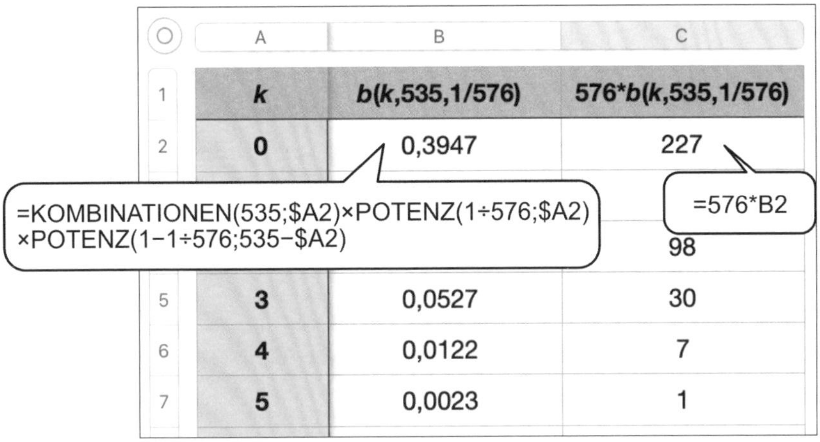

Abbildung 19.3: Tabellenblatt zur Berechnung der Theoriewerte

19.4 Verwendung des Poisson-Modells

Hier soll gezeigt werden, dass die Trefferanzahlen auch durch ein Poisson-Modell beschrieben werden können. Dazu wird zunächst aus den beobachteten Trefferanzahlen die mittlere Anzahl der Treffer pro Fläche, das heißt λ berechnet (vergleichen Sie dazu Tabelle 19.3).

$$\lambda = \frac{1 \cdot 211 + 2 \cdot 93 + 3 \cdot 35 + 4 \cdot 7 + 5 \cdot 1}{576} = 0{,}9288$$

Damit können jetzt die Theoriewerte $p(k,\lambda)$ für die Wahrscheinlichkeit von genau k Treffern auf eine Teilfläche berechnet werden. Die Produkte $576 \cdot p(k{,}0{,}9288)$ stellen dann die Theoriewerte für genau k Treffer dar.

Mit Tabelle 19.4 können Sie die Werte, die mit dem Binomialmodell berechnet wurden, mit den Werten der Poisson-Modells vergleichen.

k	**Beobachtete Werte**	***b*(*k*,535,1/576)**	**Theoriewert mit Binomialmodell 576 · *b*(*k*,535,1/576)**	***p*(*k*,0,0,9288)**	**Theoriewert mit Poisson-Modell 576 · *p*(*k*,0,9288)**
0	229	0,3947	227	0,3950	228
1	211	0,3672	212	0,3669	211
2	93	0,1705	98	0,1704	98
3	35	0,0527	30	0,0528	30
4	7	0,0122	7	0,0122	7
5	1	0,0023	1	0,0023	1

Tabelle 19.4: Vergleich der Theoriewerte

Es zeigt sich, dass die Zahlen für $p(k{,}0{,}9288)$ eine sehr gute Approximation für die Werte $b(k{,}535{,}1/576)$ darstellen.

Kapitel 20

Ballspiele in Antike und Mittelalter

Sicher haben Sie in der Kindheit und vielleicht auch später mit Bällen gespielt. Ballspiele sind der am häufigsten betriebene und populärste Sport unserer Zeit. Die Ursprünge der Ballspiele gehen weit in die Vergangenheit zurück. Die ältesten bekannten Bälle und Ballspiele stammen aus Ägypten.

20.1 Ballspiele in der Antike

Für die Vorstellung, wie tief verwurzelt das Ballspiel in der Menschheitsgeschichte ist, möchte ich Ihnen hier eine kurze Auflistung historischer Funde liefern:

In einem Kindergrab 50 km südlich von Kairo wurde ein Ball gefunden, der auf 2500 v. Chr. datiert wurde.

Eine Wandbemalung im Grab von Baket III. in der Nekropole Beni Hasan zeigt ein Ballspiel und stammt aus der Zeit von 1991–1802 v. Chr.

In jüngster Zeit wurden drei gestopfte Lederbälle in Gräbern des Friedhofs Yanghai im Nordwesten Chinas gefunden, denen mit der Radiocarbonmethode ein Alter zwischen 3200 und 2900 Jahren zugewiesen werden konnte [WER].

In Griechenland waren Ballspiele bereits im 8. Jahrhundert v. Chr. bekannt. Das belegen tönerne Abbildungen von Bällen aus Gräbern. »Die früheste literarische Erwähnung eines Ballspiels stammt von dem griechischen Dichter Homer« [HUR]. Das Ballspiel war damals eher eine gymnastische Übung als ein Sportspiel. Davon zeugt auch der nächste Bericht.

Der folgende Abschnitt ist aus [BÜY], S. 72 entnommen. Der dort zitierte Galen war ein römischer Arzt und Schriftsteller zur Zeit von Marc Aurel. Er hat eine Abhandlung »Über das Spiel mit dem kleinen Ball« geschrieben.

> *Griechen und Römer vertrieben sich die Zeit gerne mit Ballspielen aller Art; wir führen drei Stellen an: Ballspiel galt Galen als Ausgleichssport für Körper und Psyche: »Besonders empfehle ich das Gymnasion; es ist geeignet, den Körper gesund, die Glieder beweglich, die Psyche tüchtig zu erhalten; und all dies geschieht durch (das Spiel) mit dem kleinen Ball.« Der Romanheld Apollonius trat geradezu als Ballartist im Gymnasium auf: »(Er) nahm den Ball an, schnell und gezielt schickte er ihn zurück, und als er wieder abprallte, schlug er ihn noch schneller zurück und ließ ihn nicht zu Boden fallen.« Der greise Spurinna bekämpfte die Beschwerden des Alters mit täglichem Ballspiel: »Ist ihm die Stunde des Bades gemeldet, im Winter um die neunte, sommers um die achte Stunde, ergeht er sich, wenn es windstill ist, unbekleidet in der Sonne.*

Dann schafft er sich Bewegung beim Ballspiel, eifrig und lange, denn auch mit dieser Art Training bekämpft er das Alter.«

Im 4. Jahrhundert n. Chr. entstand auf Sizilien die Villa Romana del Casale, die sich ein offenbar reicher Großgrundbesitzer anlegen ließ. Dank ihrer einsamen Lage wurde die Villa nie geplündert. Sie blieb jahrhundertelang vergessen, und erst im Jahr 1950 wurden die Gebäude freigelegt. Dabei wurden viele Räume mit sehr gut erhaltenen Mosaikfußböden entdeckt, unter anderem das »Mosaik der Mädchen im Bikini«. Darauf sieht man verschiedene Ball spielende Mädchen. 1997 erklärte die UNESCO die Villa Romana del Casale zum Weltkulturerbe.

Abbildung 20.1: Ball spielende Mädchen in der Villa Romana del Casale [HIN]

Auf der mexikanischen Halbinsel Yucatan fanden Archäologen über 500 Ballspielplätze. Ein bekanntes Beispiel ist der Ballspielplatz der Pyramidenstadt Chichén Itzá, die auf der Liste der sieben neuen Weltwunder steht. Chichén Itzá entstand im 8. Jahrhundert n. Chr. und erlebte seine Blütezeit im 9. Jahrhundert n. Chr.

Der Ballspielplatz hatte eine Länge von 170 Metern und war 70 Meter breit. An den Längsseiten des Platzes befanden sich Tribünen für die einfachen Zuschauerinnern und Zuschauer, an den Stirnseiten tempelartige Pavillons für die adeligen Zuschauer. Zwei Ringe aus Stein hingen rund 6 Meter über dem Spielfeld (vgl. Abbildung 20.3). Durch diese Ringe mussten die Spieler den Ball mit den Hüften stoßen.

Abbildung 20.2: Pyramide von Kukulcán in Chitchén Itzá

Abbildung 20.3: Ballspielplatz in Chitchén Itzá

Während bei den Griechen und Römern das Ballspiel Gymnastik war und dadurch von äußeren Zwecken frei und ungezwungen, diente das Ballspiel bei den Mayas Mythos, Religion und Kult. So waren die Ballspiele der Maya Anlass für Opferzeremonien. Die Wissenschaftler sind sich dabei nicht einig, ob die Spieler der Verliererseite oder die Spieler der siegreichen Mannschaft im Anschluss des Spiels den Göttern geopfert wurden ...

20.2 Ballspiele im Mittelalter

In Europa wird das Fußballspiel erstmals im Jahr 1137 in England erwähnt [NEM]. Es wird von einem tödlichen Unfall während eines Matchs berichtet. Mit dem heutigen Fußball hatte das damalige Spiel wenig gemeinsam – es war ein Spiel, an dem ganze Ortschaften teilnahmen und bei dem sich das Spielfeld manchmal zwischen den Stadttoren der beteiligten Orte erstreckte. Wegen der vielen Unfälle wurde das Spiel in England mehrfach verboten. Um 1850 war der Volksfußball weitgehend verschwunden, und in der Folgezeit kam es zu einer Regulierung und Zivilisierung des Spiels.

Neben dem Volksfußball entwickelte sich im Mittelalter das »Jeu de Paume«, das Handflächenspiel. Ausgangspunkt dieses Spiels waren die Klosterhöfe des Mittelalters. Dort wurde mit der flachen Hand auf einen mit Rosshaar oder Wolle ausgestopften Ball geschlagen. Von den Klöstern aus verbreitete sich das Jeu de Paume und wurde zum Zeitvertreib für Adelige. Mitte des 14. Jahrhunderts gelangte das Spiel nach England. Dort wurde bereits mit Schlägern statt mit der Hand gespielt. Ab dem 16. Jahrhundert wuchs die Zahl der Plätze in Adelsresidenzen, auf denen das Jeu de Paume gespielt wurde. Um vom Wetter unabhängig zu sein, wurden auch Ballhäuser gebaut. Schließlich entwickelte sich in England das Spiel zum »lawn tennis« weiter. Es wird nun auf Rasenplätzen gespielt, und es wird ein Netz verwendet [HAS].

Kapitel 21

Der Zufall im Fußball

Beim Fußball ist es möglich, dass der Underdog aus der Regionalliga eine Bundesligamannschaft besiegt. Das macht Wettbewerbe wie die Pokalrunde so attraktiv.

Einer der erfolgreichsten Fußballtrainer beim FC Bayern München war Ottmar Hitzfeld. Trotzdem musste er bisweilen herbe Kritik von Bayern-Vorstand Karl-Heinz Rummenigge einstecken. »Fußball ist keine Mathematik«, so äußerte sich Rummenigge einmal nach einem nicht gewonnenen Spiel im November 2007 über die Auswechselpraxis von Hitzfeld. Um die Härte dieser Kritik zu verstehen, muss man wissen, dass Ottmar Hitzfeld ausgebildeter Mathematiklehrer für das Lehramt an Realschulen war. Außerdem lag Rummenigge mit seiner Kritik falsch. Im Fußball steckt eine Menge Mathematik. Dort kommt es zwar auf das Können der Spieler an, aber der Zufall spielt ebenfalls eine wichtige Rolle.

So hat der Sportwissenschaftler Martin Lames [LAM, Pressemitteilung] Tausende von Bundesligatoren untersucht und festgestellt, dass etwa 40 % der Tore Zufallstore sind, also Tore, bei denen z. B. der Ball vom Pfosten ins Tor sprang oder unhaltbar abgefälscht wurde. Diese starke Zufallsabhängigkeit des Fußballs gestattet es, den Kalkül der Wahrscheinlichkeitsrechnung anzuwenden. Leopold Mathelitsch [MAT, S. 50 f.] vergleicht die Stärke eines Fußballteams mit der Stärke einer radioaktiven Quelle. Fußballmannschaften schießen Tore nach demselben statistischen Muster, in dem Atome zerfallen.

Wie bekannt ist, kann der radioaktive Zerfall durch das Poisson-Modell beschrieben werden [FEL, S. 159]. Die folgende Aufzählung enthält weitere Beispiele, die sich mit diesem Modell beschreiben lassen.

- zufällige Anzahl der Kunden an einem Schalter pro Zeiteinheit
- zufällige Anzahl von Telefonanrufen pro Zeiteinheit
- Zeitpunkte, in denen Anforderungen (Personen, Jobs, Telefonanrufe, ...) bei einem Bediener (Bank, Server, Telefonzentrale, Speicherverwaltung, ...) eingehen
- zufällige Anzahl von nicht keimenden Samenkörnern aus einer Packung
- Anzahl der Pixelfehler auf einem TFT-Display
- Anzahl der Schlaglöcher auf einer Landstraße
- Anzahl der Druckfehler in einem Buch
- Anzahl der Unfälle pro Zeiteinheit an einer Kreuzung
- Zeitpunkte, in denen eine radioaktive Substanz ein α-Teilchen emittiert

Im Folgenden betrachten wir die Tore bei der Fußballeuropameisterschaft 2021 und zeigen, was diese mit dem Poisson-Modell zu tun haben.

21.1 Torzeitpunkte lassen sich mit dem Poisson-Modell beschreiben

Für die Gruppenphase, die Achtelfinals, die Viertelfinals, die Halbfinals und das Finale der Fußball-EM 2021 sind in den folgenden Tabellen die Zeitpunkte der erzielten Tore angegeben. Dabei werden nur die Tore berücksichtigt, die in den 90 Spielminuten erzielt wurden. Tore, die in einer Verlängerung oder beim Elfmeterschießen erzielt wurden, sind nicht aufgezählt [FUS].

Gruppenphase

1. Spieltag	Minute	2. Spieltag	Minute	3. Spieltag	Minute
Türkei – Italien	53, 66, 79	Türkei – Wales	42	Schweiz – Türkei	6, 26, 62, 68
Wales – Schweiz	49, 74	Italien – Schweiz	26, 52, 89	Italien – Wales	39
Dänemark – Finnland	60	Finnland – Russland	–	Russland – Dänemark	38, 59, 70, 79, 82
Belgien – Russland	10, 34, 88	Dänemark – Belgien	2, 54, 70	Finnland – Belgien	74, 81
Österreich – Mazedonien	18, 28, 78, 89	Ukraine – Mazedonien	29, 34, 57	Ukraine – Österreich	21
Niederlande – Ukraine	53, 58, 75, 79, 85	Niederlande – Österreich	11, 67	Mazedonien – Niederlande	24, 51, 58
England – Kroatien	57	Kroatien – Tschechien	37, 47	Kroatien – Schottland	17, 42, 62, 77
Schottland – Tschechien	42, 52	England – Schottland	–	Tschechien – England	12
Polen – Slowakei	18, 46, 62, 69	Schweden – Slowakei	77	Schweden – Polen	2, 59, 61, 84
Spanien – Schweden	–	Spanien – Polen	25, 54	Slowakei – Spanien	30, 56, 67, 71

Tabelle 21.1: Tor-Zeitpunkte in der Gruppenphase

1. Spieltag	Minute	2. Spieltag	Minute	3. Spieltag	Minute
Ungarn – Portugal	84, 87	Ungarn – Frankreich	66	Portugal – Frankreich	31, 47, 60
Frankreich – Deutschland	20	Portugal – Deutschland	35, 39, 51, 60, 67	Deutschland – Ungarn	11, 66, 68, 84

Tabelle 21.1: Tor-Zeitpunkte in der Gruppenphase (Forts.)

Achtelfinals

	Minute		Minute
Wales – Dänemark	27, 48, 88	Kroatien – Spanien	20, 38, 57, 77, 85, 90
Italien – Österreich	–	Frankreich – Schweiz	15, 57, 59, 75, 81, 90
Niederlande – Tschechien	68, 80	England – Deutschland	75, 86
Belgien – Portugal	42	Schweden – Ukraine	27, 43

Tabelle 21.2: Tor-Zeitpunkte in den Achtelfinals

Viertelfinals

	Minute		Minute
Schweiz – Spanien	8, 68	Tschechien – Dänemark	5, 42, 49
Belgien – Italien	31, 44, 45	Ukraine – England	4, 46, 50, 63

Tabelle 21.3: Tor-Zeitpunkte in den Viertelfinals

Halbfinals

	Minute		Minute
Italien – Spanien	60, 80	England – Dänemark	30, 39

Tabelle 21.4: Tor-Zeitpunkte in den Halbfinals

Finale

	Minute
Italien – England	2, 67

Tabelle 21.5: Tor-Zeitpunkte im Finale

Aus den einzelnen Begegnungen bilden wir die Urliste aller Torzeitpunkte:

{53,66,79,49,74,60,10,34,88,18,28,78,89,52,58,75,79,85,57,42,52,18,46,62,69,84,87,20,42,26,52,89,2,54,70,29,34,57,11,67,37,47,77,25,54,66,35,39,51,60,67,6,26,62,68,39,38,59,70,79,82,74,81,21,24,51,58,17,42,62,77,12,2,59,61,84,30,56,67,71,31,47,60,11,66,68,84,27,48,88,68,80,42,20,38,57,77,85,90,15,57,59,75,81,90,75,86,27,43,8,68,31,44,45,5,42,49,4,46,50,63,60,80,30,39,2,67}

Aus der Urliste kann man für jede der 90 Minuten feststellen, wie viele Tore in dieser Minute gefallen sind. Zum Glück haben wir eine Software, die das für uns macht. In Abbildung 21.1 sehen Sie die ersten 10 Einträge der Urliste. Mit der Funktion ZÄHLENWENN erhält man für jede Minute die Zahl der Tore in dieser Minute.

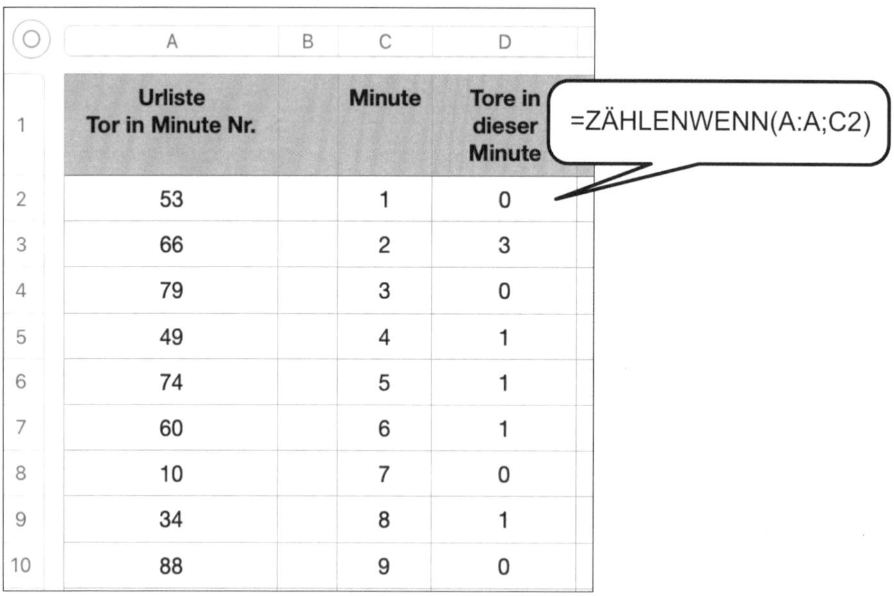

	A	B	C	D
1	Urliste Tor in Minute Nr.		Minute	Tore in dieser Minute
2	53		1	0
3	66		2	3
4	79		3	0
5	49		4	1
6	74		5	1
7	60		6	1
8	10		7	0
9	34		8	1
10	88		9	0

Abbildung 21.1: Anzahl der Tore in Minute 1 bis Minute 90 (Ausschnitt)

Stellt man die Anzahl der Tore in Abhängigkeit von den Minuten graphisch dar, so ergibt sich Abbildung 21.2. Dieser können Sie entnehmen, dass es eine Minute gibt, in der fünf Tore gefallen sind. Das ist der Punkt in der Mitte des oberen Bildrandes. Was Sie weniger gut ablesen können, ist, dass es sich dabei um die 42. Minute handelt. In dieser fielen insgesamt über alle Spiele summiert fünf Tore.

Vier Tore fielen in vier verschiedenen Minuten. Es gibt neun Minuten, in denen drei Tore fielen. Dann wird es beim Abzählen etwas unübersichtlich, so dass man besser die Software einsetzt.

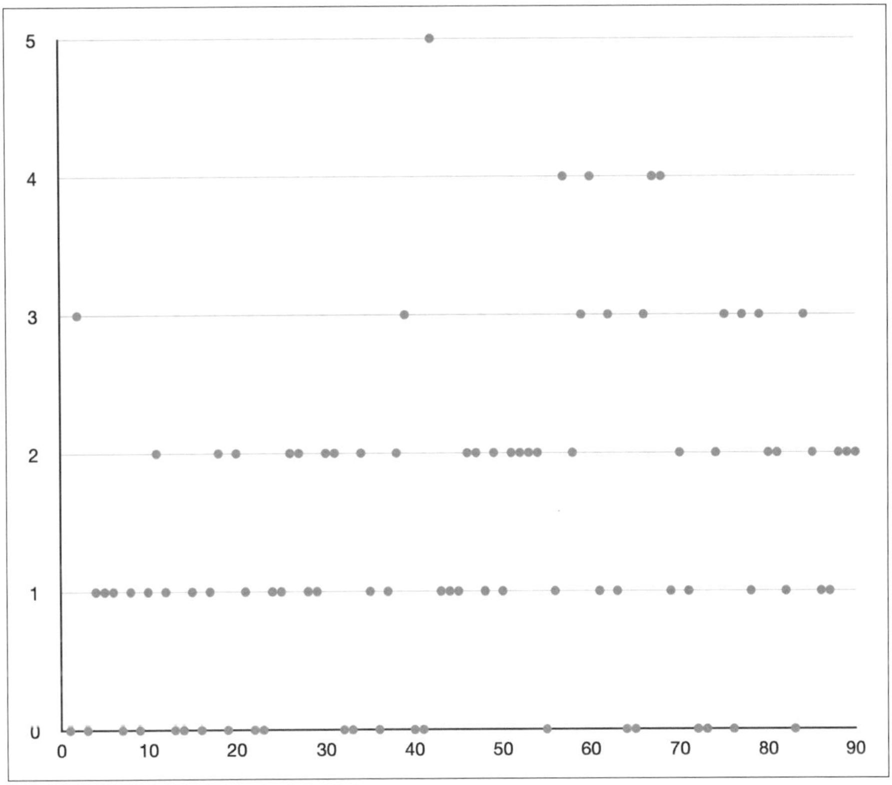

Abbildung 21.2: Tore fallen nach dem gleichen Muster wie radioaktive Atome.

Abbildung 21.3 zeigt für *k* von 0 bis 5 die Anzahl der Minuten mit *k* Toren.

=ZÄHLENWENN(D:D;F2)

	A	B	C	D	E	F	G
1	**Urliste Tor in Minute Nr.**		**Minute**	**Tore in dieser Minute**		***k***	**Anzahl d. Minuten mit *k* Toren**
2	53		1	0		0	22
3	66		2	3		1	29
4	79		3	0		2	25
5	49		4	1		3	9
6	74		5	1		4	4
7	60		6	1		5	1
8	10		7	0			

Abbildung 21.3: Anzahl der Minuten mit k Toren

Aus diesen Anzahlen kann jetzt die mittlere Zahl der Tore pro Minute bestimmt werden. Dabei ist es hilfreich, sich vorzustellen, dass alle Partien gleichzeitig stattfinden. Es ergibt sich: $\frac{22\cdot 0+29\cdot 1+25\cdot 2+9\cdot 3+4\cdot 4+1\cdot 5}{90} \approx 1{,}411$. Falls die beobachteten Anzahlen einem Poisson-Modell folgen sollten, müssten die Wahrscheinlichkeiten $p(k,\lambda)$ mit $\lambda = 1{,}411$ mit den relativen Häufigkeiten der Anzahl der Minuten mit k Toren übereinstimmen. Die relativen Häufigkeiten und die Wahrscheinlichkeiten sehen Sie in Tabelle 21.6 gegenübergestellt. In der letzten Spalte findet man die mit 90 multiplizierten Wahrscheinlichkeiten. Das sind die Theoriewerte für die Anzahl der Minuten mit k Toren. Ein Vergleich der zweiten und der fünften Spalte zeigt, dass die Theorie die Praxiswerte gut beschreibt. Das zeigt auch die graphische Darstellung der Abbildung 21.4.

k	**Anzahl d. Minuten mit *k* Toren**	**Relative Häufigkeit**	**Wahrscheinlich-keiten**	**Anzahl d. Minuten mit *k* Toren (Theorie)**
0	22	0,244	0,244	21,951
1	29	0,322	0,344	30,973
2	25	0,278	0,243	21,851
3	9	0,100	0,114	10,277
4	4	0,044	0,040	3,625
5	1	0,011	0,011	1.023

Tabelle 21.6: Praxis- und Theoriewerte

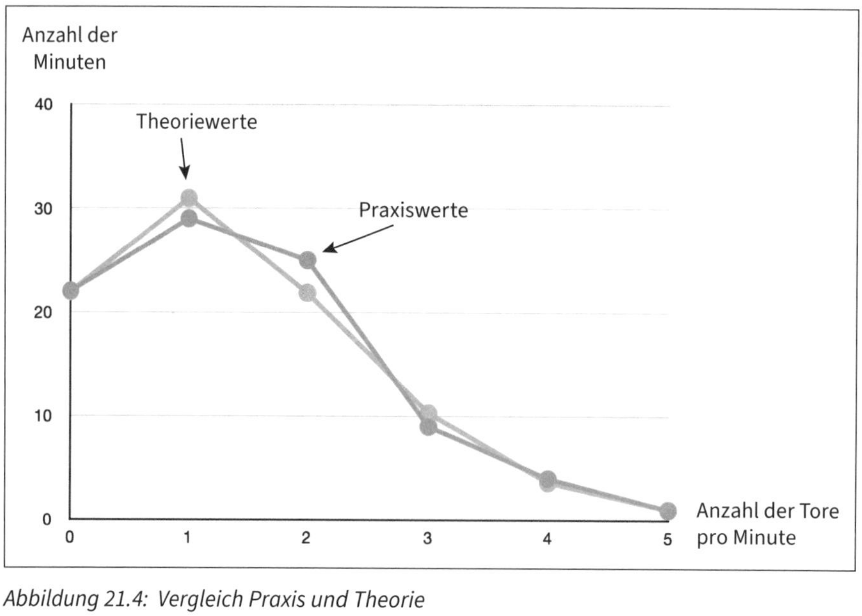

Abbildung 21.4: Vergleich Praxis und Theorie

Was hier durch Augenschein bestätigt wurde, müsste streng genommen erst mit einem statistischen Testverfahren nachgewiesen werden. Das übersteigt allerdings das Niveau unseres Buches. Sie müssen mir glauben, dass ein statistischer Test dasselbe liefern würde wie das, was wir gesehen haben. Die Tore bei der EM 2021 können also durch das Poisson-Modell beschrieben werden.

21.2 Wahrscheinlichkeiten für bestimmte Spielstände

Die im letzten Abschnitt berechneten Werte $\frac{\lambda^k}{k!}e^{-\lambda}$ stellen die Wahrscheinlichkeiten dar, dass in einer bestimmten Minute eines Fußballspiels k Tore fallen. Betrachtet man nicht eine Minute, sondern ein Zeitintervall der Länge t Minuten, dann ist die Wahrscheinlichkeit für k Tore in dieser Zeit durch $\frac{(\lambda \cdot t)^k}{k!}e^{-\lambda \cdot t}$ gegeben.

Speziell für $t = 90$ Minuten stellt dieser Ausdruck die Wahrscheinlichkeit für k Tore während eines gesamten Spiels dar. Während sich im letzten Abschnitt die Torrate λ als Ergebnis der Tore aller an der EM beteiligten Mannschaften ergab, wird jetzt eine einzelne Mannschaft als Torproduzent betrachtet.

Tabelle 21.7 gibt die von jeder Mannschaft in den ersten 15 Spielen der Hinrunde der Fußballbundesliga 2025/2026 geschossenen Tore an. Aus der Gesamtzahl der geschossenen Tore wurde, durch Division mit $15 \cdot 90$ (das ist die Anzahl der Spielminuten in allen Spielen), für jede der Mannschaften die Torrate, das heißt die mittlere Anzahl λ der geschossenen Tore pro Minute, gebildet.

Mannschaft	Tore in 15 Spielen	λ Tore pro Minute
Bayern München	51	0,038
RB Leipzig	29	0,021
Borussia Dortmund	24	0,018
Bayer 04 Leverkusen	30	0,022
TSG Hoffenheim	29	0,021
VfB Stuttgart	25	0,019
Eintracht Frankfurt	29	0,021
1. FC Union Berlin	19	0,014
SC Freiburg	21	0,016
1. FC Köln	22	0,016
Borussia Möchengladbach	18	0,013

Tabelle 21.7: Auswertung der ersten 15 Spiele der Hinrunde 2025/2026

Mannschaft	Tore in 15 Spielen	λ Tore pro Minute
Werder Bremen	18	0,013
VFL Wolfsburg	20	0,015
Hamburger SV	15	0,011
FC Augsburg	17	0,013
FC St. Pauli	13	0,010
1. FC Heidenheim	13	0,010
1. FSV Mainz 05	13	0,010

Tabelle 21.7: Auswertung der ersten 15 Spiele der Hinrunde 2025/2026 (Forts.)

Mit der Funktion $p(k,\lambda,t) = \frac{(\lambda \cdot t)^k}{k!} \cdot e^{-\lambda \cdot t}$ lassen sich jetzt die Wahrscheinlichkeiten dafür berechnen, dass eine bestimmte Mannschaft in einem Spiel *k* Tore schießt. Dies wurde für Bayern München (λ_1 = 0,038) und den Tabellenletzten Mainz 05 (λ_2 = 0,01) für *k* = 0,1,...,8 durchgeführt. Dazu berechnet man jeweils $\frac{(\lambda \cdot 90)^k}{k!} \cdot e^{-\lambda \cdot 90}$ für verschiedene Werte von *k* und λ.

Die Ergebnisse sieht man in Tabelle 21.8.

k	**Bayern München *p*(*k*,0,038,90)**	**1. FSV Mainz 05 *p*(*k*,0,010,90)**
0	0,033	0,407
1	0,112	0,366
2	0,191	0,165
3	0,218	0,049
4	0,186	0,011
5	0,128	0,002
6	0,073	0,000
7	0,036	0,000
8	0,015	0,000

Tabelle 21.8: Wahrscheinlichkeit für k geschossene Tore in einem Spiel

Abbildung 21.5 ist die graphische Darstellung der Tabelle 21.8.

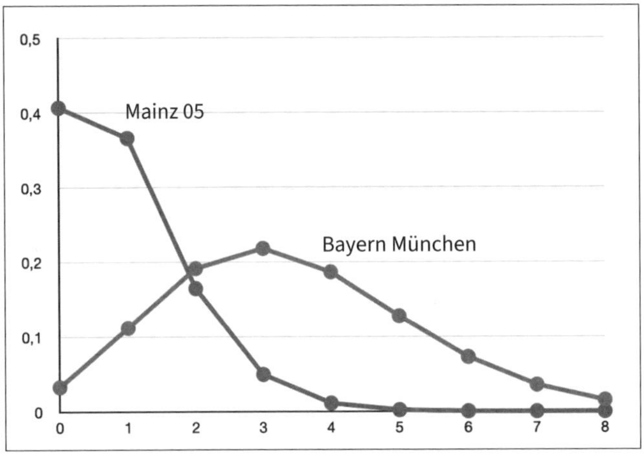

Abbildung 21.5: Wahrscheinlichkeit für k = 0,1,...,8 geschossene Tore pro Spiel

Es ist ersichtlich, dass für Mainz 05 die Wahrscheinlichkeit für keines und für 1 Tor im Spiel groß ist. Bei Bayern München liegt hingegen die größte Wahrscheinlichkeit bei 3 geschossenen Toren.

Man kann jetzt auch zwei Mannschaften gegeneinander antreten lassen und die Wahrscheinlichkeit dafür angeben, dass das Spiel mit dem Spielstand *m : n* endet. Das Team A wird durch den Parameter λ_1, das Team B durch den Parameter λ_2 beschrieben. Es geht also um die Wahrscheinlichkeit $P(T_A = m$ und $T_B = n)$, wobei T_A und T_B die Zahl der Tore für Mannschaft *A* und Mannschaft *B* bezeichnen. Die Theorie der Wahrscheinlichkeit sagt uns, dass unter bestimmten Bedingungen die Wahrscheinlichkeit für ein solches »und«-Ereignis gleich dem Produkt der Einzelwahrscheinlichkeiten $P(T_A = m)$ und $P(T_B = n)$ ist. Die Bedingung, um die es hier geht, ist die der sogenannten *stochastischen Unabhängigkeit*. »In der Praxis«, so lesen wir bei William Feller [FEL, S. 125], »hat man üblicherweise das richtige Gefühl, dass bestimmte Ereignisse stochastisch unabhängig sind«. Da die Parameter λ_1 und λ_2 in unserem Fall unabhängig voneinander erhoben wurden, trifft dies auf unser Problem zu. Also gilt:

$$P(T_A = m \; und \; T_B = n) = P(T_A = m) \cdot P(T_B = n) = \frac{(\lambda_1 \cdot 90)^m}{m!} \cdot e^{-\lambda_1 \cdot 90} \cdot$$

$$\frac{(\lambda_2 \cdot 90)^n}{n!} \cdot e^{-\lambda_2 \cdot 90} = \frac{(\lambda_1 \cdot 90)^m}{m!} \cdot \frac{(\lambda_2 \cdot 90)^n}{n!} \cdot e^{-(\lambda_1 + \lambda_2) \cdot 90}$$

Diese Funktion liefert die Wahrscheinlichkeit für den Spielstand *m:n* nach 90 Minuten.

Beispiel

Wir betrachten ein Spiel Leverkusen (λ_1 = 0,022) gegen Augsburg (λ_2 = 0,013). Wie wahrscheinlich ist es, dass das Spiel 2:1 endet?

$$P(2:1) = \frac{(0{,}022 \cdot 90)^2}{2!} \cdot \frac{(0{,}013 \cdot 90)^1}{1!} \cdot e^{-(0{,}022 + 0{,}013) \cdot 90} = 0{,}098$$

Mit der Wahrscheinlichkeit von 9,8 % gewinnt Leverkusen 2:1 gegen Augsburg.

Wenn Sie jetzt denken, dass diese Wahrscheinlichkeit klein ist, so müssen Sie beachten, dass dies nicht die Wahrscheinlichkeit dafür ist, dass Leverkusen gegen Augsburg gewinnt. Um diese zu bestimmen, müssen die Wahrscheinlichkeiten für alle möglichen Spielausgänge, bei denen Leverkusen mehr Tore als Augsburg erzielt hat, addiert werden. Dieses Problem lösen wir im nächsten Abschnitt – und nicht nur für Leverkusen gegen Augsburg, sondern für jede mögliche Spielbegegnung.

21.3 Die Wahrscheinlichkeit für einen Sieg

Im letzten Abschnitt haben Sie gesehen, wie man die Wahrscheinlichkeit für den Ausgang *m:n* eines bestimmten Spiels berechnen kann. Das ist uns jetzt aber nicht mehr gut genug. Nun wollen wir eine Übersicht über die Wahrscheinlichkeiten aller möglichen Spielausgänge haben – und das sind eigentlich unendlich viele –, um daraus die Wahrscheinlichkeit für einen Sieg zu berechnen. Dazu müssen wir für jede mögliche Kombination von *m:n* die Wahrscheinlichkeit $P(m,n) = \frac{(\lambda_1 \cdot 90)^m}{m!} \cdot \frac{(\lambda_2 \cdot 90)^n}{n!} \cdot e^{-(\lambda_1+\lambda_2)\cdot 90}$

berechnen. Die unendlich vielen Möglichkeiten müssen einem aber nicht die Stimmung vermiesen. Im Fußball kommen Spielergebnisse wie z. B. 46:25 nicht vor. Sie werden gleich verstehen, dass wir uns auf Ergebnisse *m:n* mit *m,n* ≤ 10 beschränken können. Sehen Sie sich Abbildung 21.6 an.

	A	B	C	D	E	F	G	H	I	J	K	L	M	N	O
			In E3 steht:	=POTENZ($B$2×90;$D3)÷FAKULTÄT($D3)×POTENZ($B$3×90;E$2)÷FAKULTÄT(E$2)×EXP(–($B$2+$B$3)×90)											
1									Tore Mainz						
2	λ1=	0,033	n→		0	1	2	3	4	5	6	7	8	9	10
3	λ2=	0,01	m	0	0,02086	0,01877	0,00845	0,00253	0,00057	0,00010	0,00002	0,00000	0,00000	0,00000	2,00E-09
4			↓	1	0,06195	0,05575	0,02509	0,00753	0,00169	0,00030	0,00005	0,00001	0,00000	0,00000	5,95E-09
5				2	0,09199	0,08280	0,03726	0,01118	0,00251	0,00045	0,00007	0,00001	0,00000	0,00000	8,84E-09
6				3	0,09107	0,08197	0,03689	0,01107	0,00249	0,00045	0,00007	0,00001	0,00000	0,00000	8,75E-09
7			Tore	4	0,06762	0,06086	0,02739	0,00822	0,00185	0,00033	0,00005	0,00001	0,00000	0,00000	6,50E-09
8			München	5	0,04017	0,03615	0,01627	0,00488	0,00110	0,00020	0,00003	0,00000	0,00000	0,00000	3,86E-09
9				6	0,01988	0,01789	0,00805	0,00242	0,00054	0,00010	0,00001	0,00000	0,00000	0,00000	1,91E-09
10				7	0,00844	0,00759	0,00342	0,00102	0,00023	0,00004	0,00001	0,00000	0,00000	0,00000	8,11E-10
11				8	0,00313	0,00282	0,00127	0,00038	0,00009	0,00002	0,00000	0,00000	0,00000	0,00000	3,01E-10
12				9	0,00103	0,00093	0,00042	0,00013	0,00003	0,00001	0,00000	0,00000	0,00000	0,00000	9,93E-11
13				10	3,07E-04	2,76E-04	1,24E-04	3,73E-05	8,39E-06	1,51E-06	2,27E-07	2,91E-08	3,28E-09	3,28E-10	2,95E-11
14															
15			Sieg für Mannschaft 1:		0,78996										
16			Sieg für Mannschaft 2:		0,08278										
17			Unentschieden:		0,12700										

Abbildung 21.6: Wahrscheinlichkeiten für den Spielausgang m:n beim Spiel Bayern gegen Mainz, mit Daten aus dem Jahr 2025

In die Zellen B2 und B3 kann man die Parameter λ_1 und λ_2 eintragen. Im Beispiel sind das $\lambda_1 = 0{,}033$ für Bayern München und $\lambda_2 = 0{,}01$ für Mainz 05.

In die Zelle E3 muss jetzt $P(0,0)$ eingetragen werden. Wie das geschieht, können Sie im Kopf der Abbildung ablesen. Das sieht zuerst schrecklich kompliziert aus, ist aber nichts anderes als die »Übersetzung« von $\frac{(\lambda_1 \cdot 90)^m}{m!} \cdot \frac{(\lambda_2 \cdot 90)^n}{n!} \cdot e^{-(\lambda_1+\lambda_2)\cdot 90}$ in die Tabellenkalkulation. Ist das geschehen, so füllt man nach rechts und dann nach unten aus, und alles ist fertig.

Man kann jetzt für jeden Ausgang *m:n* die Wahrscheinlichkeit ablesen, mit dem dieser Ausgang – nach unserem Modell – eintritt. In der Zeile für $m = 10$ und in der Spalte für $n = 10$ wurde die sogenannte *wissenschaftliche Notation* für die Zahlen gewählt, um die Anzahl der Nullen hinter dem Komma ablesen zu können. Sie werden zugeben, dass diese Zahlen – und erst recht diejenigen mit noch größeren Werten von *m* und *n* – so klein sind, dass man sie außer Acht lassen kann.

Im letzten Akt folgt nun noch die Berechnung der Wahrscheinlichkeit für einen Sieg von Mannschaft 1, von Mannschaft 2 oder für ein Unentschieden. Dazu machen wir uns erstmal klar, wo in dem Schema die Siege für Mannschaft A, für Mannschaft B oder für Unentschieden stehen.

Auf der hervorgehobenen Diagonalen von links oben nach rechts unten in Abbildung 21.6 finden Sie die Wahrscheinlichkeiten für die unentschiedenen Spielausgänge, denn dort haben *m* und *n* jeweils denselben Wert.

Unterhalb dieser Diagonalen gilt $m > n$, das heißt, das sind die Einträge, bei denen die Mannschaft A gewinnt.

Oberhalb der Diagonalen ist $m < n$, das heißt, das sind die Einträge, bei denen die Mannschaft B gewinnt.

In Abbildung 21.6 wurden alle Einträge unterhalb der Diagonalen summiert. Dies ergab eine Gewinnwahrscheinlichkeit von 78,9 % für Bayern München.

Die Summation der Einträge oberhalb der Diagonalen liefert 9,45 % für einen Mainzer Sieg. Die Summation längs der Diagonalen ergibt 12,7 % für ein Unentschieden.

Die Wahrscheinlichkeit für die Mainzer, nicht zu verlieren, ist demnach gleich 8,28 % + 12,7 % = 20,98 %. Diese Wahrscheinlichkeit ist nicht zu vernachlässigen, trotz des großen Unterschieds zwischen Bayern München und Mainz 05. Und tatsächlich, am 14.12.2025 ging das Spiel Bayern gegen Mainz 2:2 aus. Das zeigt, dass im Fußball die schwächere Mannschaft auch Chancen auf ein Unentschieden oder gar einen Sieg hat. Wir werden in den folgenden Abschnitten sehen, dass dies für andere Ballsportarten nicht gilt!

Kapitel 22

Ein Brief über das Ballspiel

Ende des 17. Jahrhunderts sorgt das in Abschnitt 20.2, »Ballspiele im Mittelalter«, erwähnte Jeu de Paume für ein bemerkenswertes Ereignis. Erstmals findet eine wissenschaftliche und mathematische Betrachtung eines Sportgeschehens statt. Es ist der berühmte Mathematiker Jakob Bernoulli (1655–1705), der eine längere Abhandlung über das Jeu de Paume schreibt.

Neben bedeutenden Arbeiten zur Infinitesimalrechnung beschäftigte Bernoulli sich auch mit der Wahrscheinlichkeitsrechnung und schrieb eines deren grundlegenden Werke, die »Ars conjectandi«. Dieses Buch wurde erst acht Jahre nach seinem Tod durch seinen Neffen Niklaus Bernoulli veröffentlicht. Im Anhang der »Ars conjectandi« findet sich der »Brief an einen Freund über das Ballspiel (Jeu de Paume)«. Bernoulli beginnt mit folgenden Worten:

> *»Sie theilen mir mit, mein Herr, dass Sie eine meiner Schriften, in welcher ich neue Sätze über das Ballspiel aufgestellt habe, zu Gesicht bekamen, und Sie fragen mich, ob diese Sätze sich wirklich streng beweisen lassen, oder ob sie sich nur auf unbewiesene Vermuthungen, welche keinen festen Untergrund haben, stützen.«*

Bei dem Herrn, von dem hier die Rede ist, handelt es sich um jenen mathematisch begabten Nikolaus Bernoulli, der wie schon erwähnt die »Ars conjectandi« veröffentlichte.

Die didaktische Form eines Briefs hat Jacob Bernoulli gewählt, um das Problem in einem Dialog zu präsentieren. Im Folgenden beschreibt Bernoulli dann ein einfaches Modell, mit dem das Ballspiel analysiert werden kann, und berechnet für verschiedene Spielsituationen die »Gewinnhoffnungen« (heute würde man »Wahrscheinlichkeiten« schreiben) der beiden Spieler.

Während vor Bernoulli die Wahrscheinlichkeitsrechnung fast ausschließlich auf Glücksspiele angewandt wurde, untersucht Bernoulli jetzt das Jeu de Paume mit den damals bekannten Methoden der Wahrscheinlichkeitsrechnung. Damit hat er die Voraussetzung dafür geschaffen, Ballspiele mathematisch untersuchen zu können – so, wie dies auch hier geschieht.

In dem »Brief an einen Freund über das Ballspiel« schreibt Bernoulli über das »Jeu de Paume«, den Vorläufer des Tennis, dass dieses Spiel *»wenn schon zur Leibesübung nützlich, ganz hervorragend fähig und auch würdig ist, den Geist zu fesseln und das Nachdenken anzuregen«* [BER].

Bernoulli beschreibt, wie man die Wahrscheinlichkeitsrechnung auf Spiele anwenden kann, die »*von dem Verstande und der Gewandtheit der Spieler abhängen*« [BER]:

> »*Ich sehe z. B. zwei Personen Ball spielen und beobachte sie lange Zeit; dabei nehme ich wahr, dass der eine der beiden Spieler 200 oder 300 Schläge gewinnt, während der andere nur 100 gewinnt, und urteile infolgedessen mit genügender Sicherheit, dass der erstere doppelt oder dreifach so gut wie der andere spielt, da er, so zu sagen, zwei oder drei Teile der Geschicklichkeit, als ebenso viele Fälle oder Ursachen, welche ihn den Ball gewinnen lassen, und der letztere nur einen solchen Teil besitzt.*« *[BER]*

Mit den heute üblichen Begriffen wird man Bernoulli dahingehend interpretieren können, dass er die Spieler eine Zeit beobachtete, um dann die relativen Häufigkeiten (das heißt die Anzahl der gewonnenen Ballwechsel geteilt durch die Zahl aller Ballwechsel) der gewonnenen Ballwechsel zu bilden.

Diese relative Häufigkeit ist ein Schätzwert für die Wahrscheinlichkeit p, einen Ballwechsel zu gewinnen. Diese Sichtweise wird für die Untersuchungen der nächsten Abschnitte übernommen. Dabei wird wie bei Bernoulli angenommen, dass man einem Spieler A, der gegen Spieler B spielt, eine bestimmte Wahrscheinlichkeit p zuordnen kann, mit der er einen Ballwechsel gegen B gewinnt. Entsprechend gewinnt B einen Ballwechsel gegen A mit der Wahrscheinlichkeit $q = 1 - p$. Es wird angenommen, dass sich diese »Spielstärke« p über das ganze Match nicht ändert. Natürlich entspricht dies nicht den wirklichen Verhältnissen. Nachlassende Kondition, psychische Instabilität, klatschende Zuschauer und vieles mehr beeinflussen und ändern die Wahrscheinlichkeit p. Da diese Einflüsse aber nicht vorhersehbar sind, können sie in den nachfolgenden Überlegungen auch nicht berücksichtigt werden. Für den Spieler A wird also stets von einer unveränderlichen Gewinnwahrscheinlichkeit p ausgegangen.

22.1 Jetzt kommt die Praxis

Ich hoffe, dass die Darlegungen aus dem letzten Abschnitt verständlich waren. Trotzdem ist es immer besser, wenn man eigene Erfahrungen mit einem Problem macht. Aus diesem Grund sollten Sie nach dem Lesen dieses Abschnitts das Buch zur Seite legen und sich zu einer Tischtennisplatte oder auf einen Tennisplatz begeben. Nehmen Sie dazu Ihren Lieblingspartner bzw. Ihre Lieblingspartnerin mit. Dort angekommen sollten Sie genau das tun, was Bernoulli beschrieben hat. Machen Sie keine Spiele, sondern führen Sie einzelne Ballwechsel aus, aber durchaus im »Kampfmodus«. Dabei soll jeder der Spieler mitzählen, wie viele Ballwechsel er gewonnen hat, schummeln ist nicht erlaubt. Die Zahl der Ballwechsel, die Sie durchführen, sollte möglichst groß sein, mindestens aber 50. Weniger Trainierte dürfen ruhig Pausen einstreuen oder am nächsten Tag weiterspielen. Schreiben Sie sich dann am besten auf, wie viele Ballwechsel Sie und wie viele Ballwechsel Ihr Partner gewonnen hat. Sie brauchen diese Zahlen noch später, wenn Sie im Buch weiterlesen.

Angenommen, Sie haben 60 Ballwechsel gespielt, von denen Sie $a = 36$ und ihr Partner $b = 24$ gewonnen haben. Dann beträgt die relative Häufigkeit Ihrer gewonnenen Spiele gleich $\frac{a}{a+b} = \frac{36}{60} = 0{,}6 = 60\ \%$. Die Wahrscheinlichkeit, dass Sie gegen Ihren Partner einen Ballwechsel gewinnen, ist damit (ungefähr) gleich $p = 0{,}6$. Beachten Sie, dass diese Wahrscheinlichkeit nur für Ballwechsel mit Ihrem Partner gilt, mit dem Sie die 60 Ballwechsel durchgeführt haben. Im Spiel mit einem anderen Gegner haben Sie eine andere Wahrscheinlichkeit für den Gewinn eines Ballwechsels.

Kapitel 23

Die Einstandregelung

In den Regeln für Tischtennis, Tennis und Volleyball gibt es ein gemeinsames Element: die Einstandregelung. Diese soll bei einem Gleichstand den Ablauf des weiteren Spiels beschleunigen. In diesem Kapitel wird die Einstandregelung mathematisch analysiert.

23.1 Ein Graph für die Einstandregelung

Im Volleyball wird in einem Satz so lange gespielt, bis eine Mannschaft 25 Punkte erreicht hat. Kommt es zum Spielstand von 24:24, wird so lange weitergespielt, *bis eine Mannschaft 2 Punkte Vorsprung hat.*

Im Tischtennis gewinnt der Spieler einen Satz, der zuerst 11 Punkte erreicht hat. Beim Stand von 10:10 wird so lange weitergespielt, *bis ein Spieler 2 Punkte Vorsprung hat.*

Auch im Tennis gibt es die Einstandregelung. Diese kann in einem Spiel oder auch in einem Tiebreak auftreten. Auch in diesen Fällen wird so lange weitergespielt, *bis ein Spieler 2 Punkte Vorsprung hat*. Näheres dazu finden Sie in Kapitel 24, »Wir spielen Tennis«.

Die zuletzt beschriebenen Situationen für die Einstandregelung lassen sich als eine Irrfahrt auf einem Graphen beschreiben, wie in Abbildung 23.1 gezeigt.

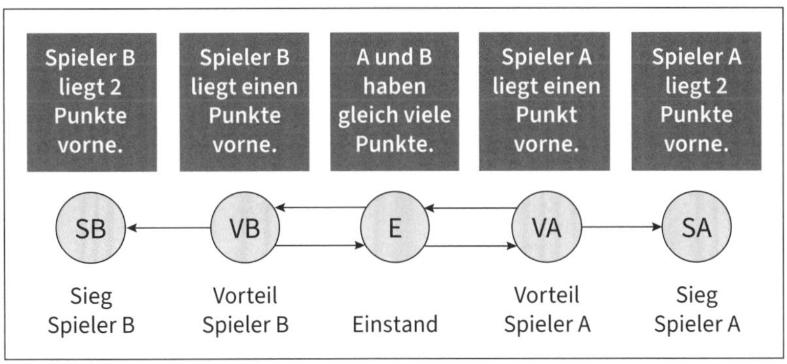

Abbildung 23.1: Ein Graph für die Einstandregelung

Die Irrfahrt beginnt im Knoten E des Graphen. Das E steht für »Einstand«. Es gibt jetzt einen Ballwechsel. Wenn Spieler A diesen gewinnt (dies geschieht mit der Wahrscheinlichkeit p), dann geht die Irrfahrt in den Knoten VA, den »Vorteil für Spieler A«. Ansonsten geht die Irrfahrt in den Knoten VB (»Vorteil für Spieler B«), was mit der Wahrscheinlichkeit

$q = 1 - p$ geschieht. Steht die Irrfahrt z. B. im Knoten VA und Spieler A verliert den nächsten Ballwechsel, geht die Irrfahrt in den Knoten E, und alles beginnt von vorne. Werden die Knoten SA (»Sieg für Spieler A«) oder SB (»Sieg für Spieler B«) erreicht, ist die Irrfahrt beendet.

23.2 Wieder etwas Praxis

Bevor wir uns mit der Wahrscheinlichkeit rund um die Einstandregelung beschäftigen, möchte ich Sie noch einmal an die Tischtennisplatte beziehungsweise auf den Tennisplatz schicken. Ich hoffe, dass Sie keine Nachwirkungen von Ihrer letzten sportlichen Aktivität verspüren.

Bestimmt ahnen Sie schon, was Sie machen sollen, geht es doch hier um die Einstandregelung. Sie spielen immer so lange, bis Sie oder Ihr Partner zwei Punkte Vorsprung haben. Versuchen Sie, möglichst viele dieser Einstandregelungen zu spielen. Zählen Sie dabei, wie oft Sie gewinnen und wie oft Ihr Partner gewinnt. Ermitteln Sie die relative Häufigkeit, mit der Sie die Einstandregelung gewinnen, und heben Sie diese Zahl für später auf. Beachten Sie aber, dass Ihr Spielpartner genau derjenige sein muss, mit dem Sie schon die Wahrscheinlichkeit für einen Ballwechsel bestimmt haben.

23.3 Die Gewinnwahrscheinlichkeit für die Einstandregelung

Bevor wir die Gewinnwahrscheinlichkeit für die Einstandregelung berechnen können, sollten wir uns mit den Pfadregeln vertraut machen. Wenn Sie die Pfadregeln kennen, können Sie Abschnitt 23.3.1 dazu überspringen.

23.3.1 Die Pfadregeln

Ein möglicher Ablauf einer Irrfahrt auf dem Graphen der Abbildung 23.1 ist z. B.: Verlust, Gewinn, Verlust, Verlust (aus Sicht von Spieler A). Die dabei besuchten Knoten sind E, VB, E, VB, SB. Zusammen mit den Wahrscheinlichkeiten kann der Verlauf dieser Irrfahrt als Pfad, wie ihn Abbildung 23.2 zeigt, dargestellt werden.

$$\mathrm{E} \xrightarrow{q} \mathrm{VB} \xrightarrow{p} \mathrm{E} \xrightarrow{q} \mathrm{VB} \xrightarrow{q} \mathrm{SB}$$

Abbildung 23.2: Beispiel für eine Irrfahrt auf dem Graphen der Abbildung 23.1

Von Interesse ist die Frage, wie die Wahrscheinlichkeit, dass genau der Pfad der Abbildung 23.2 stattfindet, mit der Wahrscheinlichkeit p zusammenhängt. Die Antwort liefern die Pfadregeln, die in diesem Abschnitt betrachtet werden.

Um diese Frage zu beantworten, sehen wir uns nun am Beispiel der Einstandregelung eine sehr große Anzahl n von Abläufen an. Zum besseren Verständnis soll p dabei den Wert 0,6 = 60 % haben.

In circa 40 % der n Fälle steht dann die Irrfahrt nach dem ersten Schritt im Knoten VB, das heißt in $0{,}4 \cdot n$ aller Fälle.

In ca. 60 % dieser Fälle verläuft die Irrfahrt danach zum Knoten E, das heißt in $0{,}6 \cdot (0{,}4 \cdot n)$ aller Fälle.

Setzt man diese Überlegung so fort, dann ergibt sich, dass in circa $0{,}4 \cdot 0{,}4 \cdot 0{,}6 \cdot 0{,}4 \cdot n$ der n Fälle der Pfad aus Abbildung 23.2 auftritt. Die relative Häufigkeit für das Auftreten dieses Pfades ist also $0{,}4 \cdot 0{,}4 \cdot 0{,}6 \cdot 0{,}4 \approx q \cdot q \cdot p \cdot q$. Weil für große Versuchsanzahlen n die relativen Häufigkeiten einen Schätzwert für die theoretischen Wahrscheinlichkeiten darstellen, ergibt sich damit die *Erste Pfadregel*, wie sie im Kasten definiert wird.

Erste Pfadregel

Die Wahrscheinlichkeit eines Pfades ist gleich dem Produkt der Wahrscheinlichkeiten längs dieses Pfades.

Die Wahrscheinlichkeit für das Auftreten des Pfades aus Abbildung 23.2 ist deshalb gleich $q \cdot p \cdot q \cdot q = p \cdot q^3$.

Als ein Beispiel betrachten wir die Frage, mit welcher Wahrscheinlichkeit die Einstandregelung nach zwei Ballwechseln beendet ist. Dieses Ereignis setzt sich aus den folgenden Pfaden zusammen:

Die Wahrscheinlichkeit für das Auftreten des 1. Pfades ist $p \cdot p = p^2$.

$$E \xrightarrow{p} VA \xrightarrow{p} SA$$

$$E \xrightarrow{q} VB \xrightarrow{q} SB$$

Abbildung 23.3: Pfade für das Ereignis »Ende nach zwei Ballwechseln«

Die Wahrscheinlichkeit für das Auftreten des 2. Pfades ist $q \cdot q = q^2$.

Weil die Wahrscheinlichkeit eines Ereignisses gleich der Summe der Wahrscheinlichkeiten der Ergebnisse ist, die das Ereignis bilden (vergleichen Sie dazu z. B. Abschnitt 18.4, »Das Laplace-Modell«), erhält man die Wahrscheinlichkeit für das »Ende der Einstandregelung nach zwei Ballwechseln« zu $p^2 + q^2$.

Die Verallgemeinerung dieser Situation liefert die *Zweite Pfadregel*:

> **Zweite Pfadregel**
> Man erhält die Wahrscheinlichkeit eines Ereignisses, das sich aus verschiedenen Pfaden zusammensetzt, indem man die Wahrscheinlichkeiten der einzelnen Pfade addiert.

23.3.2 Berechnung der Gewinnwahrscheinlichkeit für die Einstandregelung

In Abbildung 23.4 sehen Sie noch einmal den Graphen für die Einstandregelung. Damit lassen sich die folgenden Überlegungen leichter nachvollziehen.

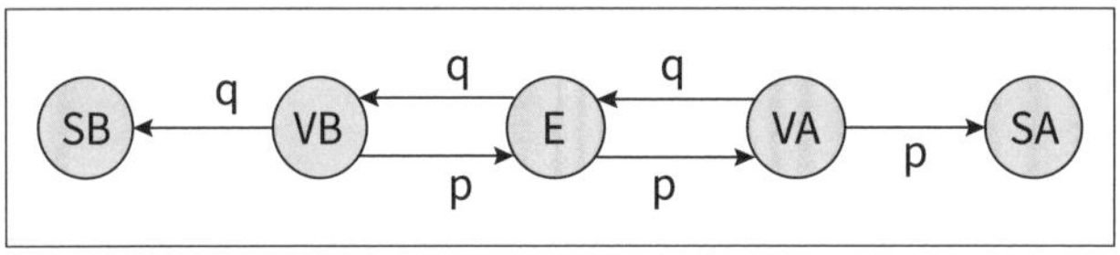

Abbildung 23.4: Graph der Einstandregelung

Mithilfe der Pfadregeln wollen wir jetzt die Wahrscheinlichkeit berechnen, mit der Spieler A die Einstandregelung gewinnt. Für Spieler A ist das auf viele Weisen möglich. Er kann z. B. gleich die ersten beiden Ballwechsel gewinnen und so auf dem Pfad E → VA → SA zum Sieg schreiten. Möglich ist auch der Pfad E → VB → E → VA → SA usw.

Wie Sie sehen, gibt es unendlich viele Pfade, die einen Sieg von Spieler A bedeuten. Vermutlich schwant Ihnen jetzt Schreckliches – um die gesuchte Wahrscheinlichkeit zu bestimmen, müsste man von jedem dieser Pfade die Wahrscheinlichkeit bestimmen und alles addieren. Das geht technisch tatsächlich mit unendlichen Reihen, aber wir haben doch die Pfadregeln.

Wir bezeichnen mit g_{SA} die Wahrscheinlichkeit für den Übergang vom Knoten E in den Knoten SA bzw. die Wahrscheinlichkeit, mit der Spieler A gewinnt.

Wir können 3 Fälle unterscheiden:

- Spieler A gewinnt zwei Punkte direkt hintereinander. Dann hat er gewonnen. Das geschieht mit der Wahrscheinlichkeit $p \cdot p$.
- A gewinnt erst einen Punkt und verliert dann den nächsten Punkt. Dann steht die Irrfahrt wieder im Knoten 2. Von dort ist die Wahrscheinlichkeit, dass A gewinnt, gleich g_{SA}. Im vorliegenden Fall gewinnt A deshalb mit der Wahrscheinlichkeit $p \cdot q \cdot g_{SA}$.
- A verliert den ersten Ballwechsel, gewinnt aber den zweiten. In diesem Fall ist die Wahrscheinlichkeit, dass A gewinnt, gleich $q \cdot p \cdot g_{SA}$.

Jetzt wenden wir die zweite Pfadregel an und erhalten

$$g_{SA} = p \cdot p + p \cdot q \cdot g_{SA} + q \cdot p \cdot g_{SA}$$

$g_{SA} (1 - 2 \cdot p \cdot q) = p^2$

$$g_{SA} = \frac{p^2}{1 - 2 \cdot p \cdot q}$$

Den Nenner dieses Bruchs kann man noch etwas »hübscher« schreiben.

Zunächst verwenden wir die Beziehung $q = 1 - p$:

$1 - 2 \cdot p \cdot q = 1 - 2 \cdot p \cdot (1 - p) = 1 - 2 \cdot p + 2 \cdot p^2 = (1 - 2 \cdot p + p^2) + p^2$

Dann benutzen wir die 2. binomische Formel $a^2 - 2 \cdot a \cdot b + b^2 = (a - b)^2$:

$1 - 2 \cdot p \cdot q = (1 - 2 \cdot p + p^2) + p^2 = (1 - p)^2 + p^2 = p^2 + q^2$

Also gilt:

$$g_{SA} = \frac{p^2}{p^2 + q^2}$$

Weil der Graph, auf dem die Irrfahrt stattfindet, symmetrisch ist, erhält man die Wahrscheinlichkeit g_{SB}, dass Spieler B gewinnt, durch Vertauschung von p und q. Dies liefert

$$g_{SB} = \frac{q^2}{p^2 + q^2}$$

Wenn Sie g_{SA} und g_{SB} addieren, erhalten Sie 1 als Ergebnis. Es ist also sicher, dass die Irrfahrt im Knoten SA oder im Knoten SB endet und nicht etwa unendlich lange dauert.

Mit der Formel für g_{SA} können nun die Gewinnwahrscheinlichkeiten in Abhängigkeit von p berechnet (Tabelle 23.1) und graphisch dargestellt (Abbildung 23.5) werden.

p	g_{SA}
0	0,0000
0,05	0,0028
0,10	0,0122
0,15	0,0302
0,20	0,0588
0,25	0,1000
0,30	0,1552
0,35	0,2248
0,40	0,3077

Tabelle 23.1: g_{SA} in Abhängigkeit von p

p	g_{SA}
0,45	0,4010
0,50	0,5000
0,55	0,5990
0,60	0,6923
0,65	0,7752
0,70	0,8448
0,75	0,9000
0,80	0,9412
0,85	0,9698
0,90	0,9878
0,95	0,9972
1	1,0000

Tabelle 23.1: g_{SA} in Abhängigkeit von p (Forts.)

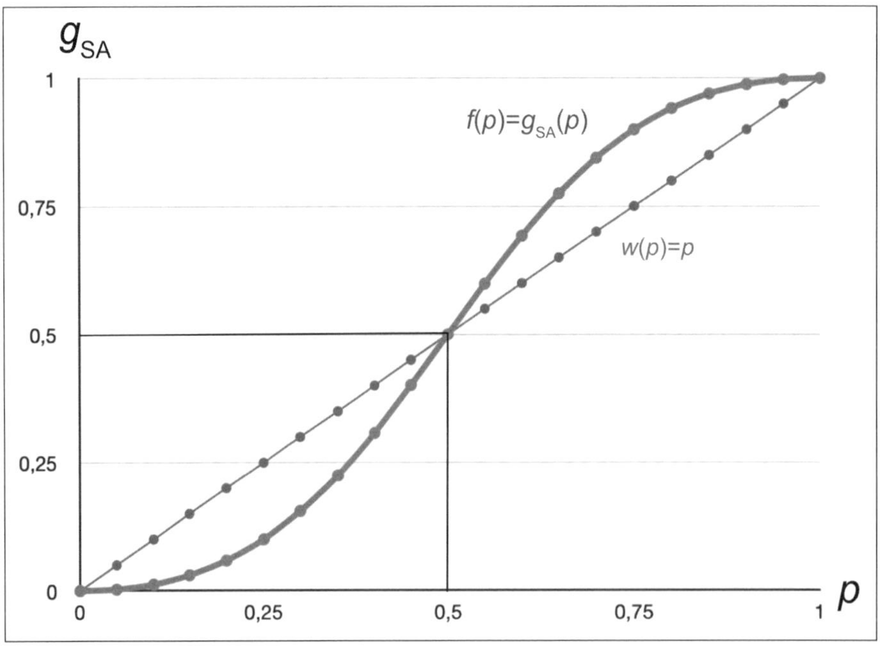

Abbildung 23.5: Die Graphen von $f(p) = g_{SA}(p)$ und $w(p) = p$

Betrachtet man den Graphen von $f(p) = g_{SA}(p)$, so stellt man fest, dass dieser ab $p = 0{,}5$ oberhalb des Graphen von $w(p) = p$ verläuft. So ist z. B. $g_{SA}(0{,}8) \approx 0{,}94 > 0{,}8$.

Jetzt wird der Fall betrachtet, dass B der bessere Spieler ist. In diesem Fall ist $p < 0{,}5$. Sieht man sich Abbildung 23.5 an, so erkennt man, dass der Graph für die Gewinnwahrscheinlichkeit von A unterhalb der Winkelhalbierenden verläuft. In diesem Fall ist die Gewinnwahrscheinlichkeit für Spieler B größer als p.

Der bessere Spieler bekommt demnach in jedem der beiden Fälle durch das Regelwerk der Einstandregelung einen Vorteil gegenüber einem einzigen Ballwechsel geschenkt. Diese Situation nennt man auch *Matthäus-Effekt*. Er wird im folgenden Abschnitt näher beschrieben.

23.4 Der Matthäus-Effekt

> *»Denn wer hat, dem wird gegeben werden, und er wird im Überfluss haben; wer aber nicht hat, dem wird auch noch weggenommen, was er hat.« (Matthäus 25,29)*

Dieses Bibelwort bezieht sich auf das Gleichnis vom anvertrauten Geld: Bevor ein Mann auf eine längere Reise ging, rief er drei Diener zu sich und vertraute ihnen sein Vermögen an. Dem ersten Diener gab er fünf Talente Silbergeld, dem zweiten zwei Talente und dem dritten ein Talent – jedem nach seinen Fähigkeiten. Nach langer Zeit kehrte der Mann von seiner Reise zurück. Der erste und der zweite Diener hatten mit dem Geld gewirtschaftet und es jeweils verdoppelt. Der dritte Diener aber hatte das Geld vergraben und gab seinem Herrn genau das zurück, was er von ihm bekommen hatte. Die ersten beiden Diener wurden gelobt und mit weiteren größeren Aufgaben betraut, den dritten Diener aber schickte der Mann weg. Diejenigen, die ihre Fähigkeiten nutzen, werden also belohnt, wer seine Möglichkeiten aber ungenutzt lässt, verliert selbst das, was er zuvor besessen hatte.

Den in diesem Bibelwort beschriebenen Effekt trifft man in vielen Situationen unseres heutigen Lebens wieder:

- Ein Autor, der einen Bestseller geschrieben hat, ist bei seinem nächsten Buch im Vorteil: Die Fans warten schon, und Presse und Medien rezensieren das Buch sofort.
- Ein Top-Fußballverein zieht Talente an und verbessert sich dadurch noch mehr.
- Die reichsten Menschen werden immer reicher, weil sie ihre Ressourcen nutzen können.
- Kinder aus bildungsaffinen Elternhäusern starten in der Schule mit einem Vorteil gegenüber ihren Mitschülerinnen und Mitschülern. Das führt dazu, dass die Kinder aus bildungsaffinen Elternhäusern bessere Leistungen in der Schule erzielen als die anderen Kinder.

All diese Situationen sind Beispiele für den sogenannten Matthäus-Effekt. Und wie Sie sehen, zeigt sich dieser auch in der Einstandregelung: Der stärkere Spieler wird durch die Regeln bevorzugt.

23.5 Die Einstandregelung und die Praxis

Keine Angst, Sie müssen sich nicht schon wieder sportlich betätigen. Aber Sie haben jetzt die Gelegenheit, Ihre erhobenen Daten zu verwenden. Bei Ihrer ersten Aktivität haben Sie p bestimmt. Bei der zweiten Aktivität haben Sie $g_{SA}(p)$ gemessen. Beiden Werten muss man allerdings ein wenig misstrauen, denn die Basis der Messungen bestand aus zu wenigen Werten. Trotzdem können Sie es versuchen. Nehmen Sie Ihren Wert von p und berechnen Sie $g_{SA} = \frac{p^2}{p^2+q^2}$.

Ihr gemessener Wert von g_{SA} sollte ungefähr mit dem eben berechneten Wert übereinstimmen.

Kapitel 24

Wir spielen Tennis

Dieses Kapitel führt Sie in die Regeln des Tennis ein. Dabei werden Begriffe wie Zweisatz-Match, Spiel, Satz und Tiebreak erklärt.

24.1 Die Tennisregeln

Die Regeln, nach denen Tennis gespielt wird, sind für Nicht-Tennisspieler verwirrend. Deshalb soll hier kurz die Zählweise im Tennis erläutert werden.

Um ein Tennismatch zu gewinnen, müssen mehrere *Sätze* gewonnen werden. Es gibt ein *Zweisatz-Match* oder ein *Dreisatz-Match*.

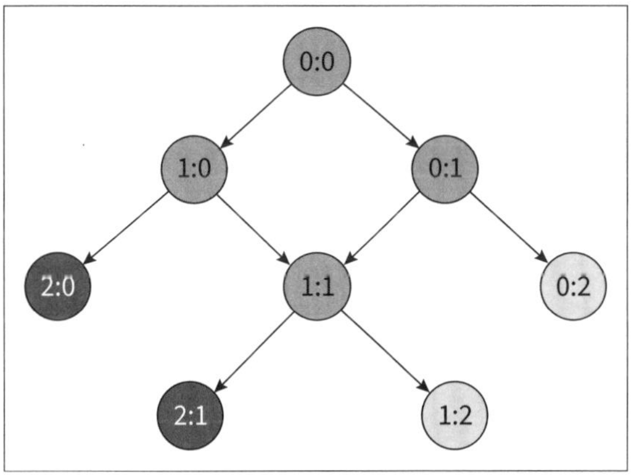

Abbildung 24.1: Zweisatz-Match

Wollen Sie als Tennisspieler ein Zweisatz-Match gewinnen, müssen Sie zwei Sätze gewinnen. Folglich können Sie 2:0 oder auch 2:1 gewinnen. Ein Zweisatz-Match kann also über 2 Sätze (2:0 oder 0:2) oder über 3 Sätze (2:1 oder 1:2) gehen.

Ein Dreisatz-Match wird bei großen internationalen Turnieren gespielt. Wie Sie Abbildung 24.2 entnehmen können, kann ein Dreisatz-Match über 3, 4 oder 5 Sätze gehen.

In den »gewöhnlichen« Spielklassen wird das Zweisatz-Match gespielt. Dabei ist es oft so, dass beim Stand von 1:1 Sätzen, wenn dann ein dritter und entscheidender Satz gespielt werden sollte, dieser durch ein sogenanntes *Match-Tiebreak* (auch *Champion-Tiebreak* genannt, Näheres dazu finden Sie im Anhang) ersetzt wird, um die Spieldauer zu verkürzen.

Um einen Satz zu gewinnen, muss ein Spieler mindestens 6 *Spiele* gewinnen, wobei ein Spiel nicht mit dem Match zu verwechseln ist.

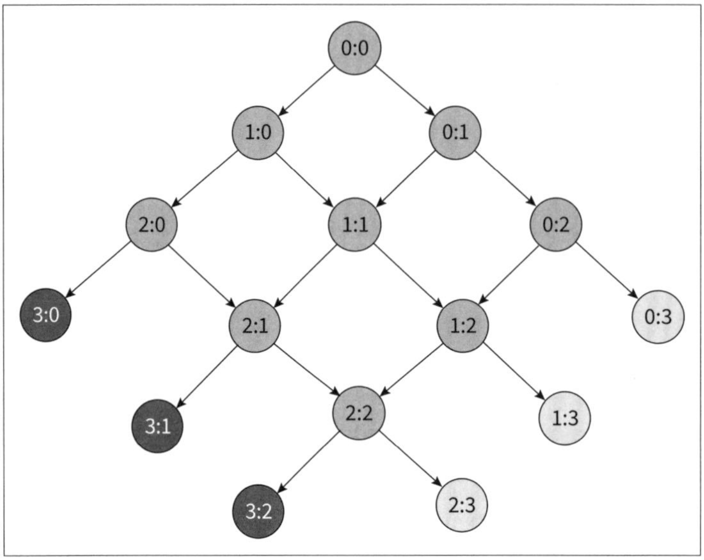

Abbildung 24.2: Dreisatz-Match

Alle möglichen Abläufe eines »Satzes« lassen sich der Abbildung 24.3 entnehmen.

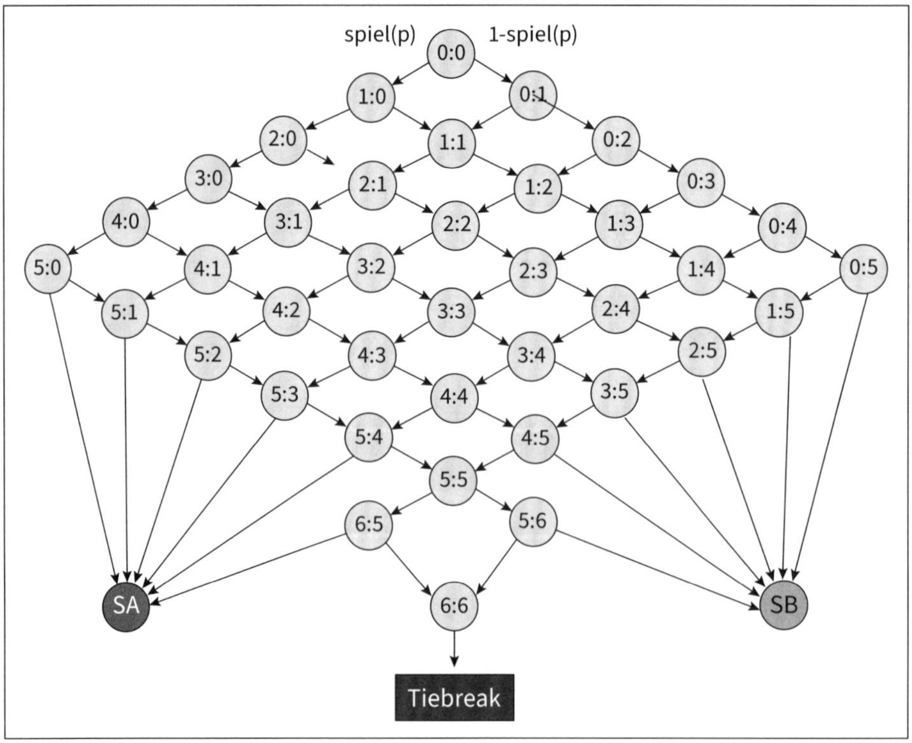

Abbildung 24.3: Der Graph für einen Satz

Ein Satz besteht aus einzelnen »Spielen«. Die Zahlen *a:b* in der Abbildung stellen die gewonnenen Spiele für A und B dar. Die Wahrscheinlichkeit, dass von einem Knoten aus in Blickrichtung nach links weitergegangen wird, ist jetzt nicht wie zuvor gleich *p*, sondern gleich der Wahrscheinlichkeit *spiel*(*p*), mit der Spieler A ein Spiel gegen Spieler B gewinnt. Steht es 6:0, 6:1, ..., 6:4, dann hat A den Satz gewonnen. Beim Stand von 5:5 kann A noch 7:5 gewinnen, oder aber es kommt beim Stand von 6:6 zu einem Tiebreak. Mit dem Tiebreak soll verhindert werden, dass weitere Spiele den Satz zu lang werden lassen.

Der Graph der Abbildung 24.4 zeigt alle Möglichkeiten auf, wie ein Spiel verlaufen kann.

Begonnen wird bei 0:0. Ein von Spieler A gewonnener Ballwechsel führt in der Draufsicht nach links. Dies geschieht mit der Wahrscheinlichkeit *p*. Ein von Spieler B gewonnener Ballwechsel führt nach rechts. Dies geschieht mit der Wahrscheinlichkeit $q = 1 - p$.

In Abbildung 24.4 wurde die im Tennis gebräuchliche Zählweise 15:0 usw. durch die Anzahl der gewonnenen Ballwechsel ersetzt.

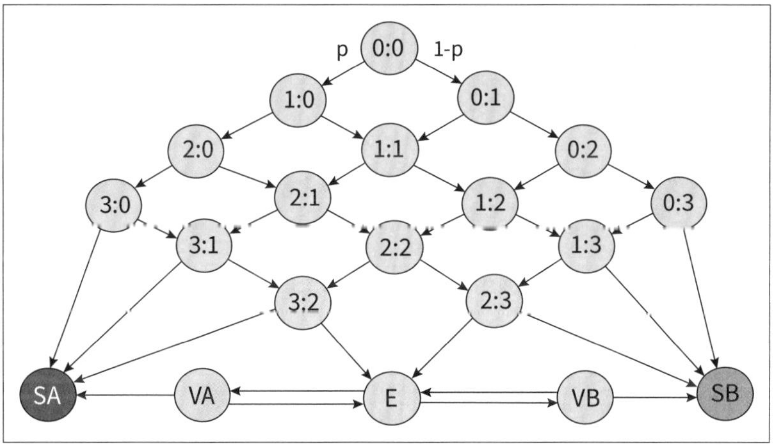

Abbildung 24.4: Der Graph für ein Spiel

Beim Stand von 3:2 oder 2:3 kann man zum Knoten E gelangen, der für »Einstand« steht. Von hier aus läuft die in Kapitel 23 beschriebene Einstandregelung ab. Die Knoten VA und VB heißen »Vorteil A« bzw. »Vorteil B«, wie Sie bereits aus Kapitel 23, »Die Einstandregelung«, wissen. SA steht für Sieg von A, das heißt, Spieler A gewinnt das Spiel. Entsprechend bedeutet SB den Gewinn des Spiels für Spieler B.

Es fehlt nun aber noch der Ablauf für ein Tiebreak, das in einem Satz beim Stand von 6:6 gespielt wird.

Im Tiebreak liefert ein gewonnener Ballwechsel einen Punkt. Gewonnen hat, wer zuerst 7 Punkte mit einem Abstand von mindestens 2 Punkten zum Gegner erreicht hat. Wird dagegen der Spielstand von 6:6 erreicht, tritt die bekannte Einstandregelung in Kraft (Abbildung 24.5).

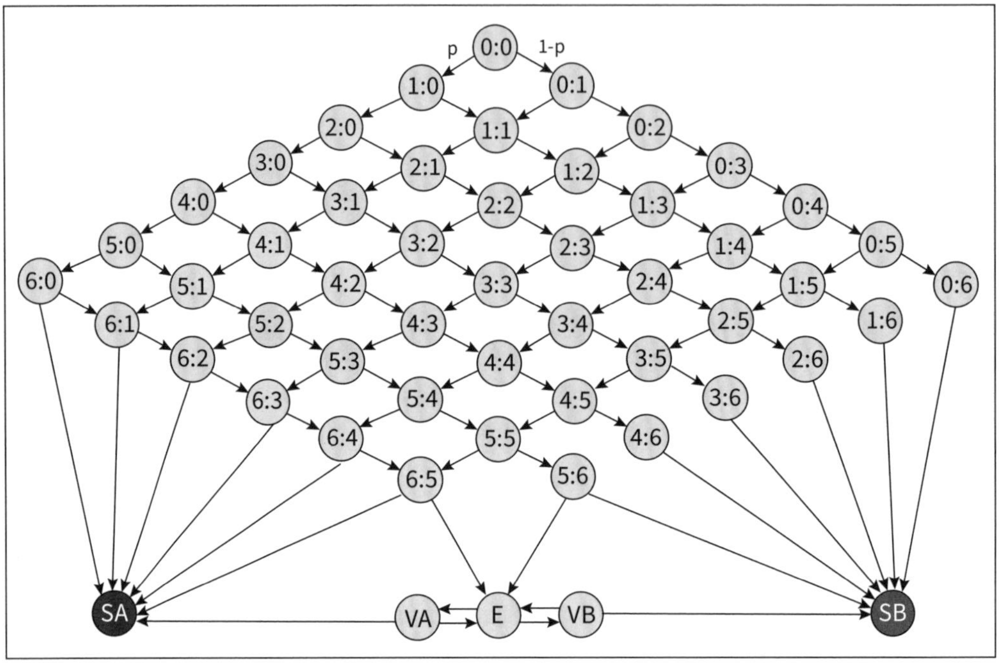

Abbildung 24.5: Der Graph für ein Tiebreak

24.2 Die Gewinnwahrscheinlichkeit für ein Spiel

Mit welcher Wahrscheinlichkeit gewinnt Spieler A ein Spiel, wenn er einen Ballwechsel mit der Wahrscheinlichkeit p gewinnt?

Um in den Siegknoten SA zu kommen, gibt es prinzipiell vier Möglichkeiten:

- über den Knoten 3:0
- über den Knoten 3:1
- über den Knoten 3:2
- über die Knoten E und VA

Diese Möglichkeiten werden jetzt im Detail betrachtet. Dabei werden die Pfadregeln angewendet.

- Es gibt genau einen Pfad, der von 0:0 aus über den Knoten 3:0 nach SA führt. Dieser besitzt die Wahrscheinlichkeit p^4.
- Über den Knoten 3:1 führen $\binom{4}{1} = 4$ Pfade von 0:0 nach SA (zur Berechnung und Bedeutung von Binomialkoeffizienten können Sie Abschnitt 9.3.3, »Kombinationen«, lesen). Es handelt sich zwar um Wege der Länge 5, aber das letzte Wegstück muss nach

links führen. Deshalb kann nur aus vier Wegstücken dasjenige ausgesucht werden, das den Gewinn eines Ballwechsels für B darstellt. Die Wahrscheinlichkeit, dass SA über 3:1 erreicht wird, ist deshalb gleich $\binom{4}{1} \cdot p^4 \cdot (1-p) = 4 \cdot p^4 \cdot (1-p)$.

- Es gibt $\binom{5}{2}$ Wege, die von 0:0 über 3:2 nach SA führen. Die Wahrscheinlichkeit, dass SA über 3:2 erreicht wird, ist deshalb gleich $\binom{5}{2} \cdot p^4 \cdot (1-p)^2 = 10 \cdot p^4 \cdot (1-p)^2$.
- Jetzt müssen noch die Wege betrachtet werden, die über den Knoten E nach SA führen. Da man E auch mit 3:3 bezeichnen kann, sind dies $\binom{6}{3}$ Wege, jeder mit der Wahrscheinlichkeit $p^3 \cdot (1-p)^3$. Von E aus ist die Wahrscheinlichkeit für einen Sieg von A gleich $\frac{p^2}{p^2+(1-p)^2}$. Die Wahrscheinlichkeit, dass A über den Knoten E zum Sieg kommt, ist deshalb gleich $\binom{6}{3} \cdot p^3 \cdot (1-p)^3 \cdot \frac{p^2}{p^2+(1-p)^2} = 20 \cdot p^3 \cdot (1-p)^3 \cdot \frac{p^2}{p^2+(1-p)^2}$

Nach der zweiten Pfadregel addieren sich die eben berechneten vier Einzelergebnisse zur Wahrscheinlichkeit *spiel(p)* des Spielgewinns von Spieler A:

$$spiel(p) = p^4 + 4 \cdot p^4 \cdot (1-p) + 10 \cdot p^4 \cdot (1-p)^2 +$$

$$20 \cdot p^3 \cdot (1-p)^3 \cdot \frac{p^2}{p^2 + (1-p)^2}$$

$$spiel(p) = p^4 \cdot \left(1 + 4 \cdot (1-p) + 10 \cdot (1-p)^2 + 20 \cdot (1-p)^3 \cdot \frac{p}{p^2 + (1-p)^2}\right)$$

24.3 Die Berechnung von spiel(*p*)

Wir widmen uns wieder unserer Tabellenkalkulation. Das Ziel: Stellen Sie die Wahrscheinlichkeit *spiel(p)* graphisch dar und vergleichen Sie diese mit der Wahrscheinlichkeit g_{SA} für den Gewinn der Einstandregelung. Zunächst müssen Sie in die Zelle C2 den Ausdruck für *spiel*(*p*) aus dem letzten Abschnitt eintragen. Die »Übersetzung« von *spiel*(*p*) in die Tabellenkalkulation sehen Sie in Abbildung 24.6: `=POTENZ(A2;4)×(1+4×B2+10×POTENZ(B2;2)+20×POTENZ(B2;3)×A2÷(POTENZ(A2;2)+POTENZ(B2;2)))`. In die Zelle D2 schreiben Sie den Ausdruck für $g_{SA}(p)$, das heißt den Ausdruck für $\frac{p^2}{p^2+(1-p)^2}$: `=A2×A2÷(A2×A2+B2×B2)`.

Füllen Sie dann nach unten aus.

An der graphischen Darstellung von *spiel(p)* und $g_{SA}(p)$ in Abbildung 24.7 sehen Sie sofort, dass wieder der Matthäus-Effekt auftritt – beim Ablauf eines Spiels noch stärker als bei der Einstandregelung.

=POTENZ(A2;4)×(1+4×B2+10×POTENZ(B2;2)+20×POTENZ(B2;3)×A2÷(POTENZ(A2;2)+POTENZ(B2;2)))

=A2×A2÷(A2×A2+B2×B2)

	A	B	C	D
1	**p**	**1-p**	**spiel(p)**	**$g_{SA}(p)$**
2	0	1	0,0000	0,0000
3	0,05	0,95	0,0001	0,0028
4	0,1	0,9	0,0014	0,0122
5	0,15	0,85	0,0071	0,0302
6	0,2	0,8	0,0218	0,0588
7	0,25	0,75	0,0508	0,1000
8	0,3	0,7	0,0992	0,1552
9	0,35	0,65	0,1704	0,2248
10	0,4	0,6	0,2643	0,3077
11	0,45	0,55	0,3769	0,4010
12	0,5	0,5	0,5000	0,5000
13	0,55	0,45	0,6231	0,5990
14	0,6	0,4	0,7357	0,6923
15	0,65	0,35	0,8296	0,7752
16	0,7	0,3	0,9008	0,8448
17	0,75	0,25	0,9492	0,9000
18	0,8	0,2	0,9782	0,9412
19	0,85	0,15	0,9929	0,9698
20	0,9	0,1	0,9986	0,9878
21	0,95	0,05	0,9999	0,9972
22	1	0	1,0000	1,0000

Abbildung 24.6: Berechnung von spiel(p)

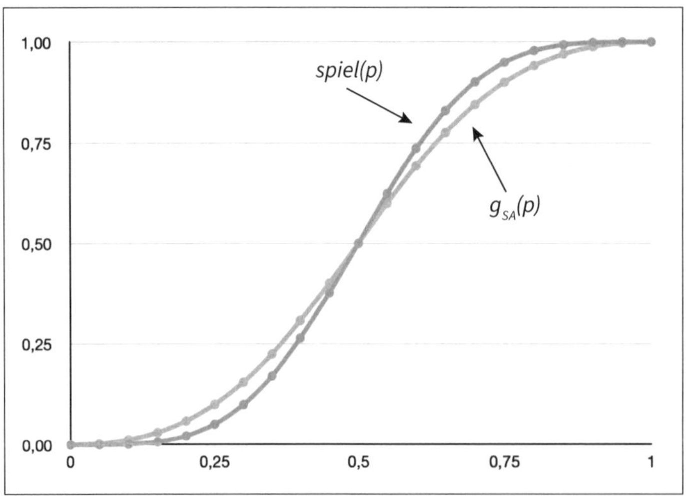

Abbildung 24.7: Die Graphen von spiel(p) und gSA(p)

24.4 Ausblick und Fazit

Wir könnten jetzt so weitermachen und die Gewinnwahrscheinlichkeit für ein Tiebreak, ein Match-Tiebreak, einen Satz und ein Match berechnen. Das würde Ihnen aber vielleicht keine Freude machen. Um es harmlos auszudrücken: Die Terme, die diese Wahrscheinlichkeiten beschreiben, werden nicht einfacher. Aus diesem Grund beenden wir hier die Rechnerei, und ich gebe Ihnen noch an, was die Rechnungen liefern würden. Es gibt am Ende des Buch jedoch einen Anhang, in dem Sie die restlichen Berechnungen nachlesen können.

In Tabelle 24.1 und Abbildung 24.8 sehen Sie die Gewinnwahrscheinlichkeiten für ein Zweisatz-Match, graphisch und als Tabelle dargestellt. Auf den ersten Blick ist ersichtlich, dass die Gewinnwahrscheinlichkeit nicht proportional zur Spielstärke p des Spielers ist. Vielmehr steigt die Gewinnwahrscheinlichkeit im Bereich $0{,}4 < p < 0{,}6$ stark an. Für $p = 0{,}6$ beträgt die Gewinnwahrscheinlichkeit schon 98,6 %. Für einen Spieler mit $p \geq 0{,}7$ ist es fast sicher, zu gewinnen.

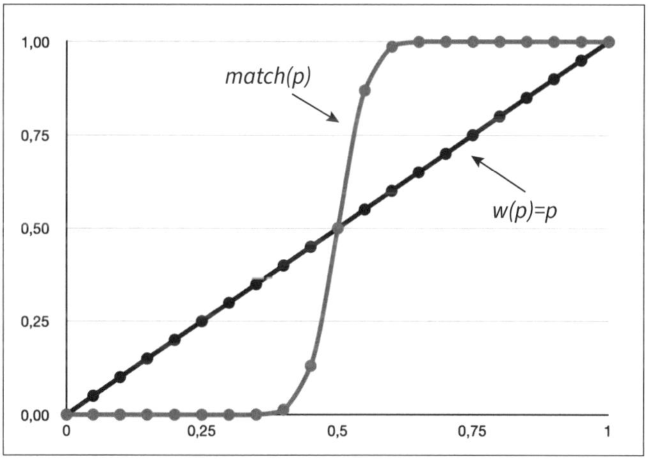

Abbildung 24.8: Der Graph für die Gewinnwahrscheinlichkeiten bei einem Zweisatz-Match

p	***match(p)***
0	0,0000000
0,05	0,0000000
0,10	0,0000000
0,15	0,0000000
0,20	0,0000000

Tabelle 24.1: Gewinnwahrscheinlichkeiten für ein Zweisatz-Match

p	*match*(*p*)
0,25	0,0000000
0,30	0,0000091
0,35	0,0005705
0,40	0,0136137
0,45	0,1308876
0,50	0,5000000
0,55	0,8691124
0,60	0,9863863
0,65	0,9994295
0,70	0,9999909
0,75	1,0000000
0,80	1,0000000
0,85	1,0000000
0,90	1,0000000
0,95	1,0000000
1	1,0000000

Tabelle 24.1: Gewinnwahrscheinlichkeiten für ein Zweisatz-Match (Forts.)

Dem Spieler, dem es gelingt, die Gewinnwahrscheinlichkeit *p* für einen Ballwechsel auch nur leicht über 50 % anzuheben, verhelfen die Tennisregeln zum Sieg. Die Tennisregeln sorgen nämlich dafür, dass der Ausgang des Matches nicht vom Zufall abhängig ist, sondern fast nur vom Können des Spielers. Das gilt nicht für alle Sportarten in diesem Ausmaß. So liegt z. B. der Reiz des Fußballspiels unter anderem darin, dass der Zufall – anders als beim Tennis – einen großen Einfluss auf den Spielausgang hat.

Kapitel 25
Haben Sie schon einmal im Supermarkt geklaut?

Es gibt Fragen, die der befragten Person peinlich sein können, wenn sie ehrlich beantwortet werden sollen. Aus diesem Grund wurden Fragetechniken entwickelt, die garantieren, dass die dokumentierte Antwort nicht der befragten Person zugeordnet werden kann.

25.1 Probleme bei Umfragen

Sollten Sie schon einmal in einem Supermarkt etwas geklaut haben, haben Sie sicher keine Lust, die Frage »Haben Sie schon einmal im Supermarkt geklaut?« wahrheitsgemäß zu beantworten. Die ehrliche Antwort wäre Ihnen vermutlich peinlich.

Umgekehrt kann es auch für den Interviewer problematisch sein, wenn er eine Antwort mit dem Hinweis auf ein strafbares Delikt erhält und so zum Mitwisser wird. Das zeigt das folgende Beispiel:

Im Vietnamkrieg nahmen viele der US-Soldaten die Droge Marihuana. Das Rauchen von Marihuana war verboten, aber die Pflanze wuchs wild in Vietnam, so dass der Zugriff darauf einfach war. Viele Bomben, die irrtümlich auf eigene Soldaten fielen, wurden im Rausch abgeworfen [VIE]. Schließlich wollte die US-Regierung einen Überblick über den Anteil p der kiffenden US-Soldaten haben. Dazu wurde die *Randomized-Response-Technik* eingesetzt. Diese stammt von S. L. Warner [WAR] und aus dem Jahr 1965 und wurde seitdem weiterentwickelt. Mit dieser Fragemethode ist kein Rückschluss auf die befragte Person möglich, und auch der Interviewer erhält keine Information über eine eventuell begangene Straftat.

25.2 Eine einfache Version der Randomized-Response-Technik

Betrachtet wird das Beispiel der im Vietnamkrieg Marihuana konsumierenden Soldaten. Es soll der Prozentsatz p der Soldaten, die Marihuana rauchen, ermittelt werden. Dazu werden n Personen befragt. Jede befragte Person erhält eine Karte, auf der zwei Aussagen stehen, die jeweils mit »ja« oder »nein« beantwortet werden können. Schematisch dargestellt sehen Sie eine solche Karte in Abbildung 25.1.

1. Ich rauche Marihuana

2. Ich rauche kein Marihuana

Abbildung 25.1: Karte für die befragte Person

Außerdem erhält die befragte Person ein Glücksrad (Abbildung 25.2) mit folgender Anweisung:

> *Drehen Sie das Glücksrad (unbeobachtet). Wenn 1 erscheint, dann beantworten Sie die Aussage 1, ansonsten beantworten Sie die Aussage 2. Die Beantwortung soll jeweils wahrheitsgemäß sein.*

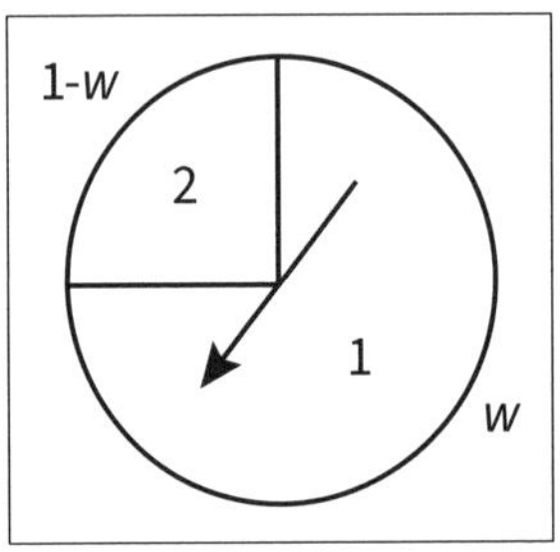

Abbildung 25.2: Glücksrad

Die Wahrscheinlichkeit, dass das Glücksrad im Sektor 1 stehen bleibt, ist mit w bezeichnet. Die Wahrscheinlichkeit, dass das Glücksrad 2 anzeigt, ist dann $1 - w$ (in Abbildung 25.2 ist $w = \frac{3}{4}$).

Nach der Befragung wird die Anzahl j der »ja«-Antworten gezählt.

Einen Überblick darüber, mit welchen Wahrscheinlichkeiten mit »ja« bzw. »nein« geantwortet wird, liefert Abbildung 25.3.

Mit den Wahrscheinlichkeiten w bzw. $1 - w$ kommt man in die Knoten »1« und »2«.

Steht man im Knoten »1«, muss man auf die Frage »Ich rauche Marihuana« antworten. Weil der Prozentsatz der Marihuana rauchenden Soldaten mit p bezeichnet ist, gelangt man vom Knoten »1« aus mit der Wahrscheinlichkeit p zu einer »Ja«-Antwort.

Hat man mit dem Glücksrad die Frage Nr. 2 ausgewählt, muss man auf die Frage »Ich rauche kein Marihuana« wahrheitsgemäß antworten. Mit »ja« antworten dann alle Soldaten, die kein Marihuana rauchen. Deren Anteil ist $1 - p$.

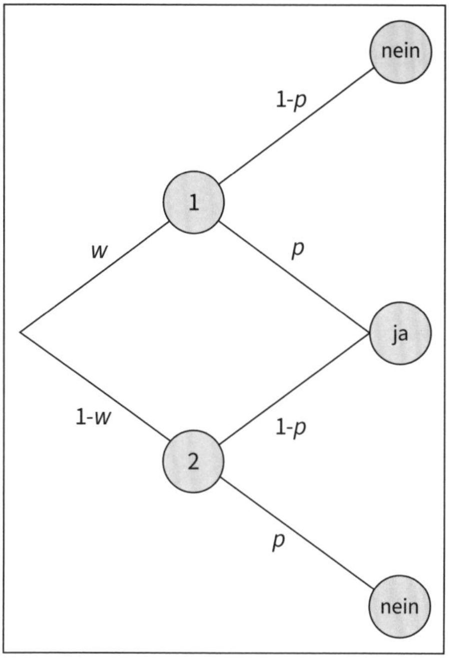

Abbildung 25.3: Baumdiagramm zur Befragung

Die Wahrscheinlichkeit, dass bei der Befragung einer Person diese die Antwort »ja« wählt, ist damit gleich $w \cdot p + (1 - w) \cdot (1 - p)$. Dabei wurde die zweite Pfadregel angewendet. Diese Wahrscheinlichkeit bezeichnen wir mit s. Wir möchten p kennen. Also lösen wir die Gleichung nach p auf:

$$s = w \cdot p + (1 - w) \cdot (1 - p) = w \cdot p + 1 - p - w + w \cdot p$$

Auf der rechten Seite dieser Gleichung wird p ausgeklammert:

$$s = p \cdot (w - 1 + w) + 1 - w$$

$$s + w - 1 = p \cdot (w - 1 + w)$$

$$p = \frac{s + w - 1}{2 \cdot w - 1}$$

Die Wahrscheinlichkeit s für die Anzahl der »ja«-Antworten kann man durch die relative Häufigkeit $s \approx \frac{j}{n}$ der »ja«-Antworten schätzen. Damit erhält man einen Näherungswert für den unbekannten Prozentsatz p:

$$p \approx \frac{\frac{j}{n} + w - 1}{2 \cdot w - 1}$$

Beispiel

$n = 1000$ Personen werden befragt, davon antworten $j = 480$ mit »ja«. Benutzt wird ein Glücksrad mit $w = 0{,}85$.

Dann erhält man für p den folgenden gerundeten Wert:

$$p \approx \frac{\frac{480}{1000} + 0{,}85 - 1}{2 \cdot 0{,}85 - 1} \approx 0{,}471 = 47{,}1\,\%$$

Der US-Militärarzt Norris Duncan Stanton ermittelte den Prozentsatz der in Vietnam stationierten Soldaten, die Marihuana rauchten, zu 46 % [VIE].

Für die Wahl der Wahrscheinlichkeit w sind folgende Zusammenhänge zu beachten:

Falls $w = 1$ gilt, so wird immer die Frage 1 beantwortet. Damit hätte der Interviewer allerdings die vollständige Information über die gerade befragte Person, was natürlich nicht sein darf.

Dasselbe gilt für den Fall $w = 0$, der auch ausgeschlossen werden muss.

Wäre $w = 0{,}5$, so ergibt sich s zu $s = 0{,}5 \cdot p + 0{,}5 \cdot (1 - p) = 0{,}5$. Dieser Fall liefert keine Information über p. Also darf w nicht gleich 0,5 sein.

Idealerweise sollte w in der Nähe von 0 oder von 1 liegen, jedoch nicht zu nahe, weil dies Misstrauen bei den Befragten auslösen könnte.

Kapitel 26
Rot oder schwarz?

In diesem Kapitel werden wir eine Strategie für ein Kartenspiel entwickeln, bei dem auf den ersten Blick die Gewinner nur durch reinen Zufall von den Verlierern unterschieden werden.

26.1 Die Spielregeln

Die letzten Kapitel waren für Sie sicher nicht einfach zu lesen. Aus diesem Grund gibt es jetzt ein Kartenspiel zur Entspannung. An diesem Spiel können zwei oder mehr Personen teilnehmen.

Vor Ihnen liegt ein Kartenstapel aus 52 Karten. In dem Stapel befinden sich 26 rote und 26 schwarze Karten.

Abbildung 26.1: Kartenstapel aus 56 Karten – 26 rot, 26 schwarz

Die Spielregeln sind höchst einfach. Nach und nach werden die Karten aufgedeckt und die Spielerinnen und Spieler müssen raten, ob eine rote oder eine schwarze Karte erscheint. Der Spieler, der die meisten Karten richtig angesagt hat, ist der Sieger.

Sie denken jetzt vielleicht, dass dies ein Spiel für Dummköpfe ist. Es liegen keine Informationen über die Verteilung der beiden Farben im Stapel vor. Deshalb bleibt nichts anderes übrig, als zu raten. Mit dieser Zufallsstrategie werden Sie im Mittel die Hälfte der Karten richtig bestimmen, das heißt circa 26 Treffer haben.

Natürlich können Sie auch bei jeder Karte »rot« sagen. Dann haben Sie garantiert 26 Richtige, aber auch nicht mehr.

Sie werden es nicht glauben, aber es geht viel besser. Genauer schauen wir uns das im folgenden Abschnitt an.

26.2 Eine Modellierung für das Spiel

Das Spiel startet mit $r = 26$ roten und $s = 26$ schwarzen Karten im Stapel.

Das Spiel endet mit $r = 0$ roten und $s = 0$ schwarzen Karten im Stapel.

Ein Zwischenzustand könnte z. B. $r = 14$ und $s = 6$ gewesen sein.

Wie man sieht, wird das Spiel durch eine Abfolge von Wertepaaren (r/s) beschrieben, die in (26/26) startet und in (0/0) endet. In Abbildung 26.2 ist der Ablauf eines möglichen Spiels dargestellt. Beschrieben wird das Spiel durch einen Gitterweg von (26/26) nach (0/0).

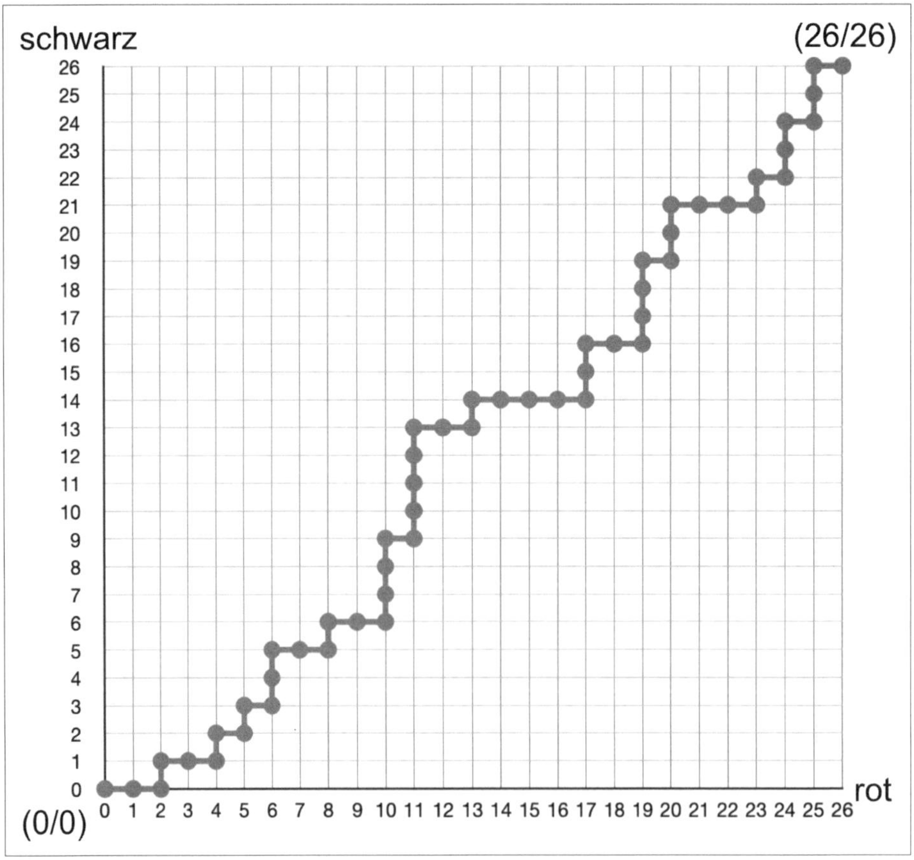

Abbildung 26.2: Ein Spiel, dargestellt durch einen Gitterweg

Wir betrachten jetzt die in Abbildung 26.3 dargestellte Situation. Es handelt sich um einen Spielablauf, der momentan im Punkt (10/6) steht.

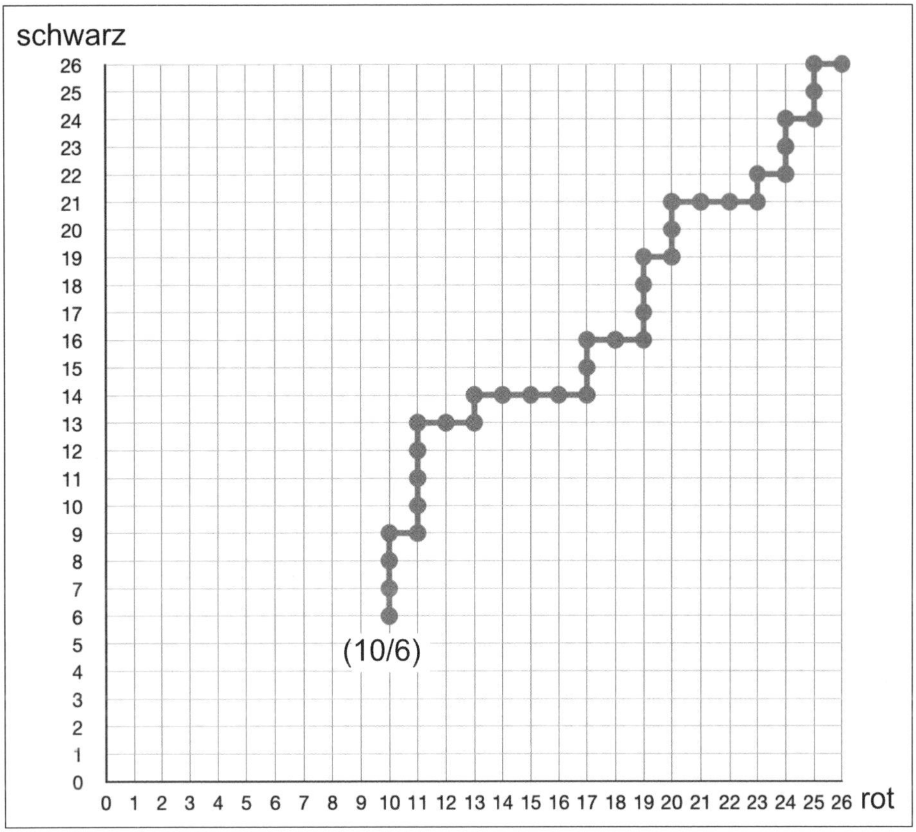

Abbildung 26.3: Ein Gitterteilweg

Sie sind jetzt dran, Ihren Vorschlag für die Farbe der nächsten Karte abzugeben. Was werden Sie sagen?

Vermutlich werden Sie sich für »rot« entscheiden, denn (10/6) bedeutet, dass 16 Karten im Stapel sind, davon 10 rote und 6 schwarze. Beim nächsten Zug ist die Wahrscheinlichkeit, eine rote Karte zu erhalten, gleich $\frac{10}{16}$. Dagegen beträgt die Wahrscheinlichkeit für eine schwarze Karte nur $\frac{6}{16}$.

Wie Sie sehen, kann man unter Zuhilfenahme einfacher Wahrscheinlichkeiten eine Strategie für das Spiel entwickeln. Die Frage ist, wie gut diese Strategie ist. Im nächsten Abschnitt schauen wir uns das genauer an und bewerten unsere Zähl-Strategie.

26.3 Die Strategie

Der letzte Abschnitt hat Folgendes gezeigt:

- Sind mehr rote als schwarze Karten im Stapel, ist es günstig, »rot« zu raten.
- Sind mehr schwarze als rote Karten im Stapel, ist es günstig, »schwarz« zu raten.

Was macht man, wenn gleich viele rote und schwarze Karten im Stapel sind? In diesem Fall bleibt uns nichts anderes übrig, als zu raten. Damit haben wir die Strategie gefunden, die in dem folgenden Kasten beschrieben ist.

Unsere Kartenspiel-Strategie

1. Rate die Farbe der ersten gezogenen Karte.
2. Ist die erste gezogene Karte schwarz, dann setze so lange auf rot, bis wieder gleich viele rote und schwarze Karten im Stapel sind.
3. Ist die erste gezogene Karte rot, dann setze so lange auf »schwarz«, bis wieder gleich viele rote und schwarze Karten im Stapel sind.
4. Mache weiter wie in Punkt 1.

26.4 Wie gut ist die Strategie?

Man kann berechnen, wie viele Punkte man mit dieser Strategie im Mittel erzielt. Die Berechnung ist jedoch für dieses Buch vielleicht ein bisschen viel auf einmal. Deshalb gebe ich nur das Ergebnis an:

Die mittlere Anzahl der gewonnenen Punkte bei diesem Kartenspiel ist gleich $s(n) = n + \frac{4^n}{2 \cdot \binom{2n}{n}} - \frac{1}{2}$, wobei n die Anzahl der roten Karten angibt. Für $n = 26$ ergibt sich $s(26) = 30{,}04$.

Näheres finden Sie bei [KNO], [LEV] und [ZAG].

Sie sehen also, dass Sie mit dieser Strategie im Gegensatz zum puren Raten auf der Siegerstraße sind.

Auch wenn Sie das nicht nachrechnen wollen, gibt es die Möglichkeit, dies mit der Software näherungsweise auszuprobieren.

Dazu erzeugen wir einen Kartenstapel mit 26 roten und 26 schwarzen Karten und wenden dann die Strategie an. Wie das genau funktioniert, lesen Sie im Folgeabschnitt.

26.4.1 Erzeugung eines gemischten Kartenstapels

Mit der Anweisung `ZUFALLSZAHL()`, die Sie schon aus früheren Abschnitten kennen, können Sie eine Zufallszahl zwischen 0 und 1 erzeugen. Damit haben Sie die Möglichkeit, mit der Anweisung `WENN(ZUFALLSZAHL()<0,5; "rot";"schwarz")` eine rote oder schwarze Karte zu erzeugen. Doch wenn Sie diese Operation 52-mal wiederholen, erhalten Sie in den seltensten Fällen 26 rote und 26 schwarze Karten. Wir müssen unser Vorgehen also noch etwas anpassen.

Einen gemischten Kartenstapel kann man sich als eine Permutation der Zahlen von 1 bis 52 vorstellen. Kartenmischen kann man deshalb dadurch simulieren, dass man eine Permutation aus der Menge aller Permutationen auswählt (Näheres zu Permutationen finden Sie in Abschnitt 9.3.2). Um einen gemischten Stapel aus 52 Karten zu erhalten, betrachten wir alle Permutationen aus 52 Elementen. Das sind 52! = 806581751709438785 71660636856403766975289505440883277824000000000000 Stück.

Aus dieser Menge wählen wir eine Permutation aus. Das ist dann unser Kartenstapel. Die Auswahl geschieht auf folgende Weise:

- Wir erzeugen 52 Zufallszahlen aus dem Intervall [0;1].
- Von jeder dieser Zahlen wird festgestellt, an welcher Stelle sie stehen würde, wenn die Zufallszahlen aufsteigend sortiert würden.
- Die Liste dieser Rangzahlen stellt die Permutation dar.

In Abbildung 26.4 sehen Sie die ersten 10 Einträge für den Kartenstapel. In der Spalte B werden die Zufallszahlen erzeugt. In der Spalte C wird von jeder dieser Zahlen der Rang bestimmt. Diese Rangzahlen bilden dann die Permutation für den Stapel. Weil die Nummern der Karten nicht interessieren, sondern nur die Farben, schreibt man in die Spalte D ein »rot«, wenn die Rangzahl kleiner als 27 ist, ansonsten wird »schwarz« geschrieben. Damit haben Sie in der Spalte D den Kartenstapel erzeugt. Wenn Sie das Blatt aktualisieren, erhalten Sie einen neuen Stapel.

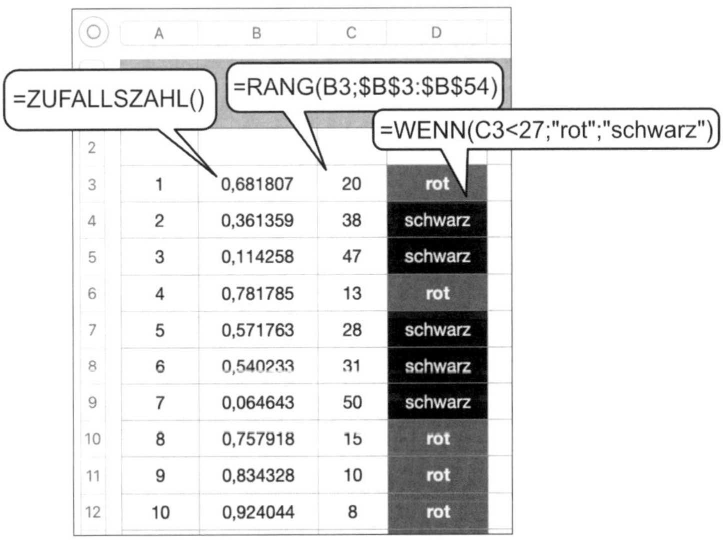

	A	B	C	D
2				
3	1	0,681807	20	rot
4	2	0,361359	38	schwarz
5	3	0,114258	47	schwarz
6	4	0,781785	13	rot
7	5	0,571763	28	schwarz
8	6	0,540233	31	schwarz
9	7	0,064643	50	schwarz
10	8	0,757918	15	rot
11	9	0,834328	10	rot
12	10	0,924044	8	rot

Abbildung 26.4: Ein Kartenstapel in der Tabellenkalkulation

Den notwendigen Kartenstapel haben Sie nun also erzeugt. Jetzt können Sie darauf die Strategie anwenden, um auch Ihre Gewinnchancen effektiv zu erhöhen. Schauen Sie sich dazu Abbildung 26.5 mal genauer an.

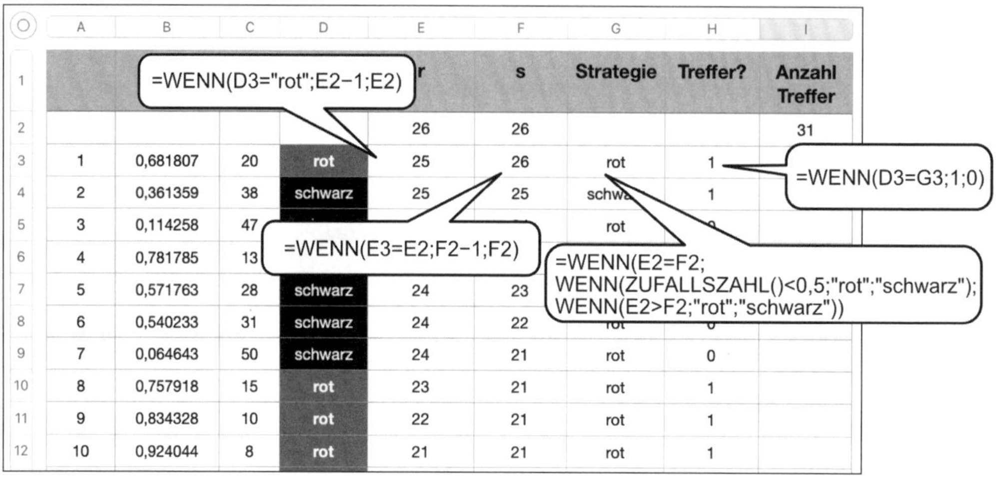

Abbildung 26.5: Erprobung der Strategie

In den Spalten E und F wird die Anzahl der roten und der schwarzen Karten verwaltet. Begonnen wird in E2 und F2 mit 26 Karten. In der Spalte E wird festgehalten, wie viele rote Karten noch im verdeckten Stapel sind. Dafür wird der Wert um eins verkleinert, wenn eine rote Karte gezogen wurde. Die Spalte F macht das Gleiche für schwarz.

Mit der Zelle G3 wird überprüft, ob die Farbe geraten wird (wenn `E2=F2`) oder ob die am häufigsten im Stapel vorkommende Farbe ausgewählt wird.

Schließlich wird festgestellt, ob die Wahl einen Punkt gebracht hat. Das ist der Fall, wenn G3 gleich D3 ist. Dann wird in die Zelle H3 eine 1 geschrieben, sonst eine 0.

In der Zelle I2 wird die Summe der Zahlen der Spalte H gebildet. Das ist die Anzahl der erzielten Punkte.

In Abbildung 26.5 sehen Sie, dass 31 Punkte erzielt wurden. Aktualisieren Sie das Blatt mehrmals und beobachten Sie die Anzahl der gewonnenen Punkte.

Kapitel 27

Grundbegriffe der Tabellenkalkulation

Wenn Sie bestimmte Fragen zur Tabellenkalkulation haben, können Sie sich immer Unterstützung im Hilfesystem holen. Werden Sie dort nicht fündig, so finden Sie zahlreiche Webseiten im Internet, die Ihre Frage behandeln. Damit Sie jedoch ohne große Sucherei die in diesem Buch behandelten Probleme selbst bearbeiten können, vermittelt dieses Kapitel die notwendigsten Grundlagen. Im Download-Bereich finden Sie zudem kleine Videos, die das hier Geschriebene ergänzen.

27.1 Erstellen und Aktualisieren eines Tabellenblatts

Erstellen Sie zuerst ein neues Arbeitsblatt. Wie Sie sehen, sind die Spalten mit Buchstaben, die Zeilen mit Zahlen bezeichnet. Eine Zelle ist deshalb durch einen Buchstaben und eine Zahl eindeutig gekennzeichnet. Die Zelle in der linken oberen Ecke trägt die Bezeichnung A1.

Klicken Sie nun die Zelle A1 an, tippen Sie `=ZUFALLSBEREICH(1;6)` ein und drücken Sie die Eingabetaste.

`ZUFALLSBEREICH(unten;oben)` ist eine Funktion der Tabellenkalkulation, die eine ganzzahlige Zufallszahl zwischen *unten* und *oben* erzeugt. Wie bei allen Funktionen der Tabellenkalkulation müssen Sie ein Gleichheitszeichen vor dem Funktionsnamen eingeben.

In Abbildung 27.1 sehen Sie, dass in der Zelle A1 eine 3 steht. Bei Ihnen ist wahrscheinlich eine andere Zahl zu sehen, denn der Inhalt der Zelle wird per Zufall zwischen 1 und 6 angegeben.

Wenn Sie Excel als Tabellenkalkulation verwenden, können Sie jetzt die Funktionstaste F9 mehrmals drücken und dabei die Zelle A1 beobachten. Jedes Mal wird das Tabellenblatt aktualisiert, das heißt, es werden die eingegebenen Funktionen neu berechnet. Sie können das so interpretieren, als würden Sie mit einem Würfel mehrmals würfeln.

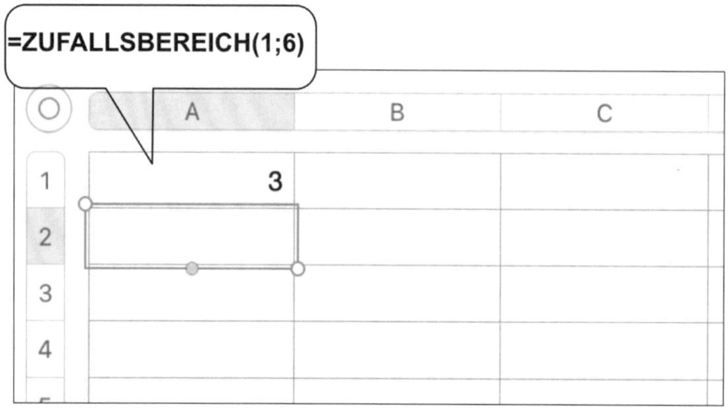

Abbildung 27.1: Eintrag von Zufallsbereich(1;6) in A1

Benutzen Sie Numbers als Tabellenkalkulation, gehen Sie wie folgt zum Aktualisieren Ihres Blattes vor:

Klicken Sie in eine beliebige andere Zelle, z. B. in die Zelle B1. Wählen Sie dann den Menüpunkt **Zelle** aus und stellen Sie unter **Datenformat** die Auswahl **Markierungsfeld** ein (Abbildung 27.2).

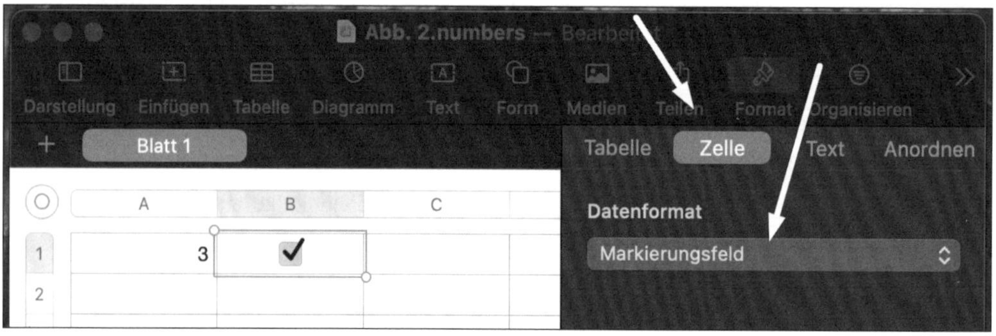

Abbildung 27.2: Erstellen eines Markierungsfeldes in Numbers

In Ihrer ausgewählten Zelle erscheint jetzt ein Kästchen, das Markierungsfeld. Jedes Mal, wenn Sie dieses anklicken, wird Ihr Blatt aktualisiert.

27.2 Automatisches Ausfüllen eines Zellbereichs

Verwenden Sie das in Abschnitt 27.1. erstellte Tabellenblatt weiter.

Angenommen, Sie wollen gleichzeitig mit 10 Würfeln würfeln. Dazu können Sie natürlich mühsam in 10 verschiedene Zellen `=ZUFALLSBEREICH(1;6)` schreiben. Einfacher geht es, wenn Sie die Zellen automatisch ausfüllen lassen. Klicken Sie dazu in die Zelle A1.

Wenn Sie mit Excel arbeiten, sehen Sie am rechten unteren Rand der Zelle einen Punkt.

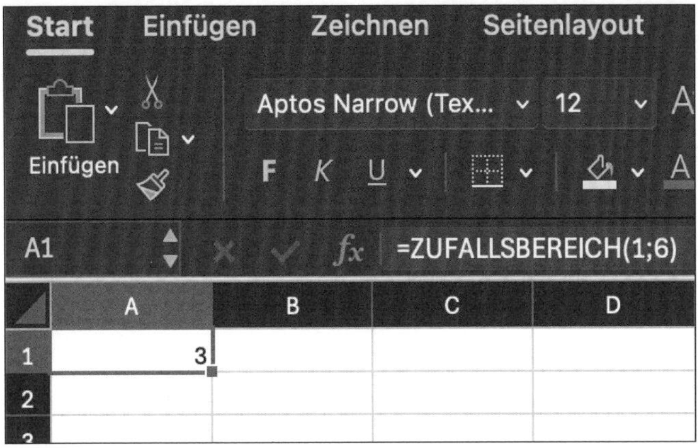

Abbildung 27.3: Markieren der Zelle A1 in Excel

Greifen Sie diesen Punkt mit der Maus und ziehen Sie die Maus über 10 Zellen nach unten. Danach sollte Ihr Blatt wie in Abbildung 27.4 aussehen.

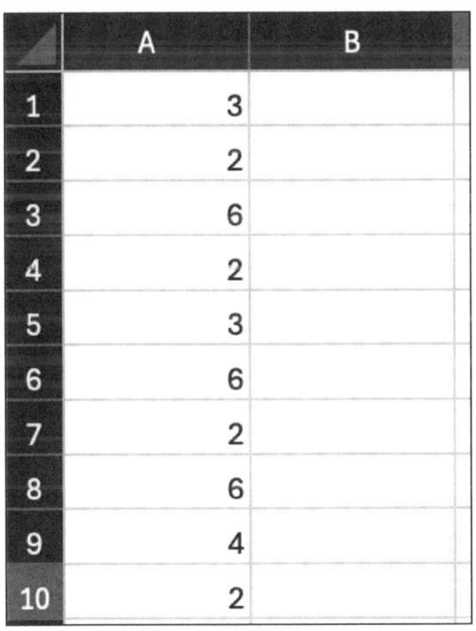

Abbildung 27.4: Nach unten ausfüllen in Excel

Arbeiten Sie mit Numbers, geht das fast genauso. Der einzige Unterschied ist der Punkt, den Sie ergreifen müssen. In Abbildung 27.5 sehen Sie ihn in der Mitte der unteren Begrenzung der Zelle.

Gerade haben Sie gelernt, wie man automatisch »nach unten« ausfüllt. Genauso funktioniert es, wenn Sie »nach rechts« ausfüllen wollen – probieren Sie es aus.

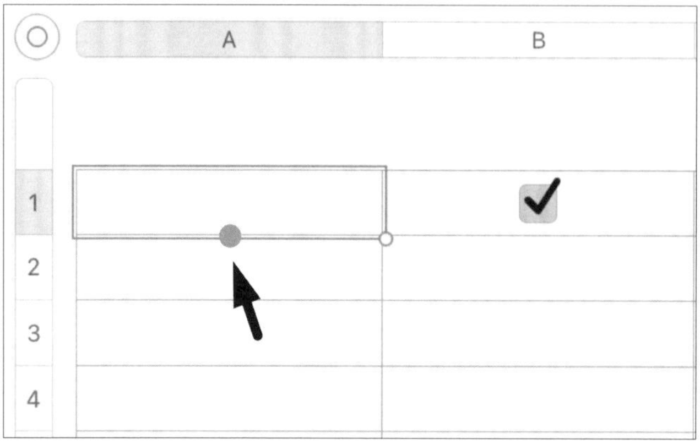

Abbildung 27.5: Auswählen einer Zelle in Numbers

27.3 Absolute und relative Zellbezüge

Erstellen Sie ein neues Tabellenblatt, bei dem die Zahlen 1 bis 10 in der Spalte A stehen. Schreiben Sie dazu 1 in die Zelle A1 und `=A1+1` in die Zelle A2. Danach erscheint in der Zelle A2 folgerichtig die Zahl 2.

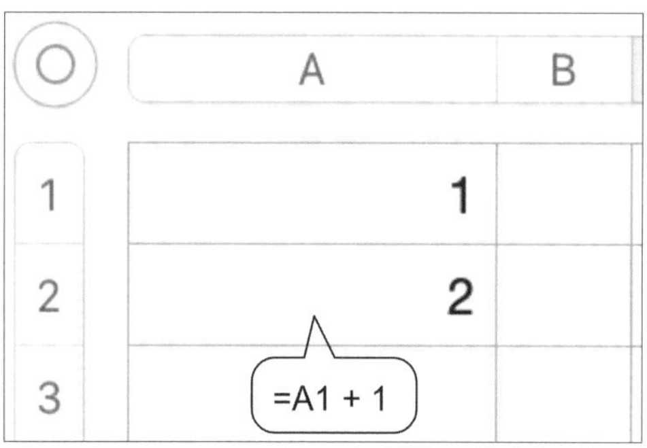

Abbildung 27.6: Tabellenblatt nach unten ausfüllen

Markieren Sie die Zelle A2 und füllen Sie automatisch nach unten bis zur Zelle A10 aus. In der Spalte A stehen danach die Zahlen 1 bis 10.

Klicken Sie einmal eine Zelle an, z. B. A5, um deren Inhalt zu sehen. In der Zelle A5 lesen Sie jetzt `=A4+1`.

Klicken Sie nun wieder die Zelle A2 an, und ändern Sie deren Inhalt in `$A$2`. Füllen Sie dann nach unten aus. Jetzt sehen Sie in allen Zellen unterhalb der Zelle A1 die Zahl 2. Den Grund sehen Sie, wenn Sie wieder die Zelle A5 betrachten. Dort steht jetzt `=$A$1 + 1`, das heißt, beim Ausfüllen nach unten findet immer ein Bezug auf die Zelle A1 statt. Dies nennt man einen *absoluten Zellbezug* – im Unterschied zu der ersten Variante, dort handelte es sich um einen *relativen Zellbezug*.

27.4 Ein Diagramm erstellen

Eine wichtige Darstellungsform zur Veranschaulichung von Daten ist das Diagramm. In diesem Abschnitt erfahren Sie, wie Sie Diagramme erstellen.

27.4.1 Ein Diagramm in Excel erstellen

In diesem Buch wird häufig mit Diagrammen gearbeitet, deswegen erhalten Sie hier eine kurze Einführung dazu. Für weitergehende Informationen verwenden Sie das Hilfesystem von Excel bzw. die vielfältigen Webseiten zu diesem Thema. Für die Diagramme, die in diesem Buch erstellt werden, ist diese Einführung aber ausreichend.

Zunächst brauchen Sie Datenreihen, die Sie graphisch darstellen können. Als Beispiel wählen wir hier in der Spalte A die Zahlen von 0 bis 2 in Abständen von 0,1. Schreiben Sie die 0 in die Zelle A1 und füllen Sie A2 wie angegeben aus. Füllen Sie dann nach unten automatisch aus (vgl. Abbildung 27.4).

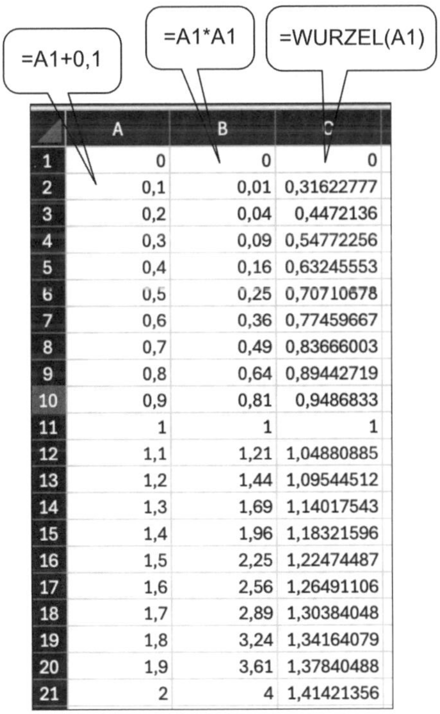

	A	B	C
1	0	0	0
2	0,1	0,01	0,31622777
3	0,2	0,04	0,4472136
4	0,3	0,09	0,54772256
5	0,4	0,16	0,63245553
6	0,5	0,25	0,70710678
7	0,6	0,36	0,77459667
8	0,7	0,49	0,83666003
9	0,8	0,64	0,89442719
10	0,9	0,81	0,9486833
11	1	1	1
12	1,1	1,21	1,04880885
13	1,2	1,44	1,09544512
14	1,3	1,69	1,14017543
15	1,4	1,96	1,18321596
16	1,5	2,25	1,22474487
17	1,6	2,56	1,26491106
18	1,7	2,89	1,30384048
19	1,8	3,24	1,34164079
20	1,9	3,61	1,37840488
21	2	4	1,41421356

Abbildung 27.7: Datenreihen erstellen

Die Spalte B wird mit den Quadraten der Zahlen aus der Spalte A ausgefüllt. Die Spalte C wird mit den Quadratwurzeln der Zahlen aus der Spalte A ausgefüllt. Die Quadratwurzeln erhalten Sie mit der Funktion `WURZEL(zahl)`.

Haben Sie dies erreicht, markieren Sie den Datenbereich von A1 bis C21.

	A	B	C
1	0	0	0
2	0,1	0,01	0,31622777
3	0,2	0,04	0,4472136
4	0,3	0,09	0,54772256
5	0,4	0,16	0,63245553
6	0,5	0,25	0,70710678
7	0,6	0,36	0,77459667
8	0,7	0,49	0,83666003
9	0,8	0,64	0,89442719
10	0,9	0,81	0,9486833
11	1	1	1
12	1,1	1,21	1,04880885
13	1,2	1,44	1,09544512
14	1,3	1,69	1,14017543
15	1,4	1,96	1,18321596
16	1,5	2,25	1,22474487
17	1,6	2,56	1,26491106
18	1,7	2,89	1,30384048
19	1,8	3,24	1,34164079
20	1,9	3,61	1,37840488
21	2	4	1,41421356

Abbildung 27.8: Markierter Datenbereich

Wählen Sie nun in der Menüzeile von Excel **Einfügen** aus.

In dem sich jetzt öffnenden Fenster wählen Sie **Diagramm** aus.

Nun können Sie den Diagrammtyp bestimmen. Für unsere Zwecke ist **Punkt(X Y)** die richtige Wahl.

Danach sollten Sie ein Diagramm wie in Abbildung 27.9 erhalten.

	A	B	C
1	0	0	0
2	0,1	0,01	0,31622777
3	0,2	0,04	0,4472136
4	0,3	0,09	0,54772256
5	0,4	0,16	0,63245553
6	0,5	0,25	0,70710678
7	0,6	0,36	0,77459667
8	0,7	0,49	0,83666003
9	0,8	0,64	0,89442719
10	0,9	0,81	0,9486833
11	1	1	1
12	1,1	1,21	1,04880885
13	1,2	1,44	1,09544512
14	1,3	1,69	1,14017543
15	1,4	1,96	1,18321596
16	1,5	2,25	1,22474487
17	1,6	2,56	1,26491106
18	1,7	2,89	1,30384048
19	1,8	3,24	1,34164079
20	1,9	3,61	1,37840488
21	2	4	1,41421356

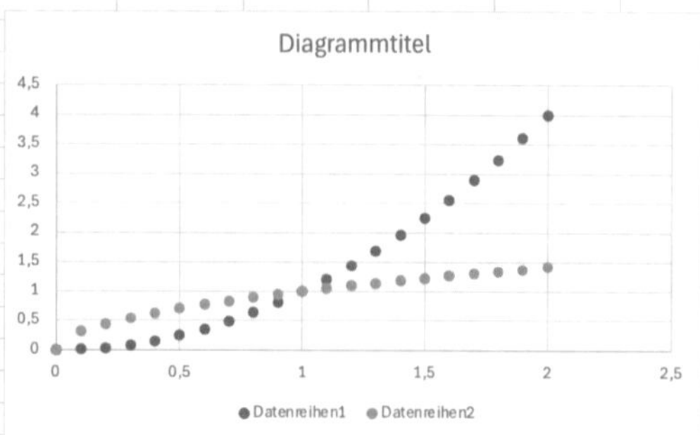

Abbildung 27.9: Datenreihen und deren graphische Darstellung

27.4.2 Ein Diagramm in Numbers erstellen

Gehen Sie zunächst vor wie in Abschnitt 27.4.1, »Ein Diagramm in Excel erstellen«, und erzeugen Sie die Datenreihen. Markieren Sie den Bereich der Datenreihen. Wählen Sie dann im Numbers-Menü den Punkt **Einfügen** aus und klicken Sie in dem sich öffnenden Fenster auf **Diagramm**. Als Diagrammtyp stellen Sie **2D-Streudiagramm** ein. Zur Belohnung erhalten Sie ein Diagramm wie in Abbildung 27.10.

0	0	0
0,1	0,01	0,31622776
0,2	0,04	0,44721359
0,3	0,09	0,54772255
0,4	0,16	0,63245553
0,5	0,25	0,70710678
0,6	0,36	0,77459666
0,7	0,49	0,83666002
0,8	0,64	0,89442719
0,9	0,81	0,94868329
1	1	1
1,1	1,21	1,04880884
1,2	1,44	1,09544511
1,3	1,69	1,14017542
1,4	1,96	1,18321595
1,5	2,25	1,22474487
1,6	2,56	1,26491106
1,7	2,89	1,30384048
1,8	3,24	1,34164078
1,9	3,61	1,37840487
2	4	1,41421356

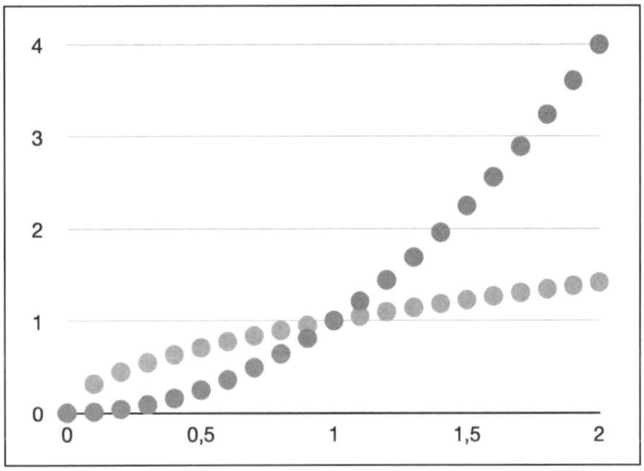

Abbildung 27.10: 2D-Streudiagramm in Numbers

Anhang

Wie an verschiedenen Stellen in diesem Buch bereits angekündigt, finden Sie im Folgenden einige Zusatzinfos, Extra-Rechenwege und Grundsätzliches zum Thema Tabellenkalkulation, die in den jeweiligen Kapiteln den Rahmen gesprengt hätten.

A.1 Die Gewinnwahrscheinlichkeit für ein Tiebreak

Wer sich mit den Formeln in diesem Abschnitt quälen will, der kann sicher mit dem Summenzeichen umgehen, das wir hier der Einfachheit halber benutzen wollen. Wenn Sie ein Computer-Algebra-System zur Verfügung haben, können Sie die Formeln mit der Summenzeichen-Notation direkt verwenden. Für Benutzer der Tabellenkalkulation wird die Summe jeweils ausführlich aufgeschrieben.

Vergleichen Sie einmal Abbildung 24.4 mit Abbildung 24.5. Sie werden feststellen, dass der Unterschied zwischen Spiel und Tiebreak darin besteht, dass im Tiebreak die Einstandregelung erst beim Stand von 6:6 einsetzt. Das macht es uns einfach, die Gewinnwahrscheinlichkeit für das Tiebreak anzugeben. Man muss nur die Formel für das Spiel entsprechend verändern. Zum Vergleich wird die Gewinnwahrscheinlichkeit für ein Spiel noch einmal angegeben:

$$spiel(p) = p^4 + \sum_{i=1}^{2} \binom{3+i}{3} \cdot p^4 \cdot (1-p)^i + \binom{6}{3} \cdot p^3 \cdot (1-p)^3 \cdot \frac{p^2}{p^2 + (1-p)^2}$$

$$spiel(p) = p^4 + 4 \cdot p^4 \cdot (1-p) + 10 \cdot p^4 \cdot (1-p)^2 + 20 \cdot p^3 \cdot (1-p)^3 \cdot \frac{p^2}{p^2 + (1-p)^2}$$

Daraus kann man jetzt entsprechend die Gewinnwahrscheinlichkeit für ein Tiebreak aufstellen:

$$tiebreak(p) = p^7 + \sum_{i=1}^{5} \binom{6+i}{6} \cdot p^7 \cdot (1-p)^i + \binom{12}{6} \cdot p^6 \cdot (1-p)^6 \cdot \frac{p^2}{p^2 + (1-p)^2}$$

$$tiebreak(p) = p^7 + \binom{7}{6} \cdot p^7 \cdot (1-p) + \binom{8}{6} \cdot p^7 \cdot (1-p)^2 + \binom{9}{6} \cdot p^7 \cdot (1-p)^3 + \binom{10}{6} \cdot p^7 \cdot (1-p)^4 + \binom{11}{6} \cdot p^7 \cdot (1-p)^5 + \binom{12}{6} \cdot p^6 \cdot (1-p)^6 \cdot \frac{p^2}{p^2 + (1-p)^2}$$

$$tiebreak(p) = p^7 \cdot \left(1 + 7 \cdot (1-p) + 28 \cdot (1-p)^2 + 84 \cdot (1-p)^3 + 210 \cdot (1-p)^4 + 462 \cdot (1-p)^5 + 924 \cdot (1-p)^6 \cdot \frac{p}{p^2 + (1-p)^2}\right)$$

A.2 Die Gewinnwahrscheinlichkeit für ein Match-Tiebreak

Beim Match-Tiebreak beginnt die Einstandregelung erst im Knoten 9:9. Als Formel für die Gewinnwahrscheinlichkeit eines Match-Tiebreaks ergibt sich damit:

$$m.tiebreak(p) = p^{10} + \sum_{i=1}^{8} \binom{9+i}{9} \cdot p^{10} \cdot (1-p)^i + \binom{18}{9} \cdot p^9 \cdot (1-p)^9 \cdot \frac{p^2}{p^2 + (1-p)^2}$$

$$m.tiebreak(p) = p^{10} \cdot \left(1 + 10 \cdot (1-p) + 55 \cdot (1-p)^2 + 220 \cdot (1-p)^3 + 715 \cdot (1-p)^4 + 2002 \cdot (1-p)^5 + 5005 \cdot (1-p)^6 + 11440 \cdot (1-p)^7 + 24310 \cdot (1-p)^8 + 48620 \cdot (1-p)^9 \cdot \frac{p}{p^2 + (1-p)^2}\right)$$

A.3 Die Gewinnwahrscheinlichkeit für einen Satz

Wir orientieren uns nun an Abbildung 24.3. Ein Sieg von Spieler A kann auf drei unterschiedliche Weisen zustande kommen:

- Spieler A kann über einen der Knoten 5:0, 5:1, ..., 5:4 in den Siegknoten SA gelangen.
- Spieler A kann über die Knoten 5:5 und 6:5 nach SA gelangen.
- Spieler A kann über 5:5, 6:5 und 6:6 oder über 5:5, 5:6 und 6:6 ins Teibreak kommen und von dort aus gewinnen.

Die Wahrscheinlichkeiten für diese Fälle sind:

- $spiel(p)^6 + \sum_{i=1}^{4} \binom{5+i}{5} spiel(p)^6 \cdot (1 - spiel(p))^i$
- $\binom{10}{5} \cdot spiel(p)^5 \cdot (1 - spiel(p))^5 \cdot spiel(p)^2$
- $\binom{10}{5} \cdot spiel(p)^5 \cdot (1 - spiel(p))^5 \cdot 2 \cdot spiel(p) \cdot (1 - spiel(p)) \cdot tiebreak(p)$

Nach der zweiten Pfadregel werden diese Wahrscheinlichkeiten addiert, so dass sich die Gewinnwahrscheinlichkeit für einen Satz ergibt:

$$satz(p) = spiel(p)^6 + \sum_{i=1}^{4} \binom{5+i}{5} \cdot spiel(p)^6 \cdot (1 - spiel(p))^i + \binom{10}{5} \cdot spiel(p)^5 \cdot (1 - spiel(p))^5 \cdot \left(spiel(p)^2 + 2 \cdot spiel(p) \cdot (1 - spiel(p)) \cdot tiebreak(p)\right)$$

A.4 Die Gewinnwahrscheinlichkeit für ein Zweisatz-Match

Um ein Zweisatz-Match mit Match-Tiebreak zu gewinnen, gibt es für Spieler A zwei Möglichkeiten (vgl. Abbildung 24.1).

Die erste Möglichkeit führt direkt über 1:0 zu 2:0 und besitzt die Wahrscheinlichkeit $satz(p)^2$.

Die zweite Möglichkeit führt über 1:1 und wird durch das Match-Tiebreak entschieden. Diese Möglichkeit besitzt die Wahrscheinlichkeit $2 \cdot satz(p) \cdot (1 - satz(p)) \cdot m.tiebreak(p)$.

Also gewinnt Spieler A das Match mit der Wahrscheinlichkeit $match(p) = satz(p)^2 + 2 \cdot satz(p) \cdot (1 - satz(p)) \cdot m.tiebreak(p)$.

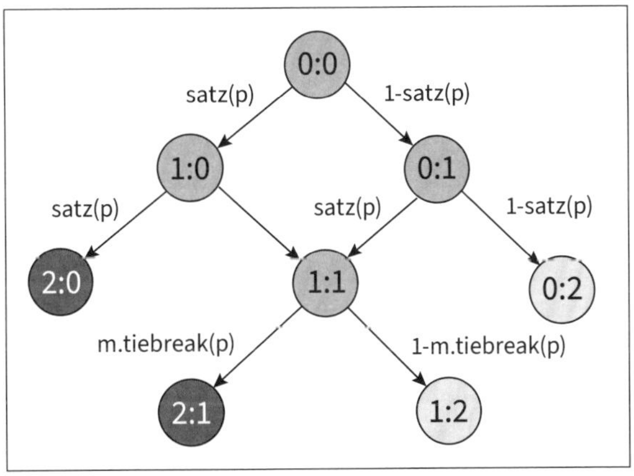

Abbildung A.1: Graph für ein Zweisatz-Match

A.5 Alles zusammen

In einer Zusammenfassung sehen Sie hier zunächst Tabelle A.1, in die die Gewinnwahrscheinlichkeiten für die einzelnen Situationen Spiel, Tiebreak, Match-Tiebreak, Satz und Match eingetragen wurden. In Abbildung A.2 sind diese Wahrscheinlichkeiten graphisch dargestellt. Wie Sie sehen, werden die Graphen in der Reihenfolge Spiel, Tiebreak, Match-Tiebreak, Satz und Match immer steiler. Und wie Sie bereits wissen, ist der Vorteil, den der bessere Spieler durch die Regeln bekommt, umso größer, je steiler der Graph verläuft.

p	**1 - *p***	***spiel*(*p*)**	**1 - *spiel*(*p*)**	***tiebreak*(*p*)**	***m.tiebreak*(*p*)**	***satz*(*p*)**	***match*(*p*)**
0	1	0,0000	1,0000	0,0000	0,0000	0,0000	0,0000000
0,05	0,95	0,0001	0,9999	0,0000	0,0000	0,0000	0,0000000
0,10	0,90	0,014	0,9986	0,0001	0,0000	0,0000	0,0000000
0,15	0,85	0,0071	0,9929	0,0008	0,0001	0,0000	0,0000000
0,20	0,80	0,0218	0,9782	0,0048	0,0011	0,0000	0,0000000
0,25	0,75	0,0508	0,9492	0,0183	0,0068	0,0000	0,0000000
0,30	0,70	0,0992	0,9008	0,0509	0,0270	0,0002	0,0000091
0,35	0,65	0,1704	0,8296	0,1134	0,0775	0,0036	0,0005705
0,40	0,60	0,2643	0,7357	0,2125	0,1742	0,0366	0,0136137
0,45	0,55	0,3769	0,6231	0,3458	0,3207	0,1850	0,1308876
0,50	0,50	0,5000	0,5000	0,5000	0,5000	0,5000	0,5000000
0,55	0,45	0,6231	0,3769	0,6542	0,6793	0,8150	0,8691124
0,60	0,40	0,7357	0,2643	0,7875	0,8258	0,9634	0,9863863
0,65	0,35	0,8296	0,1704	0,8866	0,9225	0,9964	0,9994295
0,70	0,30	0,9008	0,0992	0,9491	0,9730	0,9998	0,9999909
0,75	0,25	0,9492	0,0508	0,9817	0,9932	1,0000	1,0000000
0,80	0,20	0,9782	0,0218	0,9952	0,9989	1,0000	1,0000000
0,85	0,15	0,9929	0,0071	0,9992	0,9999	1,0000	1,0000000
0,90	0,10	0,9986	0,0014	0,9999	1,0000	1,0000	1,0000000
0,95	0,05	0,9999	0,0001	1,0000	1,0000	1,0000	1,0000000
1	0	1,0000	0,0000	1,0000	1,0000	1,0000	1,0000000

Tabelle A.1: Gewinnwahrscheinlichkeiten für Spiel, Tiebreak, Satz und Match

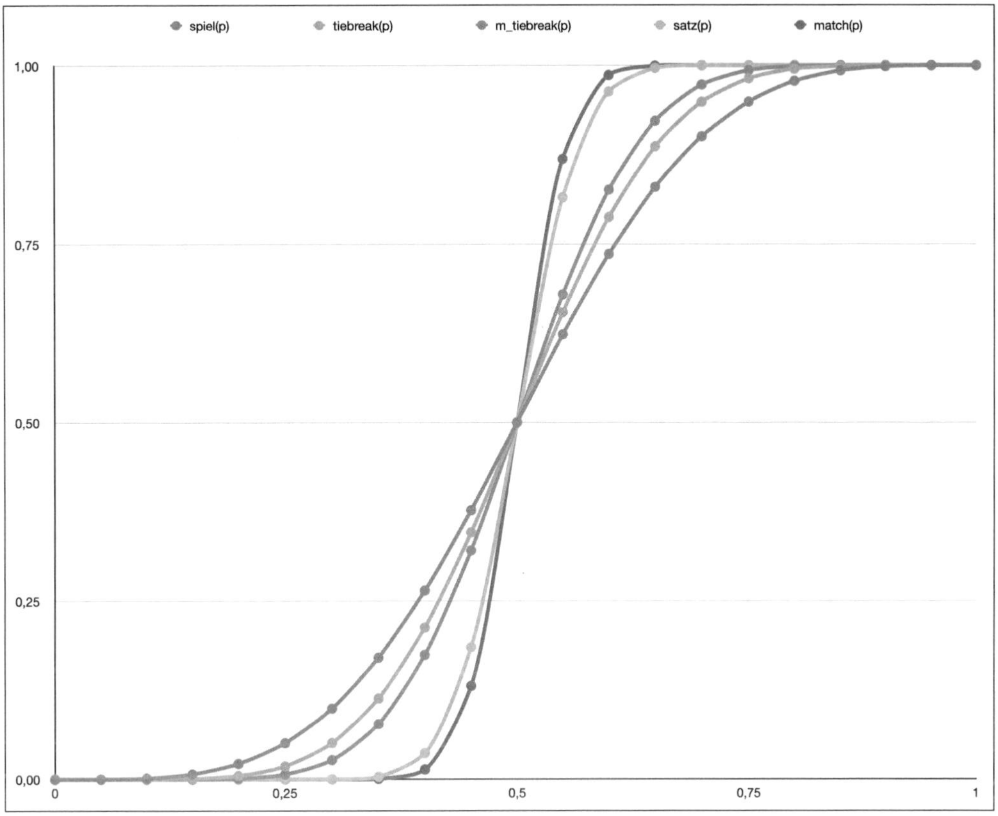

Abbildung A.2: Graphische Darstellung der Gewinnwahrscheinlichkeiten aus Tabelle A.1

Literatur und Webseiten

[AER] *https://www.aerzteblatt.de/archiv/pooling-bei-coronatests-eine-loesung-mit-tuecken-8f18f978-eee7-4a24-87f8-0fe6a1047463*

[BER] Bernoulli, Jakob, Wahrscheinlichkeitsrechnung / Ars conjectandi, Nachdruck der Ausgabe von 1713, Frankfurt am Main, 1999

[BÜY] Mustafa Büyükkolanci, Helmut Engelmann, Inschriften aus Ephesos, Zeitschrift für Papyrologie und Epigraphik 120 (1998) 65–82

[BUN] Geschäftsordnung des Deutschen Bundestages vom 26. September 2006, § 2

[CLA] R.D. Clarke, An application of the Poisson distribution, 1946, Journal of the Institute of Actuaries

[EKE] Ivar Ekeland, Zufall, Glück und Chaos, München, Wien 1992

[ETH] Kulikov A, Storz S, Schär JD, Sandfuchs M, Wolf R, Berterottière F, Hellings C, Wallraff A, Renner R: Experimental Randomness Amplification. Nature, 27. Mai 2026.

[ERI] Tim Erickson: Connecting Data and Geometry

[FEL] Wiliam Feller, An Introduction to Probability Theorie and Its Applications, Volume 1, Third Edition, John Wiley & Sons, New York 1968

[FUS] *https://www.fussballdaten.de/em/2021*

[GRI] David Robert Grimes, On the Viability of Conspiratorial Beliefs, 2016

[GUA] *https://www.theguardian.com/books/2008/jun/12/samuelpepys*

[HAS] Jan Hasper, Tennis, Eine kultursemiotische und bewegungswissenschaftliche Analyse mit unterrichtspraktischen Konsequenzen, Dissertation, Erziehungswissenschaften der Philipps-Universität Marburg/Lahn

[HAV] Julian Havil, Gamma, Springer Spektrum, Berlin Heidelberg 2007

[HIN] *http://www.oldmkg.hindrichs.org/sources/projekte/verres/Untermenues/Verres Pluenderung - Enna/2.1 Pluenderung des Ceres Heiligtums/index.htm*

[HOE] Höfling, Physik, Dümmlerbuch 4104

[HUR] Rolf Hurschmann, Das herrliche Spielzeug des Zeus: Ballspiele im antiken Griechenland, erschienen in: Kult um den Ball: Auf den Spuren des Fußballs, Nürnberg: Olympia-Verl. (Verlag), 2006, S. 32–37

[KNO] Arnold Knopfmacher, Helmut Prodinger, A simple card guessing game revisited, The electronic journal of combinatorics 8, (no. 2), (2001)

[LAM] *https://portal.mytum.de/pressestelle/pressemitteilungen/news_article.2010- 07-06.0818878758*, 2017

[LEV] Kenneth M. Levasseur, How to Beat Your Kids at Their Own Game, Mathematics Magazine, 61 (5), December 1988, 301–305

[LON] *https://londonist.com/2009/01/london_v2_rocket_sitesmapped*

[MAT] Thomas Matzke, Magisterarbeit, Ernst-Moritz-Arndt-Universität Greifswald, 2008

[NEM] *http://www.nemores-nubium.com/fussball-im-mittelalter/*

[PFA] *https://www.wko.at/oe/gewerbe-handwerk/lebensmittelgewerbe/erhoehung-mehrwegpfand-auf-glasflaschen.pdf*

[PIC] Clifford A. Pickover, Dr. Googols wundersame Welt der Zahlen, Deutscher Taschenbuch Verlag, München 2005

[QUO] *https://www.quotes.net/quote/35858*

[REK] *https://www.pi-stream.de/pi-wissen/pi-nachkommastellen-rekorde*

[ROB] *https://robertsmaclay.com/zufaelle-der-weltgeschichte/*

[STU] Snorri Sturlusons, Heimskringla, The Chronicle Of The Kings Of Norway, Chapter VII, Saga Of Olaf Haraldson, Part 97, Meeting Of Reconciliation Between The Kings: *http://wisdomlib.org/norse/book/heimskringla/d/doc5335.html*

[THI] *https://www.thisdayinaviation.com/8-september-1944/*

[VIE] Vietnam/Rauschgift, DER SPIEGEL 36/1970

[WAR] S. L. Warner: Randomized response: a survey technique for eliminating evasive answer bias. In: Journal of the American Statistical Association 60, 1965, S. 63–69

[WER] Patrick Wertmann, Xinyong Chen, Xiao Li, Dongliang Xu, Pavel E. Tarasov, Mayke Wagner, New evidence for ball games in Eurasia from ca. 3000-year-old Yanghai tombs in the Turfan depression of Northwest China, Journal of Archaeological Science, Reports 34 (2020) 102576

[ZAG] Don Zagier, How Often Should You Beat Your Kids? Mathematics Magazine, 63 (2), April 1990, 89–92

Index

R

S

T

U

V

W

Z